図解で早わかり

最新

土地・建物の法律 基本と手続きがわかる事典

認定司法書士
松岡 慶子［監修］

三修社

はじめに

土地や建物などの不動産は、一般的に高い資産価値をもっており、生活に不可欠な存在です。そこで、不動産を売買、賃貸するような場面では、他人の権利との利害を調整したり、居住者をはじめとする利用者の権利・利益を保護する必要がでてきます。また、取引対象として、売買や賃貸借をはじめとする各種の契約が結ばれることはもちろん、抵当権などの担保権が設定されるなど、その運用方法も多様であるという特徴があります。

このような他者の権利との調整や利益の保護の役割を果たしているのが法律上の規制です。不動産に関する法的規制は、多岐に渡っています。たとえば、不動産売買については農地法や国土利用計画法、宅地建物取引業法などの規制があります。また、不動産賃貸借では、借地借家法が、マンションについては区分所有法やマンション管理適正化法、マンション建替え法などの法律がルールを定めています。建物を建築する際には、建築基準法の規制に従わなければなりませんし、道路については、道路法などの法律があります。また、登記手続きをする場合には、不動産登記法が規定を置いています。

本書は、土地・建物などの不動産の法律についての重要事項を１冊に集約した事典です。売買、競売、任意売却、建築、マンション管理、借地・借家、道路、境界、近隣問題、契約、登記、トラブル解決法、執行までとりあげ、わかりやすく解説しています。

「賃貸住宅管理業法」「不動産登記法」「宅建業法」「空家対策特別措置法」などの新法や法改正に対応しています。第８章では、知っておきたい不動産の税金の基本についても解説しています。

本書を通じて皆様のお役に立つことができれば幸いです。

監修者　認定司法書士　松岡　慶子

Contents

第2章　これだけは知っておきたい！不動産契約の知識

第3章　マンション管理の法律

第４章　借地・借家の法律

第5章　道路・境界・隣近所の法律

第6章　不動産登記のしくみと手続き

第8章 おさえておきたい！不動産の税金の基本

第1章

売買から建築まで
土地と建物の法律の基本

1 不動産を規制する法律

不動産売買には法律の知識が欠かせない

不動産の購入は慎重に行う

不動産とは、土地とその定着物（主に建物・立木）のことです。ただ、一口に土地といっても、田畑などの農地や山林のような土地から家屋を建築するために整備された宅地のような土地まで、さまざまな種類の土地があります。マイホームや賃貸マンションなどを建築するために購入する土地は一般的に宅地と呼ばれています。宅地以外の土地を購入して宅地にすることもできますが、役所の許認可が必要な場合があります。

不動産は、動産と比べて一般的に経済的価値が高いため、購入に際しては慎重に手続きを進める必要があります。もし、何の法律的知識もないまま売買契約の相手方に手続きのすべてをまかせてしまうと、購入代金の詐取や、不動産が手に入らないといったトラブルも起こりかねません。そのため、登記簿の見方なども知っておく必要があるのです。

土地を購入する場合、まずは必ず現地に行って購入する土地を自分の目で確認することが大切です。図面ではわからなかった土地の起伏や周りの環境を確認することができます。

また、都市計画法や建築基準法上問題がある土地、抵当権や他人の権利がついた土地など目に見えない部分に問題がある場合もあります。農地や市街化調整区域の土地も要注意です。登記事項証明書や公図で場所を確認し、地積測量図がある場合には地積についても確認する必要があります。

土地売買は基本的に自由ですが、適正かつ合理的な土地利用を達成するために、国土利用計画法により一定以上の規模を持つ大規模な土地を売買する場合には、売買契約後２週間以内に、買主が売買価額と利用目的を都道府県知事などに届け出ることが要求されています。

基本事項は民法に規定がある

土地・建物の取引については、他人の権利との利害を調整するため、あるいは居住者をはじめとする利用者の権利・利益を保護するため、さまざまな法律の規制があります。

不動産をめぐる主な法律関係としては、土地・建物の売買や賃貸借、建築請負、抵当権の設定、相続が挙げられます。これらについての基本的な決まりごとは、民法に定められています。

ただ、民法の決まりだけでは、多種多様な法律問題に対して十分な対処ができないため、多くの特別法が定められています。

売買に関わる法律

不動産売買については、農地法や国土利用計画法などによる規制があります。また、欠陥住宅の販売規制や欠陥補償の確保のために、住宅の品質確保の促進等に関する法律や、特定住宅瑕疵担保責任の履行の確保等に関する法律も定められています。

賃貸借に関する法律

土地・建物は生活の重要な基盤になりますから、不動産賃貸借は他の賃貸借契約と区別して特に保護する必要があります。そこで、借地借家法が制定され、民法の原則を修正し、賃借人を手厚く保護しています。

建物の所有を目的とする借地権や借家権については、貸主による一方的な解約を制限するなど、借主の権利が強化されています。

マンションについての法律

マンションなどの集合住宅は、複数の住人が敷地や建物の共用部分を共有する点で、通常の一戸建てとは異なるため、建物の管理や使用について居住者相互の関係を規律する必要があります。そこで、建物の区分所有等に関する法律（区分所有法）が制定されました。その他、マンション管理適正化法やマンション建替え法といった法律もあります（94ページ）。

不動産にまつわる法律

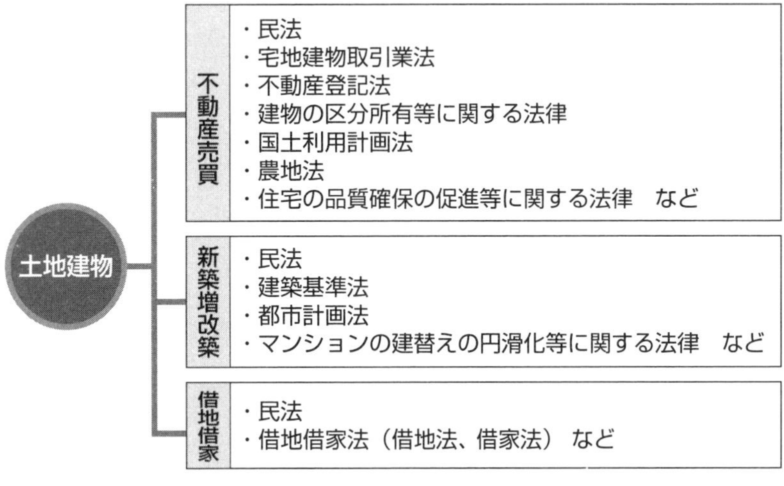

2 不動産業者の仕事

宅建業者への媒介契約や報酬については法律で決められている

宅建業法に規定がある

「実家から独立して生活を始める」「結婚して新居を構える」「仕事の都合で転居する」「遺産相続で受け継いだ土地を売る」など、土地や建物に関わる取引をするにあたって、頼りになるのが不動産業者です。街を歩けば、「○○不動産」「○○住建」といった、不動産会社の看板をいたる所で見かけます。

不動産業というのは誰もが営むことができるものではありません。一般の消費者が安心して不動産業者に依頼できるようにするため、宅地建物取引業法という法律によって、免許を受けた者（宅地建物取引業者）でなければ不動産取引の代理や媒介（仲介）をすることはできないと定められているのです。

不動産業者の仕事とは

通常、不動産の売買を行う際には、不動産業者を通して行われます。業者が不動産の媒介（仲介）に携わるには、宅地建物取引業（宅建業）の免許が必要になります。また、業者は、事務所に最低１人の専任の宅地建物取引士を置かなければなりません。

土地や建物などの不動産の売買に携わる業者のうち、宅建業者が扱う仕事は、不動産売買の媒介、不動産売買の代理などです。時には自社で不動産を買い取り、広い土地を確保して再開発を行うといった仕事も行います。また、不動産会社が自ら売主となって不動産の売買をすることもあります。

不動産売買の媒介とは、不動産の売主と買主の間に入って、取引を手助けする業務です。不動産売買の代理とは、マンションなどを建設した建設会社やオーナーを代理して不動産の売買を行う業務です。

宅建業者に支払う報酬

宅建業者の媒介（仲介）によって依頼者の希望する条件通りの不動産取引が完了すれば、それで宅建業者は媒介契約の義務を履行したことになります。その場合、宅建業者には依頼者に対して報酬を請求することができます。ただし、媒介契約を締結していないのであれば、たとえ宅建業者が勝手に情報を提供してきても、報酬請求権は生じません。

宅建業者の報酬については、その上限が国土交通省の告示で定められています。媒介の場合は、上限が定められており、仲介業者が複数いたとしても、複数の業者が受け取る報酬の合計金額は上限を超えることはできません。

代理の場合は、上限が媒介の報酬の「２倍」となっていますが、業者が相手方からも手数料を受け取るときは、合計額が媒介の報酬の２倍を超えることはできません。

手数料（報酬）の金額について

不動産取引の際に、宅建業者に支払う手数料（報酬）は、その取引額によって上限が定められています。たとえば、不動産売買の媒介（仲介）の場合の上限は次のように定められています。

売買代金が200万円以下であるときは、代金額の5.5％が上限です（消費税10％を含む。以下同じ）。売買代金が200万円を超え400万円以下のときは、代金額の4.4％が上限です。売買代金が400万円を超えるときは、代金額の3.3％が上限になります。具体的には、売主は、自分が媒介を依頼した宅建業者に対してこの手数料を支払い、買主は、売却物件を探してきた宅建業者に対して支払います。

不動産業者は人と人とをつないでいる

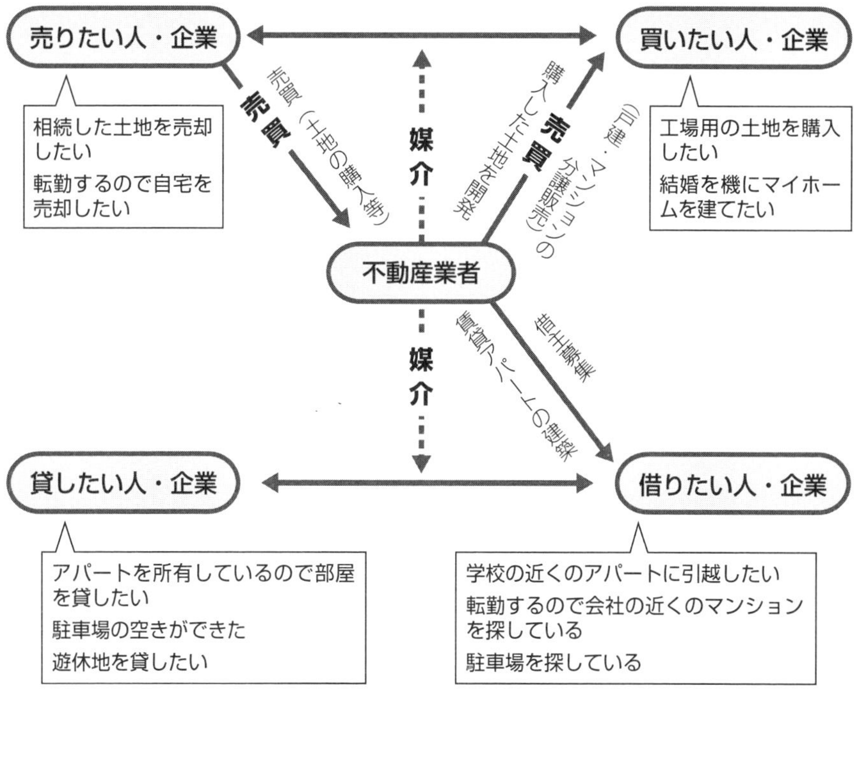

3 宅地建物取引業法

不動産取引を「業として」行うには免許が必要

どんな法律なのか

宅地建物取引業法（宅建業法）は、宅地建物取引業（宅建業）を営む事業者に対して必要な規制を行うことで、業務の適正な運営を確保すると共に、宅地や建物の取引の公正さを確保し、宅地や建物の購入者などの利益の保護と、宅地や建物の流通の円滑化とを図ることを目的とする法律です。

宅建業法は、宅地や建物を自ら売買・交換する行為と、宅地や建物の売買・交換・貸借を代理または媒介する行為で、業として行うものを、「宅地建物取引業（宅建業）」と定義しています。したがって、宅建業法の適用の対象になるのは、これらの取引を「業として」（事業として）行っている場合です。「業として」行っているか否かは、取引の対象者が不特定多数の者か否か、取引を反復継続的に行っているか否かなどを考慮して判断されます。

宅地建物取引業の免許制度

宅建業法は、宅建業を営む事業者（宅建業者）について、免許制度を定めています。宅地建物取引業の免許（宅建業の免許）には、知事免許と大臣免許の２種類があります。

まず、知事免許とは、一つの都道府県の区域内のみに宅建業の事務所を設置してその事業を営もうとする場合に、あらかじめ、その事務所の所在地を管轄する都道府県知事から取得しておかなければならない免許です。したがって、一つの都道府県内のみに事務所を設置して宅建業を営もうとする人は、知事免許を申請することになります。

これに対して、大臣免許とは、複数の都道府県の区域内に宅建業の事務所を設置してその事業を営もうとする場合に、あらかじめ国土交通大臣から受けておかなければならない免許です。取り扱うことができる業務内容などは、知事免許と異なるところはありません。

開業当初から複数の都道府県の区域内にまたがって宅建業を営もうとする場合には大臣免許を取得しなければならないことはもちろん、当初は一つの都道府県の区域内のみで知事免許を受けて宅建業を営んでいた宅建業者が、新たに他の都道府県の区域内に支店を設置する場合も、あらかじめ大臣免許を取得する必要があります。

宅建業の免許の有効期間は５年間です。有効期間は、免許日の翌日から起算して５年後の免許応答日までです。その後、更新することも可能であり、更新期間も５年間です。継続して宅建業を営む場合には、有効期間が満了する90日前から30日前までに免許の更新申請を行う必要があります。

免許の有効期間の満了日をもって、その免許は失効し、無免許状態となり、満了日の翌日から宅建業を営むことができなくなります。この場合、引き続き宅建業を行おうとするのであれば、改めて知事免許・大臣免許を受け直さなければなりません。

営業保証金制度と弁済業務保証金制度

不動産取引は一般的に高額な取引ですので、宅建業者には細心の注意が要求されますが、それでも取引の相手方が不測の損害を与えるおそれがあることも否定できません。そこで、取引の相手方に損害を与えた場合に備えて、取引の相手方の保護を図るしくみが必要です。

そのようなしくみのひとつが営業保証金制度です。営業保証金制度とは、宅建業者に対し、事業開始前に一定額の営業保証金を供託所に供託させることで、宅建業者と取引をした者が被った損害について、営業保証金から支払いを受けることができる制度です。これにより、不動産取引の相手方が損失を受けた場合、営業保証金から弁済を受けることによって損失を埋め合わせることが可能となります。

営業保証金制度の他にも弁済業務保証金制度というしくみも存在します。これは、営業保証金の供託に代えて、消費者に損害を与えないように、事業開始前に保証協会に弁済業務保証金分担金を支払っておく制度です。この制度を利用するには、宅建業者はあらかじめ保証協会に加入しなければなりません。保証協会には、全国宅地建物取引業保証協会と不動産保証協会の2種類がありますので、弁済業務保証金制度を利用しようとする宅建業者は、あらかじめ、いずれかの保証協会に加入しなければなりません。

営業保証金制度と弁済業務保証金制度

不動産 ⟹ 高額なので取引の相手方が被る被害も甚大

∴取引の相手方を保護するしくみが必要

- 営業保証金制度
- 弁済業務保証金制度 ※事前に保証協会への加入が必要

保証協会
- ⓐ 全国宅地建物取引業保証協会
- ⓑ 不動産保証協会

4 媒介契約

３種の媒介契約の違いをおさえる

３種類の媒介契約がある

宅地や家屋などを売却したい人と、購入を希望している人との間をつなぎ、取引を成立させるのが売買の「媒介」です。「媒介」は、一般的には「仲介」と呼ばれ、媒介をする宅建業者は売買仲介業者と呼ばれたりもします。

売買仲介業者は、売主や買主から仲介手数料を受け取ることで利益を得ます。この媒介契約には、「一般媒介契約」「専任媒介契約」「専属専任媒介契約」という３つの種類があります。

一般媒介契約

一般媒介契約は、同時に複数の宅建業者に媒介を依頼することができる媒介契約です。

この一般媒介契約には、他の業者に重ねて依頼をした場合に、先に依頼した業者にその旨を告げる義務があるタイプと、そのような義務がないタイプがあります。

ただし、依頼者が、自分自身で不動産取引の相手を見つけて契約を締結した場合や、他の宅建業者が見つけてくれた相手と契約を締結した場合は、その旨を先に依頼した業者に通知しなければなりません。

もし、これらの通知をすることを怠った場合には、依頼者は依頼した業者に対し、媒介のために要した費用を賠償しなければなりません。

専任媒介契約

専任媒介契約は、他の宅建業者に重ねて媒介を依頼することができない媒介契約です。ただし、依頼者自身が不動産取引の相手を見つけて売買契約を締結することはできます。

同一物件につき、依頼者が、他の宅建業者が媒介した相手と売買契約を締結した場合には、専任媒介契約を締結した宅建業者に対して報酬額と同じ金額の違約金を支払う義務があります。

専任媒介契約を締結した宅建業者は、契約を結んだ日から７日以内に不動産物件を指定流通機構（「レインズ」とも呼ばれ、不動産情報を交換するために、国土交通大臣が指定した公益法人のこと）に登録して売買契約成立へ向けて尽力しなければなりません。

さらに、専任媒介契約を締結した宅建業者には、依頼者に対して最低２週間に１回、業務処理状況を報告する義務も課されています。

このように専任媒介契約は、拘束力が強い反面、最長でも３か月という有効期間の制限があります。３か月を経過しても売買契約が成立しないときは、専任媒介契約を更新することも可能です。ただし、更新後の期間も３か月が限度となっています。

専属専任媒介契約

専属専任媒介契約とは、依頼した宅建業者が媒介した相手以外の者とは、売買契約を締結することができない契約です。

専属専任媒介契約を結んだ場合、同一物件につき依頼者が他の宅建業者の媒介した相手と契約を締結した場合はもちろん、依頼者自身で不動産取引の相手を見つけ出して契約を締結した場合も、専属専任媒介契約を締結した宅建業者に対して規定の報酬額と同じ金額の違約金を支払う義務があります。

専属専任媒介契約の場合は専任媒介契約よりも宅建業者の負う履行義務は強く、宅建業者は契約後５日以内に不動産物件を指定流通機構に登録しなければなりません。

さらに、業務処理状況の報告義務も最低１週間に１回となっています。専属専任媒介契約の有効期間は、専任媒介契約の場合と同様３か月です。

それぞれの特徴

一般媒介契約は依頼主が他の宅建業者に重ねて依頼できるというメリットがある反面、宅建業者の力の入れぐあいが弱まる可能性があります。

他方、専任媒介契約は、依頼主は他の宅建業者に依頼できなくなりますが、依頼された宅建業者は依頼主のために誠心誠意力を尽くしてくれるともいえます。専属専任媒介契約であればなおさら尽力してくれるでしょう。宅建業者とどのような契約を結ぶべきかもよく考えるようにしましょう。

媒介契約の種類

種　類	内　容
一般媒介契約	・同時に複数の宅建業者に媒介を依頼できる
専任媒介契約	・他の宅建業者に重ねて媒介を依頼できない ・同一物件につき他の宅建業者が媒介した相手と契約することを禁止
専属専任媒介契約	・他の宅建業者に重ねて媒介を依頼できない ・同一物件につき他の宅建業者が媒介した相手と契約することを禁止 ・依頼者自身が見つけた相手と契約することも禁止

5 不動産広告に関する注意点

不動産広告にはさまざまな規制がある

不動産広告に関する規制

不動産広告は、宅建業法および「不動産の表示に関する公正競争規約」（表示規約）のルールに従って作成しなければなりません。

① 宅建業法による規制

宅建業法は、誇大広告の禁止、広告開始時期の制限、取引態様の明示義務について定めています。

・誇大広告の禁止

宅建業者は、不動産物件の所在地や面積・広さ、現在または将来の利用制限の有無や周囲の環境、代金や賃料およびその支払方法などについて、著しく事実に相違する表示または実際のものよりも著しく優良または有利であると人を誤認させるような表示は禁止されます。

・広告開始時期の制限

宅建業者は、宅地の造成または建物の建築に関する工事が完了する前の未完成物件の段階では、工事について必要な開発許可や建築確認があった後でなければ、工事に係る宅地・建物の売買その他の業務に関する広告をしてはいけません。

・取引態様の明示義務

宅建業者は、自らが契約の当事者となって宅地・建物の売買・交換を成立させるのか、代理人として売買・交換・貸借を成立させるのか、または媒介して売買・交換・貸借を成立させるのかという別（取引態様の別）を明示しなければなりません。

② 「不動産の表示に関する公正競争規約」（表示規約）による規制

表示規約は、不当景品類及び不当表示防止法（景品表示法）の規定に基づいて、不動産業界が自主的に定めたルールです。不動産公正取引協議会の加盟事業者は、この規約を遵守しなければなりません。

・用語の定義

不動産広告において、「最高」「最高級」「格安」「完売」「完全」「絶対」「日本一」「日本初」「業界一」「当社だけ」「特選」「厳選」など、消費者を誤認させるおそれがある一定の用語については、その表示内容を裏付ける合理的な根拠がない限り、使用が禁止されます。

・表示の基準

たとえば、広告における文字の大きさは、原則として７ポイント以上でなければならず、物件と各種施設までの距離や所要時間を表示する場合は、徒歩時間は80メートルにつき１分として表示しなければなりません。

6 住居の種類

建物の新旧・土地の有無などで区別される

戸建住宅とは

住居は大まかに分けるとマンションなどの集合住宅と土地つきの一軒家とがあります。一軒家はさらに土地だけを買って自分で建てる注文住宅などの場合と、あらかじめ建築済みの戸建住宅を購入する場合があります。

また、すでに完成している住宅を購入する場合、購入する住宅が新築の場合を新築建売住宅、中古の場合を中古建売住宅と呼びます。

定期借地権付の建売住宅とは

定期借地権付建売住宅（例：一般定期借地権）とは、借地期間を一定の期間（例：50年）に限定して、その期限が到来した場合に住宅の買主つまり借地人は自己の費用で建物を撤去し、更地の状態にして、地主に土地を返還する販売形態のことです。

土地所有権付建売住宅と比較すると、定期借地権付建売住宅には、土地を子孫に遺せないこと、期限到来後（例：50年後）には自費で住宅を撤去して退去しなければならないというデメリットがあります。その一方、購入時の価格が土地所有権付建売住宅と比べて格安だというメリットがあります。

住宅を購入する際には、これらの点に十分注意して、重要事項説明書（78ページ）などの書面によく目を通すようにしましょう。特に、権利関係については、入念なチェックが欠かせません。

住居の種類

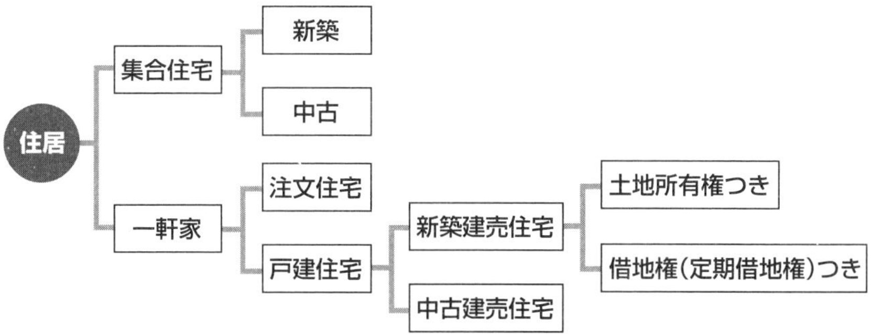

7 特殊物件と説明義務

事故物件などの特殊物件であるという事実は隠さず説明する必要がある

事故物件などの特殊物件とは

一般に事故物件とは、過去にその物件において殺人事件や自殺が発生したことがある物件や、過去に比較的大規模な事件や事故・火災などがあった物件を指します。また、周辺に人が嫌がる施設（嫌悪施設）が存在する物件もあり、事故物件とあわせて特殊物件と呼ばれることがあります。

売買の場合の価格への影響

取引の対象物件が事故物件などの特殊物件である場合には、買い手側にとっては購買意欲が高まらず、買い手が見つかりにくいという事情があります。そのため、不動産業者が価格設定を行う際にも、他の同程度の広さや立地に所在地を持つ物件と同等の価格を設定すると、契約成立に至ることが困難になるといえます。

価格設定の前提として、対象物件が事故物件などであるという事実を、不動産業者（宅建業者）は買い手である消費者に告げなければなりません。この事実を隠ぺいして取引することは宅建業法違反（誇大広告等の禁止違反など）になり、業務停止処分や免許取消処分だけでなく、罰則が科される場合もあります。そのため、取引に先立って、通常は買い手側に事故物件などの事実が知らされますが、一般に事故、事件、嫌悪施設の内容や程度などに応じて、通常の取引価格から１割から３割程度が減額されて売買が成立することが多いようです。

賃貸の場合の問題点

事故物件などの特殊物件について借り手を見つける場合、特に事故物件の場合は、部屋のリフォームを行い、次の借り手が入居しやすくする工夫が必要である点は、売買の場合と同様です。賃貸に特有の問題として、その物件で自殺や事故があった場合、それによる賃料収入の減少に関して、貸し手からの損害賠償請求が可能かという問題があります。

たとえば、借り手の自殺が発生しても、本人は死亡しているため、直接の損害賠償義務を負う人はいません。しかし、借り手に相続人（配偶者や子どもなど）がいる場合は、相続人が借り手の権利義務をすべて承継しています。そこで、貸し手としては、借り手の債務不履行を理由に、その相続人に物件の清掃費用などの支払いを求めることが考えられます。さらに、賃料収入が一定期間見込めないことにつき、損害賠償金の支払いを交渉する余地もあります。

8 市街化区域と市街化調整区域

原則として建物を建築できない区域もある

都市計画区域とは

住宅などの建物を建てようとする場合は、土地の用途制限を調べる必要があります。用途制限については、市区町村役場の都市計画課に備え置かれている都市計画図で確認できます。

都市計画図では、特に都市計画区域に注目してください。都市計画区域とは、その地域をまとまりのある都市として開発し、整備をしていこうとしている地域です。都市計画区域は下図のように分類されています。

市街化区域と市街化調整区域

土地の用途制限について最初に調査すべき事項が、その土地が市街化区域または市街化調整区域内のいずれに属するのかです。

調査の結果、建物を建てようとする土地が市街化区域に含まれる場合は、建物を建てること自体は可能です。どの用途地域（次ページ）に該当するのか、その他の制限が設けられているのかを確認し、希望する建物の建築が可能なのかを確認します。

一方、市街化調整区域は、農地や森林の保護に重点が置かれ、市街化を抑制する区域であることから、原則として建物の建築ができません。

ただし、市街化調整区域であっても、開発許可を得て建物の建築が認められることがあります。また、市街化調整区域内の土地は、農業・林業・漁業の用途で使用されることが多いですが、これらに携わる人の居住目的の建物の建築は可能とされています。

建物の建築に対する行政上の規制

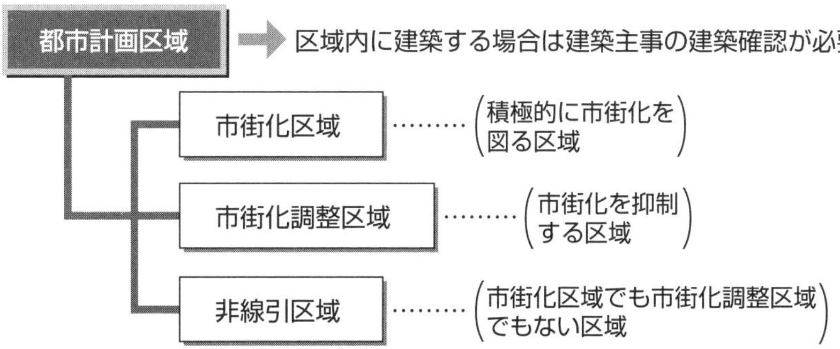

9 用途地域①

用途地域によっては建築が認められない建物もある

低層住居専用地域（住居系）

都市計画法上、市街化区域は13の用途地域に分けられています。用途地域については、住居系、商業系、工業系の３つに大きく分けられます。

住居系のうち低層住居専用地域は、用途地域の中で最も良好な住環境をめざすものです。建ぺい率、容積率、建物の高さなどが厳格に規制されています。たとえば、建築物の高さは、原則として10m以内または12m以内（どちらにするかは都市計画で定めます）に制限されます（絶対高さ制限）。

第１種低層住居専用地域では、原則として、住居以外には、住居を兼ねた小規模店舗・事務所、小中学校、診療所などしか建築できません。第２種低層住居専用地域では、第１種で建築可能な建物に加え、店舗や飲食店の部分が２階以下で床面積の合計が150㎡以内のものを建築できます。田園住居地域では、第２種で建築可能な建物に加え、農作物の販売目的の店舗などの部分が２階以下で床面積の合計が500㎡以内のものの建築が可能です。

中高層住居専用地域（住居系）

中高層住居専用地域は、中高層住宅の良好な住環境を守るための地域です。絶対高さ制限がないので、４階以上のマンションが建築しやすいといえます。

第１種と第２種の違いは、住居以外の建築できる建物の種類・広さ・階数の違いです。第２種では、３階以上や床面積1500㎡以上でなければ、工場やスポーツ施設などの住環境への影響の大きなもの以外の用途の建物はたいてい建築できます。

住居地域、準住居地域（住居系）

住居地域は、低層・中高層住居専用地域と同じく住環境を守るための地域ですが、商業用建物の建築も一定程度認められています。

第１種住居地域は、商業施設の建設についての配慮から低層住居専用地域よりも容積率が緩和されています。ただし、住環境の保護が重視され、床面積3000㎡以下の事務所・店舗の建築が可能で、パチンコ店などの建築は禁止されています。第２種住居地域は、床面積１万㎡以下の事務所・店舗・パチンコ店の建築が可能であるなど、規制緩和が第１種住居地域より進んでいます。準住居地域は、第２種住居地域よりも商業などの業務への配慮がさらに強くなっています。幹線道路の沿道などが準住居地域に指定されています。

商業地域、近隣商業地域（商業系）

商業地域は、主に商業などの地域的発展をめざす地域で、都心や主要駅を中心として広域に指定されます。商業地域では、ナイトクラブ・キャバレーや、映画館・劇場・演芸場といった娯楽施設も建築できます。したがって、たいていの建物は建築できますが、環境悪化のおそれのある工場などの建築はできません。近隣商業地域は、近隣住民の日常生活の需要に応える商業その他の業務の発展をめざす地域です。この点から、商業地域で許容されているキャバレーなどの娯楽施設の建築はできません。

用途地域内の建築制限

用途地域／建物の種類	第1種低層住居専用地域	第2種低層住居専用地域	第1種中高層住居専用地域	第2種中高層住居専用地域	第1種住居地域	第2種住居地域	準住居地域	田園住居地域	近隣商業地域	商業地域	準工業地域	工業地域	工業専用地域
住宅・下宿・老人ホーム等													×
保育所・神社・診療所等													
老人福祉センター等	△	△						△					
病院	×	×						×				×	×
小学校・中学校・高校												×	×
大学・専修学校・病院等	×	×						×				×	×
図書館等													×
店舗・飲食店	×	△	△	△	△	△	△	△					×
事務所	×	×	×	△				×					
ホテル・旅館	×	×	×	×	△			×				×	×
自動車教習所	×	×	×	×	△			×					
倉庫業を営む倉庫	×	×	×	×	×	×		×					
水泳場・スケート場・ボーリング場等	×	×	×	×	△			×					×
麻雀・パチンコ店等	×	×	×	×	×	△	△	×					×
カラオケボックス・ダンスホール等	×	×	×	×	×	△	△	×			△	△	△
キャバレー等	×	×	×	×	×	×	×	×	×		△	×	×
劇場・映画館・演芸場・ナイトクラブ等	×	×	×	×	×	×	△	×				×	×
工場（食品製造業以外）	×	×	×	×	△	△	△	×	△	△	△		

無印は建築可能／△は条件付きで建築可能／× は特定行政庁の許可がなければ建築不可

10 用途地域②

特別用途地区などの用途地域を補うための地域地区もある

準工業地域、工業地域、工業専用地域（工業系）

準工業地域は、軽工業の工場などの環境悪化のおそれのない工業の発展を目的とした地域です。工場だけでなく、住居・アパートなどの集合住宅や店舗が混在することも多いです。都市部周辺では、撤退した工場跡地に中高層マンションや超高層マンション（20階建て以上のマンション）が建設され、マンション地帯の様相を呈している準工業地域が増えています。

工業地域は、主に工業の発展を目的とした地域です。その性質上、小学校や大学、病院（20ベッド以上の医療施設）、ホテルといった施設の建築はできませんが、診療所（20ベッド未満の医療施設）の建築は可能です。

工業専用地域は、工業地域よりもさらに工業の発展という目的を徹底した地域です。大規模工業団地などが該当します。工業専用地域では、どんな工場でも建築できます。これに対し、学校や病院といった一定の良好な環境を必要とする施設はもちろん、住宅、店舗、飲食店などの建築もできませんが、診療所の建築は可能です。

用途地域以外の地域地区

用途地域とは別に、特別用途地域などの地域地区が指定されることがあります。①特別用途地区は、特定目的のために用途地域の制限を部分的に緩和したり厳しくしたりするものです。たとえば、トラックターミナル、卸売市場、倉庫などを集中立地させるための特別業務地区、教育上ふさわしくない施設を制限するための文教地区があります。特別用途地区は、各地域の実情や発展状況に応じて、都市計画または地方公共団体の条例で定められます。

その他、②建物の高さ制限などによって街全体の美観を保護する景観地区、③都市の良好な自然的景観を維持するために建物の建築・宅地造成・樹木の伐採を規制する風致地区、④再開発により高層ビルなどを建築できるようにするための高度利用地区、⑤建物の最高限度または最低限度を定めて日照・採光・通風などを確保するための高度地区、⑥超高層ビルの建築を可能にするための特定街区、⑦建物の火災の危険を防除するための防火地域・準防火地域、などがあります。

11 建築基準法

建物には公的な要素がある

どんな法律なのか

建物（建築物）は人が生きていく上で最も重要な要素のひとつです。建物には、私的利用という目的の他に、他人の建物と隣接して地域の環境の一要素となり、用途によって不特定多数の人が利用することもあるなど、公的な側面もあります。建築基準法は、この点を考慮し、社会全体の利益を損ねないように、建物の敷地、構造、設備および用途について必要最低限の基準を定めています。

建築基準法の条文の詳細は、政令や国土交通省令といった別の法令で定めています。建築基準法関係の法規でいう政令とは建築基準法施行令、省令とは建築基準法施行規則、告示とは国土交通省告示のことです。

建築基準法の規定は、大きく「制度規定」「実体規定」に分類されます。制度規定とは、建築基準法内に出てくる用語の定義や、建物を建てる際の手続の他、建築関係の資格の検定機関、建築審査会、罰則などの規定のことをいいます。実体規定は、さらに「単体規定」「集団規定」に分類されます。

実体規定のうち単体規定とは、建物一つひとつについて遵守すべき最低限の基準です。屋根や防火壁、居室の採光・換気、便所、電気設備など、建物の安全を守ることを目的として、さまざまな基準が設けられています。集団規定とは、その建物がある街や都市の中で遵守すべき基準です。敷地と道路の関係や建物の用途、用途地域（24ページ）ごとの建物の制限などが定められています。単体規定が全国どこの建物でも同様に適用されるのに対し、集団規定は条例による制限を除き、都市計画区域（23ページ）・準都市計画区域内のみで適用されます。

確認申請などで必要な関係規定

建物の建築にあたっては、その建物が法令に沿って建築されているかを判断するために確認申請や検査といった手続きを経る必要があります。その際、建築基準法や建築基準法施行令などが基準とされるのはもちろんですが、この他にも建築基準法施行令9条に定められた建築基準関係規定（消防法、駐車場法、水道法、下水道法、宅地造成等規制法、都市計画法、特定都市河川浸水被害対策法など）が確認申請や検査の基準となります。

他にも、高齢者、障害者等の移動等の円滑化の促進に関する法律（通称バリアフリー法）や高圧ガス保安法も建築基準関係規定に含まれます。

12 建ぺい率と容積率

建築基準法がさまざまな規制をしている

建築基準法による規制

都市計画法により市街化区域は13の用途地域に分けられます（24ページ）が、各々の用途地域にどのような建物を建築できるのかについては建築基準法が詳細に規定しています。

本来、自分の資産で建物を建築するのは自由なはずですが、現代社会は日常生活の多くの部分が建物に依存しています。そのため、建物の利用者や近隣住民にとって危険を及ぼす可能性があれば、必要な規制をしなければなりません。そこで、建築基準法などの法令が多くの規制を施しているのです。

たとえば、建物の安全や衛生を確保するには、敷地の整備が必要であることに加えて、災害に備えて建物自体の柱・壁・梁などの主要構造部の安全を確保する必要もあります。さらに、適切な排水設備、電気設備、屋根、外壁の設置の方法についても、必要な規制を施す必要があります。

このように、建築基準法は都市全体の合理的な発展も考慮して、建物の建築について規制を施しています。

建ぺい率と容積率

建築基準法は、用途地域ごとに建ぺい率（建蔽率）と容積率を定めて建物の規模を制限することで、安全な環境を維持しています（次ページの表）。

建ぺい率とは、敷地面積に対する建物の建築面積の割合のことです。

建ぺい率は用途地域ごとに定められています。ただ、同一の地域でも延焼の危険が少ない、防火地域内の耐火建

建ぺい率と容積率

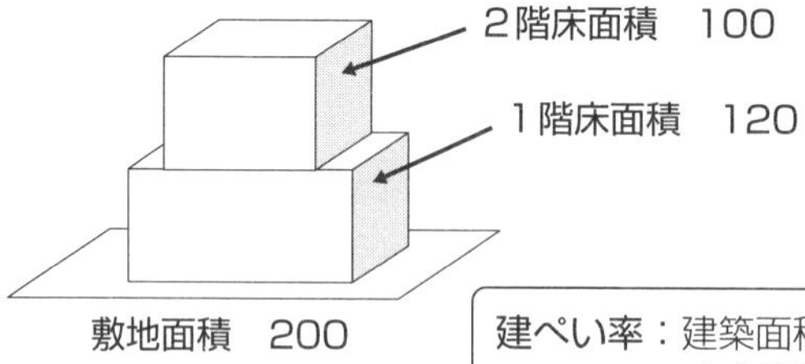

建ぺい率：建築面積÷敷地面積
⇒ 120÷200＝60%
容 積 率：延床面積÷敷地面積
⇒ (120＋100)÷200＝110%

築物や、角地にある敷地内の建物は、建ぺい率が通常よりも１割増し（両方に該当すれば２割増し）になります。

また、公衆便所やアーケードなど、公共のために利用する建物の場合は、建ぺい率の制限が適用されません。

容積率とは、敷地面積に対する建物の延床面積（延べ面積）の割合のことです。延床面積は、建物の階数や高さとは関係がなく、その建物のすべての階の床面積を合計して出します。

容積率も用途地域ごとに定められています（指定容積率）。ただし、建物の前面道路の幅員が12m未満の場合、住居系の用途地域は「幅員×10分の４」、その他の用途地域は「幅員×10分の６」（前面道路容積率）と指定容積率のうち、小さい値が適用されます。

用途地域ごとの建ぺい率制限

<table>
<tr><th rowspan="2"></th><th rowspan="2">地域区分</th><th rowspan="2">原則数値
（%）</th><th colspan="3">特　例</th></tr>
<tr><th>㋐防火地域内の耐火建築物等</th><th>㋑準防火地域内の準耐火建築物等</th><th>㋒特定行政庁の指定する角地</th></tr>
<tr><td rowspan="13">用途地域</td><td>①第１種低層住居専用地域</td><td rowspan="5">30、40、50、60
※1</td><td rowspan="5">＋10%</td><td rowspan="14">＋10%</td><td rowspan="14">＋10%
※4</td></tr>
<tr><td>②第２種低層住居専用地域</td></tr>
<tr><td>③田園住居地域</td></tr>
<tr><td>④第１種中高層住居専用地域</td></tr>
<tr><td>⑤第２種中高層住居専用地域</td></tr>
<tr><td>⑥第１種住居地域</td><td rowspan="4">50、60、80
※1</td><td rowspan="5">＋10%
（80%の地域では＋20%）
※3</td></tr>
<tr><td>⑦第２種住居地域</td></tr>
<tr><td>⑧準住居地域</td></tr>
<tr><td>⑨準工業地域</td></tr>
<tr><td>⑩近隣商業地域</td><td>60、80 ※1</td></tr>
<tr><td>⑪商業地域</td><td>80</td><td>＋20% ※3</td></tr>
<tr><td>⑫工業地域</td><td>50、60 ※1</td><td rowspan="3">＋10%</td></tr>
<tr><td>⑬工業専用地域</td><td>30、40、50、60 ※1</td></tr>
<tr><td colspan="2">用途地域の指定のない区域</td><td>30、40、50、60、70
※2</td></tr>
</table>

※１　複数の数値の中から都市計画で決定。

※２　複数の数値の中から特定行政庁が都道府県都市計画審議会の議（判断）を経て決定。

※３　建ぺい率は100%（制限なし）となる。しかし、民法で「外壁を隣地境界線から50cm以上離す」との規定があることなどに注意を要する。

※４　「㋐と㋒」または「㋑と㋒」の特例を満たす建物は「＋20%」になる。

13 高さ制限①

周囲の環境を守るための高さ制限や防火規制がある

高さ制限のルールの概要

高さのある建物が建築されると、日照や通風が阻害され、周囲の環境を悪化させるおそれがあります。

そこで、建築基準法では、建物の高さを制限しています。まず、低層住居専用地域においては、絶対高さの制限が適用され、一定の高さを超える建物の建築が原則として禁止されます。

さらに、建物の日照や通風を確保するための道路斜線制限、北側斜線制限という種類の高さ制限も存在します。

また、商業地域、工業地域、工業専用地域以外の地域では、周囲の敷地に対して日影を作る時間を制限した日影規制も適用されます。

絶対高さ制限

絶対高さ制限とは、建物の高さを地盤から一定の高さ以内に制限することをいいます。具体的には、低層住居専用地域（第１種・第２種低層住居専用地域、田園住居地域）では、良好な住環境を保護するため、建物の高さは、原則として10mまたは12mのうち都市計画で定められたものを超えてはいけません。その他、条例で絶対高さの制限を設けている地域もあります。

道路斜線制限とは

道路斜線制限は、道路境界線からの距離に応じて建物を建てられる部分を限定して、採光や通風を確保するための制限です。次ページの図を例に考えてみましょう。

まず、敷地と道路の境界線上（次ページの図のＢ）に道路幅（次ページの図では４m）に対して1.25倍（商業、工業系の用途地域では1.5倍）の長さの垂線を引きます。

次に、この垂線の終点に向かってＡから斜線を引きます。このとき、Ｂから引いた線の終点とＡから引いた斜線が交わる点をＸとします。

そうすると、ＡＢＸの三角形ができます。このＡＸの直線をさらに上空に向かって延長した先をＰとします。このＡＰの線を道路斜線といい、容積率に応じて定められた距離の範囲（次ページ図では20m）にある建物は、道路斜線の下に収まっていなければならないのが道路斜線制限です。この場合に基準となる容積率と適用を受ける距離については、建築基準法の別表第三に記載されています。

次ページ図では、道路斜線から上空に突き出した部分（図のＯの部分）が制限を超えていることになります。

道路斜線制限の緩和措置・特例

道路斜線制限については、主に以下の緩和措置が設けられています。

① 道路境界線から後退して建物を建てる場合

道路境界線から後退して建物を建築した場合は、後退した距離の分だけ前面道路の反対側の境界線も離れたとみなし、幅員に足すことができます。

通常、後退した部分に建物は建築できませんが、たとえば、以下のものであれば建築できます。

・物置などで、軒高が2.3m以下、床面積の合計が５㎡以内の一定の条件を満たすもの

・道路に沿って設けられる高さ２m以下の一定の条件を満たす門や塀

② 建物の前面道路が２つ以上ある場合の特例

建物の前面道路が２つ以上ある場合、すべての前面道路について幅員が最も大きい前面道路と同じ幅員を有するとみなす特例があります。特例が適用される範囲は以下のⓐ・ⓑです。

ⓐ　幅員が最も大きい前面道路の境界線からの水平距離が、その前面道路の幅員の２倍以内で、かつ35m以内の部分

ⓑ　その他の前面道路の中心線からの水平距離が10mを超える部分

道路斜線による制限

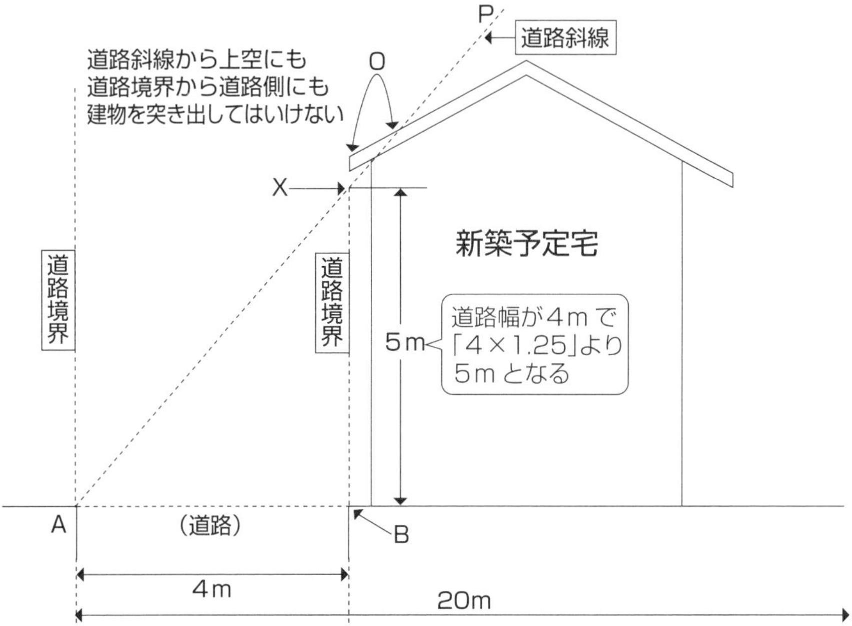

14 高さ制限②

各種の規制で日当たりや通風が守られている

隣地斜線制限とは

隣地間で近接した建物の通風や日照を確保するための高さ制限として隣地斜線制限があります。隣地斜線制限が適用されるのは、低層住居専用地域（第１種・第２種低層住居専用地域と田園住居地域）を除いた地域です。

たとえば、住居系の用途地域の場合、建物の高さ20mを超える部分の傾斜が１：1.25の斜線の範囲に収まるように建築しなければなりません（下図ａ）。商業系・工業系の用途地域の場合、建物の高さ31mを超える部分の傾斜が１：2.5の斜線の範囲に収まるように建築しなければなりません（下図ｂ）。隣地境界線から後退した場合は、

隣地斜線制限のイメージ

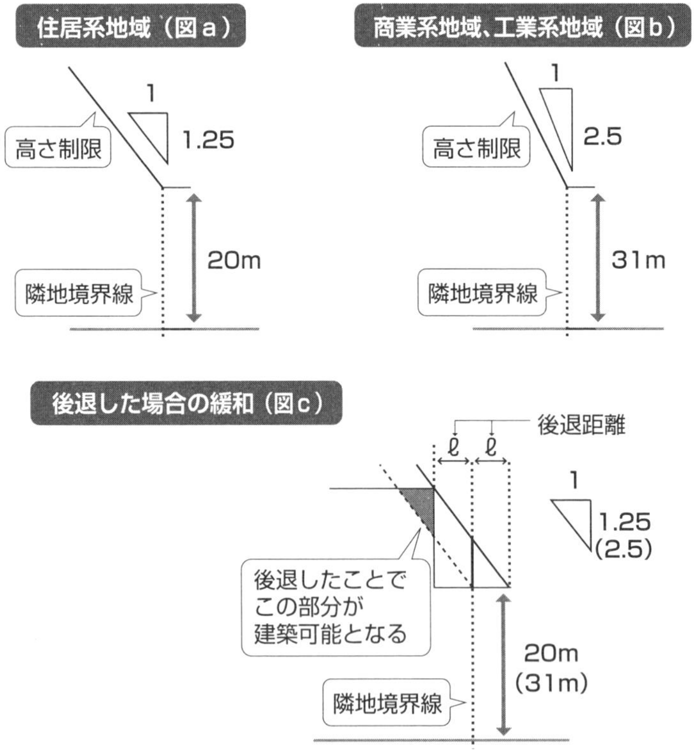

緩和措置が受けられます（前ページ下図ｃ）。

北側斜線制限とは

北側斜線制限とは、北側にある隣地の日照を確保するための建物の高さ制限です。北側斜線の制限があるのは低層住居専用地域と中高層住居専用地域（第１種・第２種）です。低層住居専用地域の場合、真北方向の隣地境界線について、地盤面から５ｍの高さを起点に傾斜が１：1.25の斜線の範囲に収まるように建築しなければなりません。中高層住居専用地域の場合、地盤面から10ｍの高さを起点に傾斜が１：1.25の斜線の範囲に収まるように建築しなければなりません（下図参照）。

天空率による高さ制限の緩和

天空率とは、ある地点からどれだけの天空が見込まれるかの割合を示したものです。建築基準法では、斜線制限ギリギリに敷地の幅いっぱいに建築した建物と、斜線制限を満たさないがスリムな建物とを比較して、後者の方が天空率が多くなった場合に、斜線制限の目的である、通風や採光が確保されたものとして、後者の建物を建築するときに斜線制限の適用が除外されることになっています。

中高層建物の日影規制

日影規制は、中高層建物によって日影が生じる時間を制限し、周囲の敷地にある建物が一定の日照時間を確保できるようにする規制です。建物の周辺に生じる日影を規制することで、間接的に建物の形態を規制しています。

日影規制は、地方の気候や風土にあわせて、都道府県や市町村などの地方公共団体が、条例によって日影時間を指定します。

北側斜線制限のイメージ

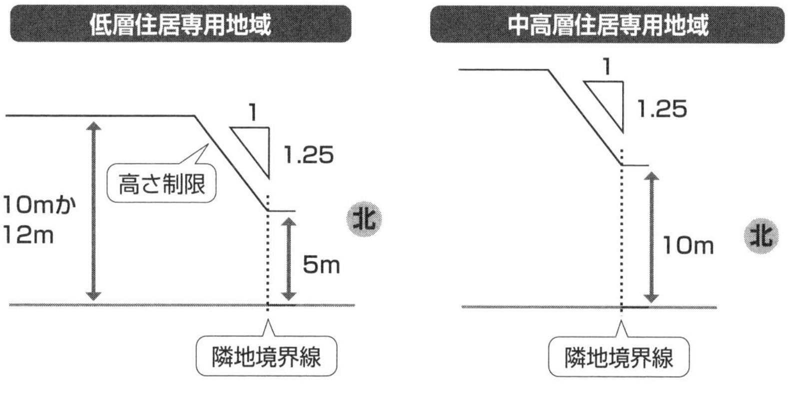

15 防火のための規制

地域によって建築できる建物には防火上の制限がある

防火規制が重要

日本の建物、特に住宅は木造のものがほとんどという事情もあり、建築基準法や都市計画法では、さまざまな防火のための規定が置かれています。

都市計画法では、市区町村などが策定する都市計画で、市街地における火災の危険を防除するための地域として防火地域・準防火地域を定めます。防火地域の多くは商業地域ですが、それ以外も指定されていることがあります。

建築基準法では、火災が発生しにくい材料で建物を建築すること、近隣からの延焼で燃えやすい箇所を防火性能の高いものにすること、避難が容易になるように道路に接する形で建物を建築することなどを定めています。

防火地域の規制

防火地域は主に駅前や主要幹線道路沿いにあります。それらの地域には人やビルが密集しており、災害時に甚大な被害が発生するおそれがあります。

そこで、防火地域内の建物は、3階以上（地階を含みます）または延床面積100㎡超の場合は、耐火建築物または延焼防止建築物にしなければなりません。それ以外の場合は、耐火建築物、延焼防止建築物、準耐火建築物、準延焼防止建築物のいずれかにしなければなりません。

耐火建築物は、通常の火災が終了するまで倒壊や延焼を防止するために必要な性能を備えた建物、準耐火建築物は、通常の火災による延焼を抑制するために必要な構造を備えた建物です。

延焼防止建築物は、耐火建築物と同等の延焼防止性能を備えた建物、準延焼防止建築物は、準耐火建築物と同等の延焼防止性能を備えた建物です。

準防火地域の規制

準防火地域は主に住宅密集地に存在し、防火地域と同様、建物を火災に耐えられる構造にするなどの義務付けがありますが、準防火地域の規制は防火地域よりも概ね緩やかです。

準防火地域で耐火建築物または延焼防止建築物としなければならないのは、4階建て以上または延床面積1500㎡超の建物です。耐火建築物、延焼防止建築物、準耐火建築物、準延焼防止建築物のいずれかとしなければならないのは、3階建て以下かつ延床面積500㎡超1500㎡以下の建物です。

16 建物の基礎

建物の基礎は建物の重量を支える重要な構造である

◎基礎が重要

建物（建築物）を建てるには、その建物の重量を支える基礎が必要です。

基礎とは、建物の力を地盤に伝え、建物を安全に支える機能をもつ建物の下部構造をいいます。基礎の部分に不具合があると、建物全体の安全性が脅かされます。平成27年に発覚した旭化成建材株式会社によるデータの流用や改ざんによって、基礎の重要性を再認識された人も多いと思われます。

建築基準法施行令38条によると、建物の基礎は、建物に作用する荷重等を安全に地盤に伝え、かつ、地盤の沈下や変形に対して構造耐力上安全であると認められなければならないと規定されています。具体的には、高さ13mまたは延べ面積3000㎡を超える建物で、建物に作用する荷重が最下階の床面積1㎡につき100キロニュートンを超える建物は、基礎の底部が良好な地盤に達していなければなりません。

各地盤の強度については、建築基準法施行令93条に示されており、たとえば、岩盤に長期に生じる力に対する強度（許容応力度）は、1㎡あたり1000キロニュートンであると規定されています。

なお、基礎の設計上、建物全体を支える地盤のことを支持地盤といいます。

◎地盤調査と杭基礎

N値とは、地層の硬さを示す値です。数字が小さいほど軟らかい地層で、数字が大きいほど硬い地層であることを表します。そして、建築物に適したN値以上の地層がどこに存在するかを調べる作業のことを地盤調査といいます。

地盤調査は、ボーリング調査（標準貫入試験）という方法で行われます。簡単にいうと、サンプラーと呼ばれるパイプ状のものを、自由落下させたハンマーで打ち、サンプラーが30㎝貫入するための打撃回数を数えるという方法で行われ、この回数がN値となります。安全な基礎を設計するために欠かせない作業となります。

川や海の周辺など、軟弱な地盤においては、浅い基礎では建物を支えることができないため、深く杭を打ち込み建物を支える杭を打ち込みます。これを杭基礎といいます。かなり重量があるRC造の大規模マンションなどでは、何十～何百という数の杭が打たれます。

17 工事や監理契約

トラブルに遭わないために契約には注意する

設計図と見積書を作成する

マイホームなどの建物を建てる場合は、その建物の基本素材・屋根の種類・各階の高低・天井の高さなどを具体的に決めなければなりません。

また、地震や台風などの災害対策として、地盤、土台、柱や梁の仕様や耐火性の建材の導入にも留意する必要があります。以上の点を考慮に入れて、建物の建築の基本となる設計図を作成してみます。

希望する建物の設計図がまとまったら、建設業者・建築設計事務所と相談しながら、見積書を作成してもらいます。その結果、見積もりが予算を上回る場合は、設計の見直しもしくは予算の増額を検討します。

建築確認の申請をする

次にすべきことは、建築確認の申請です。建築確認とは、建物が建築基準法などの法令に適合しているかどうかを確認することです。この確認を求める申請を建築確認申請といいます。建築確認を行うのは、市区町村に設置される建築主事（設置されていない場合は都道府県の建築主事）か、民間の検査団体である指定確認検査機関です。

建築主事や指定確認検査機関は、申請書や設計図といった書面審査だけでなく、建設予定の敷地の状況などを現地検分します。その結果、問題がなければ建築確認がなされ、工事の着工が可能になります。工事の中間段階で検査が要求される場合もあります。

最後に、工事完成後には建築確認通りの建物が完成しているのかについて完了検査を受けます。その上で、検査済証の交付を受けて建物を利用できることになります。

どんな契約なのか

土地を購入してマイホームなどの建物を建てるまでには、たくさんの工程をクリアしなければなりません。そして、それぞれの工程においては明確な契約書を取り交わしておく必要があります。こうすることで、追加費用の請求などといった思いがけないトラブルを避けることができます。

建物の建築は莫大な費用と労力を要する一大事です。ですから、後から苦い思いをしないためにも、契約書を作成する上で最低限の知識を押さえ、契約関係などはきちんとクリアしておきたいものです。

建物を建てる際に重要な契約は工事請負契約と設計監理契約です。

工事請負契約

工事請負契約は、建築主と建築業者の間で交わされる契約です。内容的には工事の完成した時点において請負代金を支払うというものです。建築業者とは主に住宅メーカーや工務店を指します。

建築士の指示に従って実際に工事を行うのが建築業者です。契約書には完成時期、工事期間、工事代金、工事内容について必ず明記します。他に契約書に記載される事項には、建築工事の遂行、検査と引渡し、契約の変更・違反・責任、紛争の解決などがあります。

この契約書は、日本弁護士連合会（https://www.nichibenren.or.jp/）に「日弁連住宅建築工事請負契約約款」というモデルがありますので、あらかじめざっと目を通しておくとよいでしょう。工事請負契約書には通常、設計図や仕様書、見積書などが添付されます。

また、契約書では、保証人とは別に完成保証人について規定されることもあります。完成保証人とは、何らかの理由で請負人が工事を継続することができなくなったときに、請負人に代わって工事を完成させる義務を負う者です。

設計監理契約

建築主と設計事務所の間で交わされる契約です。質の良い家作りを心がけるのであれば、しっかりと結んでおきたい契約のひとつです。

この契約では、建物の設計、工務店の選定、工事見積書のチェック、建築確認申請、工事の監理、建物完成時の検査、といった事項について設計事務所に依頼します。

建築計画から工事の完了まで

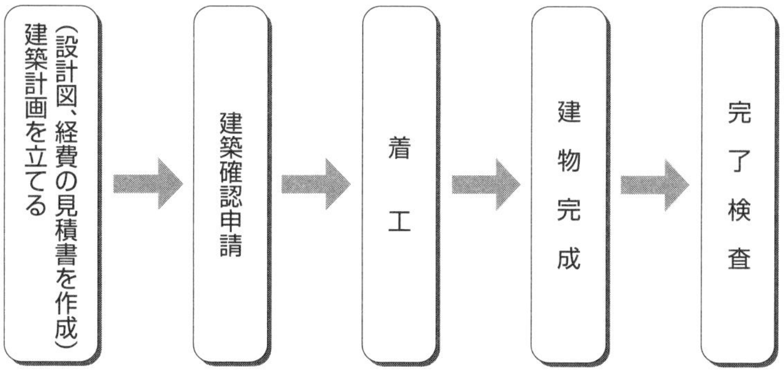

18 工事をめぐるトラブル

代金支払い、引渡し、工事変更、工事中に損害が生じた場合、瑕疵の発生などの問題がある

どんなトラブルがあるのか

建物の工事の際に生じる可能性があるトラブルの処理法をあらかじめ知っておくとよいでしょう。

① 代金の支払い

建物の代金の支払いは通常、分割払いで行います。特に注意しておきたいのは、ローンの資金や、居住不動産の売却費用を新居の支払費用にあてこんでいる場合です。後々になってローンの審査が通らなかった、という事態も考えられるので、あらかじめ契約書に解約事項を明記しておく方が無難といえます。

② 引渡しが遅延した場合

建築主が一時的に賃貸住宅に住んでいて、引渡しが遅延した場合は、余分な賃貸料を支払わなければならないことになります。この場合に備えて違約金を設定しておくのが大切です。違約金は、たとえば「工事の遅れ１日につき請負代金の１万分の４以内」というように設定します。

③ 支払いが遅延した場合

建築主の業者への支払いが遅延した場合も、業者の建築資材の支払いの停滞などといった不都合が発生しますから、違約金を設定しておきます。支払遅延の場合は年利14.6％（日歩４銭）と設定することが多いようです。

④ 工事に変更があった場合

建築主の都合で工事内容に変更がある場合は、請負代金にも変化が生じてきます。この際は、追加工事の内容とその費用などを書面に明記します。

⑤ 工事中に損害が生じた場合

工事中の建物が地震や火災、台風、火災などで倒壊したり焼失するアクシデントが絶対にあり得ないとは言い切れません。これらについては、最初に業者の負担を定めておきます。

⑥ 欠陥が生じた場合

大金を投じて建築した建物も、後々になって壁にひびが入る、柱がゆがむなどの欠陥（契約不適合）が出てくる場合があります。一定期間内に欠陥が露呈した場合は、施工業者が無償で修理を行わなければならないと定められています。建物の欠陥についての相談は日本司法支援センターや弁護士会の法律相談センター、各都道府県に設置されている建設工事紛争審査会で受け付けていますので、今後の対応について専門家に相談するとよいでしょう。

19 国土利用計画法の届出

一定の土地の売買には国土法上の届出が必要となる

国土利用計画法とは

国土利用計画法（国土法）は、総合的・計画的に国土の利用を図ることを目的として土地取引の規制に関する措置や土地利用を調整するための措置などを定めた法律です。

国土利用計画法による規制は主に以下の3つがあります。

① 法定面積以上の土地売買等を行った場合の「事後届出制」

② 注視区域や監視区域に所在する土地売買等を行った場合の「事前届出制」

③ 規制区域に所在する土地売買等を行った場合の「許可制」

この中でも、特に重要なのが「事後届出制」です。これはバブル崩壊を背景に国土政策が「地価抑制」から「土地の有効利用」へ転換し、規制緩和による土地取引の活性化を図ることが重要になったことに起因します。

なお、実際には、規制区域における許可制が運用されたことはありません。

事後届出が必要なケース

事後届出制は、法定面積以上の土地について土地売買等の契約を締結した場合に、契約締結後2週間以内に利用目的や取引価格等について、都道府県知事等に対して届出を行わなければならないという制度です。

法定面積は、市街化区域で2,000㎡以上、市街化区域以外の都市計画区域内で5,000㎡以上、都市計画区域外で10,000㎡以上とされています。ただし、契約面積が法定面積未満であっても、対象となる全体の面積を基準として届出が必要かどうか判断する必要があります。たとえば、売主が複数名義の場合や、契約時期が同一でない場合でも、隣接する土地の計画的な取引と考えられる場合は、合計して法定面積以上になると届出が必要になります。

事前届出が必要なケース

事前届出制は、注視区域内と監視区域内において土地売買等を行う場合に、当事者が土地売買等の契約締結前に届出を行わなければならないという制度です。注視区域とは、地価が相当な程度を越えて上昇または上昇するおそれがある区域として都道府県知事が指定する区域のことです。監視区域とは、地価が急激に上昇または上昇するおそれがある区域として都道府県知事が指定する区域です。事前届出制は、現在では監視区域に設定されている小笠原村のみとなっています。

20 農地の売買・転用

農業を守るために、農地の売買・転用には厳しい規制がある

農地の売買契約について

農地とは、耕作の目的に利用される土地のことをいい、農作物を耕作している土地はもちろんのこと、果樹園や茶畑も農地にあたります。日本の農業生産の基盤である農地を売買や転用（地目を農地以外に変更すること）する場合には厳しい規制があり、農地法の定める許可または届出が必要になります。農地の売買に関わる主な契約書は以下の通りです。

① 農地法３条の許可が必要になる場合の農地売買契約書

農地の売買後もその土地を農地として使用する場合、つまり農地の地目を変更せずに権利を移転する場合の契約書です。農地を耕作目的で売買するためには、農地法３条に規定されている許可（３条許可）を得ることが必要になります。

② 農地法５条の許可が必要になる場合の農地売買契約書

農地を宅地や工場用地など農地以外に使用するために売買する場合、つまり地目を農地以外に変更して権利を移転する場合に使用する契約書です。農地を転用目的で売買するためには農地法５条に規定されている許可（５条許可）を得ることが必要になります。この許可を受けるためには、売買契約の当事者の双方が署名した申請書を、転用しようとする農地が所在する市町村の農業委員会を経由して都道府県知事に提出しなければなりません。

自己使用目的での転用など

農地法３条、５条の場合以外にも、自分の農地を自分が使用するために宅地、駐車場、一時的な資材置き場、作業員仮宿舎などに転用する場合、農地法４条の許可が必要です。また、農地等を相続によって取得した場合には、市区町村の農業委員会へ農地法３条の３第１項に基づく届出が必要です。

農地転用などの許可基準

農地売買において、農地法５条の農地転用が許可されるためには、立地基準や一般基準を満たす必要があります。立地基準とは、生産力の低い農地や市街地に近接した農地などの営農条件等から農地を区分し、その区分に応じて、許可の可否を判断する基準です。また、一般基準とは、農地等の転用の確実性や周辺農地への被害の防除措置の妥当性などを審査する基準です。

21 危険負担

両当事者に帰責事由がなく履行不能となった場合は債務者は履行を拒絶できる

危険負担とは

契約が結ばれると当事者への拘束力を持つのが原則です。しかし、売買などの双務契約において、契約成立後に契約当事者に責任がない事情によって債務の履行が不能になった場合、その危険をどちらの当事者が負担すべきか、という問題が、危険負担の問題です。

たとえば、中古の家屋（建物）の売買契約の例で考えてみましょう。売買契約を４月１日に締結し、買主への建物の引渡しを４月30日と定めていたとします。その後、４月10日に発生した落雷によって家屋が滅失した場合、売買契約における買主・売主の両当事者の債務はどのように扱われるのでしょうか。

この場合、家屋は滅失したため、もはや買主に引き渡すことはできず、売主は、中古の家屋の引渡債務について履行不能（履行することが不可能な状態）に陥っていることから、この売主の引渡債務は消滅します。しかし、滅失の原因は落雷ですから、売主に帰責事由がないため、売主には債務不履行責任は生じません。そこで、反対債務である買主の代金支払債務をどのように取り扱うべきかについて、民法は次のような規定を置いています。

危険負担に関する民法の規定

民法は、「当事者双方の責めに帰することができない事由によって債務を履行することができなくなったときは、債権者は、反対給付の履行を拒むことができる」（536条１項）と規定して、両当事者に責任がない事情によって履行不能になった場合、反対債務を負う者は、自身の債務の履行を拒むことができるとしています。

ただし、民法は、履行を「拒絶」する権利があるとしているので、反対債務自体は消滅しません。そのため、反対債務を消滅させたい場合は、契約解除をする必要があります。

また、履行不能に基づく契約の解除についても、民法は、債務者に帰責事由があることを要件としていません。そのため、前述の事例では、落雷によって中古の建物が滅失しているため、買主には落ち度がないので、履行拒絶権として代金の支払いを拒むことができる上、売買契約を解除して、代金支払債務を消滅させることが可能です。

なお、当事者の合意によって、この民法の規定と異なる取扱いをすることもできます。

22 手付金①

契約時に交わされる金銭には手付、申込証拠金、内金などがある

手付とは

手付とは、売買契約の際に、当事者の一方が他方に渡す金銭のことをいいます。手付は、売買契約の締結時または債務の弁済期までの間に交付するものであり、その金額は売主と買主の間で決定することができます。ただし、不動産売買の場合、売主が宅地建物取引業者であって、買主が宅地建物取引業者でないときは、売主である宅地建物取引業者は、売買代金の20％を超える金額を手付金として受領することはできません。日常的な買物で手付金を支払うような場面はそう多くはありませんが、不動産売買の場合には、動く金額が大きいため、契約当事者の一方が簡単に契約を解除することがないように、手付を交付するのです。

手付による契約の解除

売主に対して手付を交付した買主は、手付を放棄することで、その売買契約を解除することができます。一方、手付を受け取った売主の側からその売買契約を解除する場合には、買主が交付した手付の２倍に相当する金額を買主側に現実に支払うことで、売買契約を解除することができます。

このように、手付は相手方の債務不履行がなくても契約を解除できるという趣旨で交付されるものであることから、解約手付ともいいます（次ページ）。

ただし、その相手方が契約の履行に着手した後は、解約手付による契約の解除をすることは認められませんので、注意が必要です。

手付による売買契約の解除

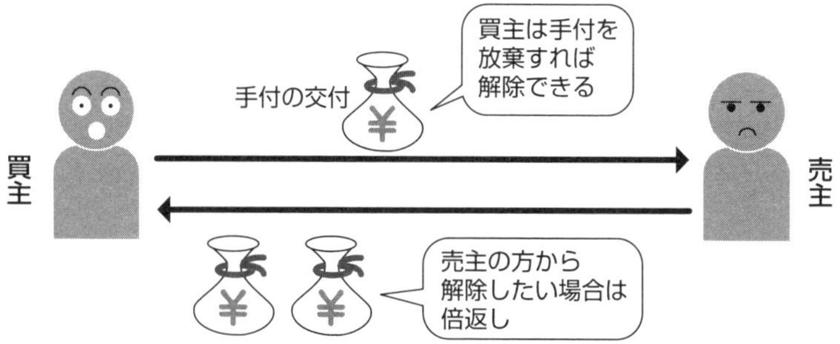

23 手付金②

手付には３種類ある

手付の種類

手付には、証約手付、解約手付、違約手付の３種類があります。

証約手付は、売買契約が成立した際に支払う手付であり、この支払いによって「売買が成立した」という証拠になるものです。手付は、常に証約手付としての性質を有しています。

解約手付は、債務不履行がなくても売買契約の解除を可能にする趣旨で交付される手付です。解約手付による売買契約の解除は、売主・買主の双方に認められており、契約の相手が債務の履行に着手する前であれば、解約手付による売買契約の解除が可能です。買主の場合は、支払った手付金を放棄すること（返却不要とすること）で解除が可能となり、売主の場合は、買主が支払った手付金の倍額を現実に支払うことで解除が可能となります。手付は、原則として解約手付の趣旨で交付されたものとされます。

違約手付は、売買の相手方の債務不履行に対するけん制として、債務の履行を促すために交付される手付です。契約違反があった場合の保証金ということができます。違約手付を支払った買主に債務不履行があった場合、違約手付を受け取った売主は、この手付金を没収できます。逆に、違約手付を受け取った売主に債務不履行があった場合には、違約手付を支払った買主は、売主に対し、その違約手付の返還に加えて、その違約手付の金額と同額の損害賠償を請求することができます。手付は、解約手付であると同時に違約手付とすることもできます。

なお、不動産を購入した買主がクーリング・オフ（80ページ）により解除した場合は、債務不履行による解除に該当しないので、手付金も全額返還されます。

手付と申込証拠金

これらの手付金とは別に申込証拠金というものがあります。手付金は契約締結を前提として支払うものですが、申込証拠金は契約の目的物を予約しておくために支払うものです。

この場合、その後の契約が無事に行われた際には購入代金として相殺され、契約に至らなかった場合には全額返還されることが通常です。手付金と混同しないように当事者間で明確な処理を行う必要があります。預かり金として存在することを明確にするため、領収証ではなく「預かり証」を発行してもらうとよいでしょう。

24 欠陥住宅の被害と対策

住宅性能表示制度の利用や専門家による鑑定の依頼などの方法がある

欠陥住宅を避ける方法とは

購入した住宅が欠陥住宅であった場合、多大な生活上の被害を被ることになってしまいます。欠陥住宅をつかまされると人生設計が大幅に狂わされます。

しかも、そのために被害者が責任を追及しようにも、実質的には泣き寝入りという結果になってしまうケースが多いようです。

住宅を購入する際には、購入をする前に可能な限り隅々までチェックすべきであり、欠陥住宅を購入しないようにしておくことが非常に重要です。その物件を扱っている不動産業社の規模・実績・評判などもインターネットなどで調べておくことも大切になります。

また、欠陥住宅を買わないようにするためには、住宅性能表示制度を利用することも効果的です。この制度では、登録住宅性能評価機関によって構造の安定性・火災時の安全性といった住宅の性能を評価してもらえるので、欠陥住宅の購入を防ぐために役立ちます。

欠陥住宅を購入してしまったら

購入した住宅に問題があった場合、市区町村の建築指導を担当する窓口に相談して指導・調停をしてもらうことで、簡易かつ安価にトラブルが解決できることもあります。

その他に、専門家に鑑定を依頼するという方法もあります。専門家とは建築士や欠陥住宅問題に取り組んでいるNPO法人などです。何か不具合が生じても、それが何に起因するのか、修復可能なのか、業者にどの程度の責任があるのか、といった点を専門家の視点から鑑定してもらうのです。そして、鑑定書を作成してもらい、業者と交渉します。鑑定書には、どんな欠陥があるのか、どのような補修が必要か、いくらかかるのか、といったことが記載されます。

悪質な業者だと、何だかんだと言い訳をして責任を回避しようとすることがあります。そのような場合には、弁護士などの法律の専門家と相談するべきでしょう。

最終的に訴訟を提起することになる場合もあります。消費者が感情的になって苦情だけを言っても、相手の方が知識が豊富であるため、専門用語を並べたてられて煙にまかれてしまいます。言った言わないの世界にならないように、やりとりを書面や録音などの方法で残しておきましょう。

25 欠陥住宅が新築の場合の補償

新築住宅の場合は法律によって補償が受けられる

業者の倒産後の補償

建物を建てる際には、都道府県または市区町村に置かれる建築主事、あるいは民間の指定確認検査機関による、建築確認が必要です。しかし、過去には多数の耐震偽装建築が発覚したことにより、指定確認検査機関の検査の精度が社会問題となったことがあります。民間の検査機関と業者が通じたことにより、建築主事が行っていれば通らないはずの検査が通って欠陥住宅が建築されたことが問題になりました。

また、平成12年（2000年）に施行された「住宅の品質確保の促進等に関する法律」によって、新築住宅の欠陥の補修に対して、不動産業者などの事業者は10年間担保責任を負うとされていますが、その事業者が倒産してしまうと補償が実行されず、欠陥住宅の購入者が泣き寝入りせざるを得ないという問題もありました。

これらの問題を解消するために、平成21年（2009年）に「特定住宅瑕疵担保責任の履行の確保等に関する法律」（住宅瑕疵担保履行法）が施行され、新築の分譲住宅の販売業者と注文住宅の建設請負業者に対し、欠陥補償のための保険加入または保証金の供託が義務付けられました。

これにより、保険に加入している販売業者が、新築住宅の欠陥が発覚した後に倒産したとしても、下図のように、保険金支払いや補修・建て替えが行われます。後に欠陥が発覚した場合に備えて資金をあらかじめキープしておくので、欠陥住宅の被害者は泣き寝入りすることなく保険金を受け取ることができることになります。

住宅瑕疵担保履行法による補償

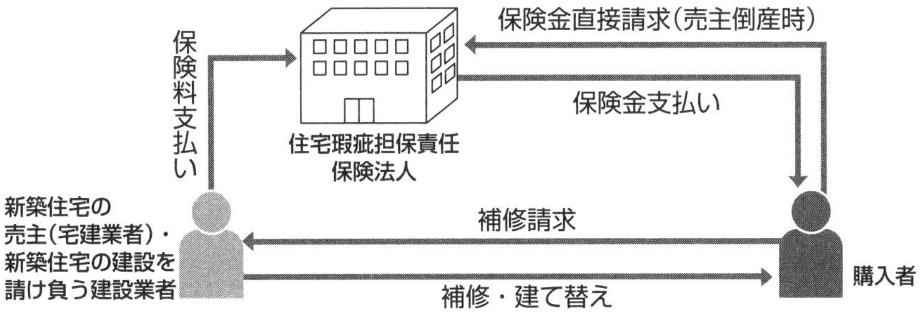

26 不動産の売主の契約不適合責任

買主は売主にさまざまな方法で責任を追及できる

◎売主の契約不適合責任とは

有償契約・双務契約の代表である売買契約では、売主は対価である代金を得ているので、目的物が代金に見合う価値をもっていることについて、買主に対して責任を持たなければなりません。そうしなければ、売買代金と購入目的物とのバランス（等価性）が崩れてしまうからです。

たとえば、「住宅を建てる目的で整地された、ゴミが埋まっていない土地」という契約条件の下で、宅地分譲の方式によって土地を購入するという売買契約を考えてみましょう。この土地には、外部からはわからなかったものの、実はゴミが埋まっていたとします。つまり、ゴミが埋まっていない土地として売買契約が結ばれたにもかかわらず、実際にはその土地にはゴミが埋まっているという欠陥が存在するのです。

この場合、民法により、買主は売主に対し、「契約不適合」についての責任を追及することができます。具体的には、目的物が種類・品質・数量・権利に関して契約の内容に適合しない場合（「契約不適合」）、買主が売主に対して請求することができる法的な救済について定められており、売主の債務不履行責任（「契約不適合責任」）を追及することができるとされています。

◎契約不適合責任に基づく救済手段

民法は、契約の内容に適合しない目的物の引渡しを受けた買主に対して、以下のような法的な救済手段を用意しています。

①　追完請求権

買主は、引き渡された目的物が、種類、品質または数量に関して契約の内容に適合しない場合、売主に対して、ⓐ目的物の修補、ⓑ代替物の引渡し、ⓒ不足している分に関する追加の引渡し、のいずれかの方法を選択して、履行の追完を請求することができます。

なお、買主に不相当な負担を課すものでなければ、売主は買主が請求した方法と異なる方法によって、履行の追完をすることができます。

たとえば、欠陥のある不動産について、買主が別の不動産を手に入れてくるよう請求した場合であっても、買主に大きな負担を与えない限り、売主は、代わりの不動産ではなく、引渡し済みの不動産の修繕などをすることによって、履行の追完に応じることが許されます。

②　代金減額請求権

買主は、引き渡された目的物が、種類、品質または数量に関して契約の内容に適合しない場合において、ⓐ相当な期間を定めて履行の追完を催告したにもかかわらず、その期間内に売主が履行の追完を行わない場合、ⓑそもそも履行の追完が不可能である場合、ⓒ売主が履行の追完を拒絶する意思を明確に表示した場合など、一定の場合には、契約内容の不適合の程度に応じて、売主に対して売買代金の減額を請求することができます。

③　損害賠償請求および契約解除

買主は、債務不履行に関する一般規定に則って、売主に対して損害賠償請求をすることや、契約の解除をすることができます。

売主への契約不適合の「通知」

売主が種類または品質に関して契約の内容に適合しない目的物を買主に引き渡した場合において、契約不適合責任の追及として、買主が売主に対し、追完請求、代金減額請求、損害賠償請求、契約解除をするためには、買主が引き渡された目的物に契約不適合があるのを知った時から１年以内に、その契約不適合があることを、売主（引渡しの時に契約不適合があるのを知っていた、または重大な過失によって知らなかった売主を除きます）に対して通知し、５年以内に権利行使（救済手段の請求の意思表示）をしなければなりません。

なお、新築住宅については品確法（住宅の品質確保の促進等に関する法律）により、「構造耐力上主要な部分」及び「雨水の浸入を防止する部分」の契約不適合については、売主は引渡し時から10年間瑕疵担保責任を負うことが義務付けられています。

契約の内容に適合しない目的物を引き渡された買主がとり得る手段の例

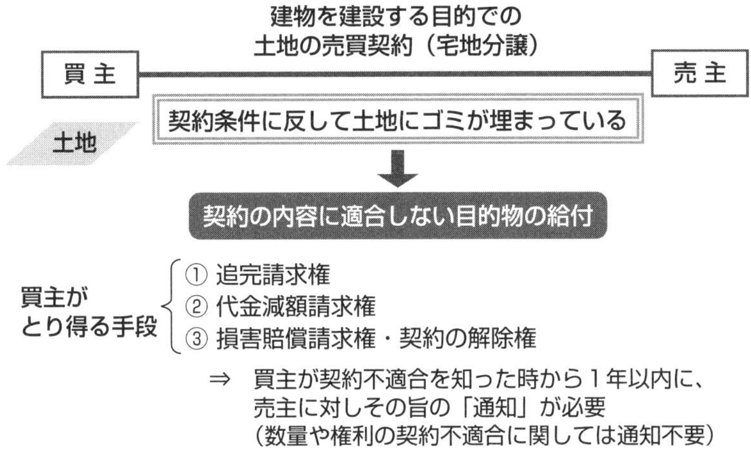

27 不動産を売る場合の注意点

代金支払前に所有権移転をしないようにする

どんな点に注意すればよいのか

不動産の売却は多くの人にとって日常的なことではありません。

不動産を売るときには、買うときと同様、信頼できる仲介業者を選ぶことことが何よりも大切です。また、売る際には、以下の点について知っておくとよいでしょう。

① 不動産価格の査定

建物の売却を検討している場合、最初にすべきことは不動産価格の査定です。無料で査定をしている不動産会社もあります。周辺の環境や建物の状態を調査して、過去の取引データを基に希望売却価格を割り出します。

② 現金受領後の登記移転・引渡し

買主が、代金の支払いが完了する前に不動産の引渡し（引っ越しさせてほしい、リフォームさせてほしいなども同様）や、所有権移転登記を求めてくることがあるかもしれません。

しかし、代金の支払いを受ける前に所有権移転手続きを行うべきではありません。買主が信頼できそうだからといって先に所有権の移転登記を行ってしまうと、後日、代金の支払いを受けられない場合にその不動産の所有権をめぐって大きな紛争となってしまうおそれがあるからです。

また、手形や小切手は現金化できるかどうか不明確であるため、手形や小切手による取引も避けた方が無難です。

ただし、銀行の支店長振出しの小切手は、預手（預金小切手）といい、額面に記載する金額を銀行に預金した上で、小切手の交付を受けるものなので、不渡りの懸念がなく現金と同等に扱われます。それでも預手で支払いを受けた場合には、必ずその場で振出し銀行に電話を入れて、「振出し確認」をお願いするようにしましょう。

不動産取引の場合、金額が大きいですから、振出し確認をするのは常識的なことで、失礼などと躊躇する必要はありません。銀行側も快く応じてくれます。

③ 手続きの流れの把握

不動産を売る場合の手続きの流れとしては、一般的には、買主が銀行に対して不動産の購入資金の融資の依頼を行い、司法書士が、売主から、土地の登記済証（権利証）・登記識別情報や、売主および買主の印鑑登録証明書、実印、委任状などを受け取り、不動産について、売主から買主への所有権の移転登記手続きを行うことになります。

28 悪質リフォームをめぐるトラブル

被害に遭わないようにするには

手抜きリフォーム工事による被害

最近では、１人暮らしの高齢者を狙った、詐欺まがいのリフォーム工事を行う業者がいるようです。

よく行われる手口としては、「地震に耐えられる家かどうかの検査を無料でサービスしています」とやってきて、床下や屋根裏を調べた上で、「震度６程度の地震があると、瞬く間に倒壊する危険性があるので直ちに工事が必要です」などと述べてきてすぐに契約させるパターンです。

補強工事以外に屋内の改装をするパターンもありますが、実際は簡単な補強板をボルトで留めただけであり、このようなずさんな工事をしておきながら、明らかに仕事とは釣り合わない法外な代金をとっていくのです。

このような被害にあった場合、泣き寝入りするのではなく、弁護士などの専門家に相談することが大切です。工事代金に見合った工事がなされていないということであれば、詐欺を理由に請負工事の取消しを主張して、支払代金の返還を請求することもできます。

被害に遭わないための対策

悪質なリフォーム業者の中には、依頼者が素人であることをよいことに、次から次へと追加工事の必要性を唱えて、不当な追加代金を請求する業者もあります。このような場合、工事が完了すると、「注文は受けたのだから…」ということで、そのまま逃げてしまいます。それなりの工事が完成していると、契約を解除するわけにもいきません。そのため、事後的に被害者を救済することは困難です。

そこで、事前に対策を講じておく必要があります。具体的には、「○○部分の補修も必要です」と言われても、即答せずに、具体的にどのような問題があるのか、いくらかかるのかについて、追加工事見積書を提示してもらいましょう。

通常のリフォーム業者であれば、納得のいく説明をした上で、リーズナブルな代金を見積もります。そして、それ以上かかることがないのかなど、さらなる追加工事の有無についても確認しておきます。

また、業者の従業員が優しい言葉づかいでいかにも親切そうだと、一見して信用してしまいがちですが、そのような甘い言葉を直ちに信用せず、不安な点があれば一度別の業者に事前調査を依頼するのがよいでしょう。

29 不動産広告をめぐるトラブル

虚偽の不動産広告を信じて契約してしまった場合

虚偽の不動産広告によって被害を受けた場合

たとえば、不動産広告において、「駅まで徒歩15分」との記載があり、この記載を信じて建物の売買契約を締結して売主である不動産業者に手付金を支払ったところ、実際に徒歩とバスで所要時間を計ってみると、倍以上の時間がかかった、というようなトラブルがしばしばあります。このような場合、売買契約を解除して不動産業者から手付金の返還を求めることはできるのでしょうか。

「徒歩何分」といっても、人によって歩行速度は異なるため、不動産広告における客観的に適正さを保つために、「不動産の表示に関する公正競争規約」というルールが定められており、「徒歩何分」というように徒歩による所要時間を表示する場合は、道路距離80mにつき１分間を要するものとして算出した数値を表示しなければならず、１分未満の端数が生じたときは、１分として算出しなければならないとされています。

そこで、先ほどの例のように、このルールに違反している不動産広告を信じて売買契約を締結した場合、錯誤を理由として売買契約を取り消して、手付金の返還を請求することができる場合があります。また、詐欺を理由として売買契約を取り消して同様に手付金の返還を請求することができる場合もあります。

なお、不動産広告の内容についての相談・苦情については、各地域の「不動産公正取引協議会」でも受け付けています。

不動産広告に対する規制

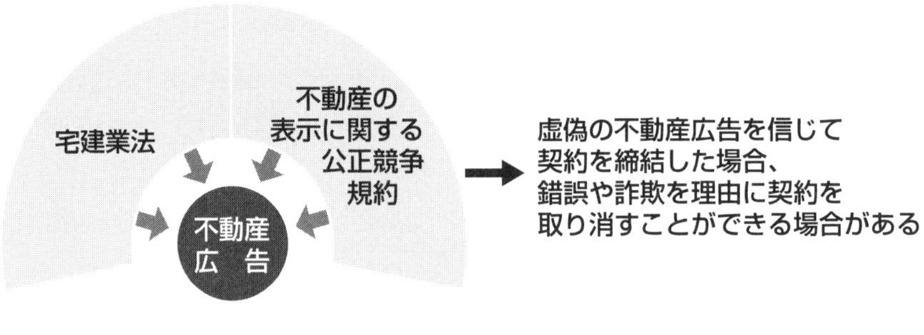

30 不動産の占有者をめぐるトラブル

賃借人の権利も保護されている

所有権と占有権

所有権とは、物を法令の範囲内で全面的に支配する権利です。これに対して、物を現実に支配しているという事実状態に基づく、物を支配する権利を占有権と呼びます。不動産の適法な賃借人にはその不動産の占有権が認められますが、貸借権が解除された後もその不動産の占有を続けると、不法占有となり、トラブルが生じることになります。

買った土地に借地人がいる場合

たとえば、ある土地を借りて、その土地上に借地人が家を建てて住んでいるとします。この土地を所有者から購入した買主は、購入後に借地人を追い出すことはできるのでしょうか。

「売買は賃貸借を破る」という原則があります。これは、賃貸借契約を結んでいても、目的物が譲渡されて所有者が代わった場合、借主は賃借権を新所有者に主張できないという原則です。

しかし、不動産の賃貸借についてもこの原則を貫くと、人の生活の基盤を脅かすことになってしまうため、民法と借地借家法によって修正されています。

具体的には、借地権については、借地権を登記した場合、または借地上に登記された建物がある場合は、新所有者に対しても借地権を主張することができます。この場合、新所有者は借地人に土地の明渡しを求めることはできません。

土地を占有している借地人に借地権の登記も建物の登記もない場合は、借地人は新所有者に借地権を主張できないので、明渡しを求めることもできます。

買った家に借家人がいる場合

中古住宅を購入したところ、住宅の借家人がいて、出て行ってくれないというトラブルもあります。

借家人は借地借家法によって手厚く保護されていて、借家の所有権が移転しても、借家契約が存続している間は、借家人に対して退去請求はできません。借家期間が満了した場合であっても家主の側に更新を拒絶するだけの「正当な事由」（126ページ）がなければ、借家契約の更新を拒絶できません。

中古住宅の購入者が、借家人がいることを承知の上で購入しているのであれば、直ちに出て行ってもらうのは難しいでしょう。ただ、売主が退去させることを約束していたのにそれを履行していないということであれば、売買契約を解除することができます。

31 不動産競売

裁判所が公開する物件情報をもとに検討する

不動産を安い価格で入手できる

競売とは、不動産を手に入れたい人の立場から言うと、裁判所から不動産を安く買うことができる方法のひとつだといえるでしょう。

不動産競売は、不動産を安い価格で手に入れたいという人には、利用してほしい制度です。そのしくみをざっと説明すると、以下のようになります。

AさんがB銀行に対して借金1,000万円の申込みをしました。しかし、B銀行も簡単に貸すわけにはいきません。Aさんから後日返してもらう保証をとりつけなければ、怖くて貸すことができないと考えるのが普通です。

そこで、Aさんは、B銀行を安心させるために、自分が所有している2,000万円のアパートを担保に差し出しました。つまり、「自分は2,000万円のアパートを差し出すから、もし1,000万円を返せなくなったら、そのアパートを売り払って代金を回収してください」というわけです。

これをB銀行の立場から見て、「アパートを担保にとって金を貸した」という表現をします。また、この場合のAさんを債務者、B銀行を債権者といいます。

Aさんは約束の返済期日になっても、B銀行にお金を返すことができなくなりました。そこでB銀行は裁判所に対して、競売手続の申立てをします。つまり、「Aさんに1,000万円貸したが、返してもらえない。そこで、担保にとっている2,000万円の土地を誰かに売り払ってお金に代えたいので、手続をとってください」と依頼するわけです。その依頼に基づいて裁判所は、法律上の手続に沿って、裁判所内の公告はもちろん、新聞、インターネット、雑誌などを使って物件の情報を公開し、競落人（購入者、買受人または落札者という言い方でもかまいません）を募ることになります。この場合のAさんのアパートを競売不動産といいます。

このとき裁判所は、アパートの間取りなどの情報を記した資料を公開します。その資料を３点セット（物件明細書、現況調査報告書及び評価書）といいます。

３点セットは、裁判所が提供する物件情報のすべてですので、まずは、これらを読み解くことから始めましょう。３点セットは、１冊の資料として裁判所に備え置かれており、誰でも見ることができます。また、BITという不動産競売物件情報サイト（http//bit.sikkou.jp）から無料でダウンロードすることもできます。

競売手続きに参加する

買受希望者は、公開されている物件情報を精査して、競売手続に参加するかどうかを決めていきます。競売不動産には、それぞれ売却基準価額が設定されていますので注意してください。

買受希望者が買い受けることを決めたら、「購入を希望します」という申込みを行います。この申込行為を、「入札に参加する」という言い方をします。

入札できる期間は、１週間以上１か月以内（東京地裁では原則として８日間）になります。買受希望者は、この後、一定の期間内に入札手続として保証金を積まなければなりません。これを買受申出の保証といいます。保証金の額ですが、現在では、原則として、売却基準価額の10分の２となっています。その他に、入札書類一式を裁判所に提出します。入札期間が満了してから、約１週間後に開札日が設定されるのが通例です。

なお、複数の入札参加者がいた場合は、一番高い値段をつけた者が買受人になることができます。この買受行為が競落です。落札という言い方でも意味は同じです。

競売不動産の買受希望者は、市場価格の２割ほど安く手に入れることができる可能性もあります。

ただ、考えてもらいたいのは、なぜ安いかということです。

安く買えて、かつ、他に全く問題がなければそれにこしたことはないのですが、なかなかそうおいしい話にはなりません。

競売手続に参加する者は、不利益になることも含めて、すべてを自己責任で処理していくことを心得ておく必要があります。これは競売不動産のマイナス面といってよいでしょう。

競売手続きへの参加

物件情報の精査	３点セットなどで調査
↓	
参加を検討	売却基準価額を考慮に入れる
↓	
申　込　み	入札に参加する
↓	
買受申出の保証	売却基準価額の10分の２の保証金を積む
↓	
競　落	一番高い値をつけた者が買受人になる

32 競売不動産のメリット・デメリット

特にデメリットについてはよく知っておく必要がある

メリット・デメリット

一般の不動産取引と異なり、不動産競売によって不動産を取得する場合、そのメリット・デメリットを理解しておかなければなりません。以下、不動産競売のメリット・デメリットを説明します。

① メリット

一般の不動産取引で購入するより安く買うことができる可能性があるということです。市場価格の２割安、３割安で購入することができる場合もありますので、通常では手が届かないような物件を入手できる可能性もあります。ただ、最近では、競売物件であってもよいものは市場価格以上で落札されるというケースもあり、競売市場も二極化しているといえるでしょう。

② デメリット

・落札した物件に欠陥があった場合の法的保護がない

通常の不動産取引の場合は、買主を保護するために、売主にはさまざまな義務が課せられています。一方、競売不動産の場合には、修補請求などのアフターサービスはもちろんのこと、買主に対する法的保護の適用もありません。

たとえ、買い受けた後に床の一部が抜けていたことに気がついたとしても、誰かに責任を負ってもらうことはできないため、自分で補修しなければなりません。

・競売不動産の場合には自己資金が必要

買受希望者は、入札期間中に買受申出の保証という名目で保証金を裁判所に納めなければなりません。保証金といっても売却基準価額の10分の２ですから、それなりの金額になります。

しかし、この段階では銀行のローンはあてにできません。落札できるかどうかわからない物件のために、銀行が融資に応じるはずがないからです。

また、入札金額は、売却基準価額の８割に相当する額以上である必要があります。

・買受希望段階では内覧が制限される

競売不動産については、法律上規制があり、空家であっても中を見せてもらうにはそれなりの手続きが必要になります。この手続を内覧制度といいます。内覧制度についても規制が施されているのです。たとえば、内覧の申立てができるのは、差押債権者だけであり、買受希望者は申立てをすることができません。

・住人との交渉の必要

代金を納めても、法律上、引渡しまで保証されません。買受希望者が落札に成功すると、１か月以内（実際には、１か月～２か月程度の間）に代金を納付することになります。この段階で、競落不動産の所有権が落札者に移転します。所有権が移転した段階で、裁判所の役目は終わりです。落札者が現実に競売不動産を占有できるかどうかまで、裁判所は面倒を見ないということです。

・自分の足で確認しなければならない

一般の不動産取引の場合、担当者からは目的物件に関する説明にとどまらず、地域周辺についての情報も提供してもらえるはずです。ところが、競売不動産の場合、そのような情報提供者はいませんので、すべてを自分の足で確認していかなければなりません。

もっとも、そのような周辺情報は３点セットにもおおまかなことは記載されています。ただし、情報が古くなっている可能性がある上に、内容も十分とはいえません（作成から５か月以上後になって買受希望者が３点セットを目にすることもあります）。

・情報提供期間が短い

一般の不動産取引に比べて、物件の情報提供期間が短いというのも大きなデメリットです。一般に、競売不動産の閲覧開始日は、入札期日の少なくとも１週間（東京地裁では３週間）ぐらい前からとなっています。

しかし、不動産の購入という人生に一度あるかないかの大きな買い物を決めていくのにこの期間は少し短すぎます。買受希望者は、この少なくとも１週間（東京地裁では３週間）で、３点セットを十分精査した上で、現地確認、必要な書類の記入、保証金の準備などをしていかなければなりません。これでは一般の不動産取引に比べて、判断が雑になってしまうおそれがあります。

競売不動産を買い取るデメリット

法的保護に欠ける	物件に欠陥があったとしても、契約解除や損害賠償を請求することができない
自己資金が必要	最低でも売却基準価額の10分の２を原則とした保証金は用意しておかなければならない
内覧の制限	買受希望者は、希望物件の中を見ることが制限される
住人と交渉する必要がある	引渡しまで保証されないので、引渡しについては、自分で手続を行わなければならない
調査は自分で行う	物件調査はすべて自分で行う
情報提供期間が短い	閲覧開始日が入札期日の直前になっている

33 入札

どんな書類が必要なのかを把握しておく

◎期間入札と特別売却の方法のみ

現在行われている入札方法は、期間入札と特別売却だけです。特別売却については後述します。ここでは一般に行われる期間入札の方法を前提に説明していきます。

期間入札とは、入札期間に買受希望者が執行官室に出頭して書面を提出するか、または郵送の方法によって入札を行い、後日開札して落札者を決める方法です。入札期間は、今日では7、8日程度に設定されているのが一般的です。

◎買受申出人の資格

買受けの申出は債務者を除いて誰でもできるのが原則です。ただし、不正行為で処分された者などについては、裁判所によって申出の資格が制限される場合があります。

また、農地または採草放牧地の買受けについては、知事や農業委員会の許可をとらなければならないなどの制限があります。

◎保証金の提供を行う

入札を行うには、入札期間に、①保証金の振込み、②入札書類一式の提出の2点を行わなければなりません。①②のどちらの手続きを先に行うかですが、入札書類に保証金の振込みの控えを貼付しなければなりませんので、①の手続きを先に行う必要があります。

そこで、①から説明しますが、振込みの方法は、ⓐ金融機関に振り込む方法とⓑ銀行や保険会社などと支払委託契約を結んで、現金の代わりに証明書を提出する方法があります。ただし、ⓑの方式は手続が煩雑ということもあって、実際はあまり利用されていません。そこで、ここでは、ⓐの納付方法を前提に説明していきます。

振込金額は、入札申出価額に関係なく、売却基準価額の10分の2に設定されています。振込みに際しては、所定の振込用紙を使わなければならない裁判所がほとんどです。そこで、これらの裁判所では事前に入手しておく必要があります。

◎保証金を後で取り戻せるか

いったん振り込んだお金が返還されるのは、落札できなかった場合、競売の申立人の取下げがあった場合、競売手続が停止したり、取り消されたりした場合などです。これらの事由が発生した場合、何もしなくても自動的にお金が戻ってくるわけではありません。

取り戻すためには、振込返還請求書という書面に必要事項を記入して、裁判所に提出する手続きをする必要があります。この手続きのことを「組み直し」といいます。

なお、最高価買受申出人となった後で代金を納付しないと、保証金を取り戻せなくなりますので注意してください。

入札書類一式を作成する

入札に必要な書類は、①入札書、②入札保証金振込証明書、③資格証明書（商業登記事項証明書または住民票など）、の３点です。

これらの書類をそろえ、表面に開札期日、事件年月日、物件番号などを記載した所定の封筒に入れて、これら一式を執行官に提出します。また、提出と引きかえに「受取書」を執行官から受け取ります。

なお、入札書類は、郵送で提出することもできます。郵送で提出する場合は、入札保証金振込証明書を折り曲げずに、その他の書類一式と共に、大きめの封筒に入れて「書留郵便」で送ります。ただし、一部の裁判所では、所定の郵送用封筒を備え置いている所もありますので、各裁判所に問い合わせてみるようにしましょう。

特別売却とは

特別売却とは、買受希望者が現れずに期間が満了した物件につき、先着順で売り出される場合のことです。

いわば売れ残りを処分していくものですが、とにかく確実に購入したいという人は、この特別売却物件に狙いを定めていくのもよいでしょう。

特別売却物件については、期間入札満了後、裁判所が特別売却の実施命令を行い、後日、価額や方法について公告が行われることになっています。

もっとも、一部の裁判所では、公告の中ですでに実施期間を記載しているので、この場合は早い段階での情報収集が可能になります（入札期間満了日の翌日から、１週間〜１か月間がほとんどです）。

入札の提出方法

郵送による場合	封をした入札書入封筒と振込証明書などの添付書類を共に外封筒に封入する。そして、郵便局から書留郵便によって裁判所執行官宛てに発送する
持参による場合	入札書を、直接、裁判所執行官室に持参して提出する

34 代金の納付

執行抗告の申出がなければ買受人が決定する

落札人イコール買受人とは限らない

開札日に執行官によって、入札書の開封が行われ、最高価買受申出人が決定しても、その瞬間からその者が正式な買受人になれるわけではありません。売却決定期日を開き、最高価買受申出人に買受の資格があるのか、競売手続に問題がなかったか、などといった点について、裁判所が改めて審査することになっているからです。

売却決定期日において売却の許可が決定されるわけですが、この売却の決定に関し、利害関係人に意見陳述の機会を与えるため、裁判所は、日時などを差押債権者と債務者に通知することになっています。

異議申立てがなされることがある

最高価買受申出人に買受の資格がないといった特別な事情がない限り、裁判所は売却許可決定を下していくことになります。その後は買受人が代金を納付して、後は所有権移転登記の問題だけ、となればよいのですが、そこまで手続は進行しません。法は、売却許可決定から1週間、物件所有者などからの異議申立てを認めているからです。この異議申立てを執行抗告といいます。

執行抗告とは「本件の競売手続は、違法性が疑われるので調べてくれ」という、主に所有者からの申立てをいいます。

執行抗告の申出があると、その当否の判断が下されるまで1か月程度かかることもありますので、買受人としてはその間待つしかありません。執行抗告の申出がなければ、売却許可決定が1週間後に確定します。その時点で、最終的に買受人が決定し、代金納付の義務が同時に発生することになります。

代金の納付はどのように行われるか

売却許可決定が確定してから1か月以内に、代金納付通知書が買受人に郵送されてきます。代金納付期限は、通知書が送られた日の2～3週間後に設定されているのが一般的です。

結局、売却許可決定が確定してから、おおよそ1か月以内に代金の納付をしなければならない、と考えておけばよいでしょう。代金の納付は、指定された出頭日に裁判所で納付するのが原則です。ただし、一部の裁判所からは、通知書と共に金額が記載された振込用紙が送られてくることもあります。

35 買受後の問題

居住用、販売用、投資用それぞれに注意点がある

裁判所は引渡しの責任まで負わない

買受人が、買受後（落札後）に代金を納付すると、物件の所有権が買受人に移転します。それと同時に、裁判所は、法務局に嘱託登記を依頼しますが、その約２～３週間後に、登記識別情報が買受人に送られてきます。その時点で、買受人と裁判所の関係は終わりです。言い換えると、裁判所は買受人に対して競売物件を現実に引き渡す義務まで負ってはいないということです。また、仮に引渡しがスムーズに行われたとしても買受け後の問題はそれだけにとどまりません。

たとえば、居住用目的で買い受けて引渡しを受けたが、占有者がなかなか立ち退いてくれないという問題があるかもしれません。ただし、投資目的の買受けであれば、現在適法に占有している賃借人を無理に追い出す必要はありません。

そこで、買受後の問題は、居住用物件、販売用物件、投資用物件の三者に場合分けして考えていく必要があります。もっとも、居住用物件と販売用物件については、両者とも物件の明渡しが問題となるという意味においては、買受人の対応に違いはありません。

買受後の居住用・販売用物件

これらの物件を買い受けた後は、所有者や占有者らに一刻も早く出て行ってもらう手続きを進めていきたいところです。ただ、それが可能かどうかは、買受人が引き受ける権利の内容によって異なります。

仮に、物件にとどまることができる権利が何もないのに、所有者ら（正確には元所有者らですが）が明渡しに応じない場合には、任意に出て行ってもらうよう話し合っていくことになります。彼らがそこにとどまる法的根拠がなくても、状況によっては、一定額の立退料を払って出て行ってもらうことを検討してもよいでしょう。ただし、交渉が決裂したら、速やかに裁判所による引渡し命令や明渡し訴訟を活用するしかありません。

買受後の投資用物件

賃料（地代）収入をあてにして買い受けた場合は、現に居住している賃借人を追い出す必要はないでしょう。

建物を買い受けると、買受人は建物の所有権を取得すると同時に、賃貸人の地位を引き継ぐことになります。

36 任意売却①

不動産競売よりも自己責任が伴う

◎任意売却とは

土地や建物を担保にお金を借りた人が、その返済を続けられなくなった場合、お金を貸した銀行などの債権者は、担保にとった土地や建物を処分して債権を回収することになります。土地や建物の処分というと、まずは法律に基づいて行う競売が思い浮かぶかもしれません。しかし、競売は手続きに時間がかかる上に回収額が低くなることが多いため、実際には、民事執行法に基づく不動産競売手続きによらずに処分することが多いようです。

競売によらずに不動産を処分することができれば、面倒な手続きを経ることなく不動産の売却によって得た代金を債権の回収にあてることができます。このような方法を任意売却と言い、債権者にとっては非常に便利な方法であるため、実務上よく利用されています。

たとえば、債務者が債権者のために、1,500万円の建物に抵当権を設定して、1,000万円を借り受けたとします。このときに、債務者が借金を返すことができなくなって、債権者が競売の申立てを行っても、1,500万円の建物は、競売市場では３割以上減少した1,000万円弱の価額でしか売り出されません。しかも、売れるかどうかわからない上に、手続きも煩雑で時間がかかるとなると、債権者としてはすぐにでも売り飛ばして換金したいと思うはずです。買受人にしても、面倒で時間がかかる競売手続きを省略して、物件を手に入れることができれば願ったりです。

そこで、買受人が債権者と直接交渉して、競売不動産の売買契約を成立させて買い受けてしまおうというのが任意売却による購入方法です。前述した例でいえば、買受人が1,000万円を債権者に払えば、お互いに損はないだろうということになります。

◎利害関係人の合意が必要

任意売却は、所有者が売却の意思をもっていることが前提になります。任意売却を行う場合、利害関係人が多数存在しているケースがほとんどです。任意売却を成功に導くには、すべての利害関係人の合意を得る必要があります。利害関係人は「いくらで売却するのか」「売却代金からいくら配分されるのか」「いつまでにもらえるのか」といった、自身の債権回収に関連する内容について検討の上、合意することになります。不動産の占有者の場合は、「そのまま占有を続けてよいのか、それとも立ち退かなければならないのか」「立ち退いた場合には、立退料をもらえるのか」「立退料をもらえるとすれば、いくらもらえるのか」そして「いつまでに立ち退かなければならないのか」といった条件について合意できるかどうかを判断することになります。

どんな手続きをするのか

まず、債権者・債務者・所有者の実態調査と、抵当不動産の現況調査を行い、また、抵当不動産の調査時点での資産価値の査定をして、売却による回収見込額を見積ります。これらの資料をもとに各利害関係人の意向を確認し、売却までの期間、予定価格、代金の配分方法につき同意をとりつけます。

次に、合意に至った条件で買い受けてくれる買受希望者を探します。

買受希望者が見つからない場合や条件面で折合いがつかない場合には、売却価格の見直しを行い、それに応じて再度配分の調整を行い、利害関係人の同意を得るようにします。買受人が決まり、売却に関する条件が整うと、最終的な合意をまとめた上で、取引の日時・場所・当日の段取りを決めます。

取引当日は、抵当不動産の売却・抵当権解除・登記抹消手続きと売却代金の受取り・配分を同時に行います。契約書にサインをした後に、契約に基づいて買受人が債権者に代金を支払い、続いて、利害関係人に配分表に基づいた支払いをします。

担保の解除と売却代金の配分

任意売却の取引の際には、売買代金の受取りと抵当権の解除は同時に行います。配当を得ることのできない劣後債権者（下位債権者）も、抵当権の解除と登記の抹消手続きに協力することが必要になります。

一般的に、配当を受けられない利害関係人に対しては、他の債権者が譲歩して、解除料や抹消料（担保解除料）が支払われます。

なお、任意売却の売却代金の配分方法には法的なルールがないため、抵当権の順位や金額とは異なる基準で配分することも可能です。

任意売却の手続きの流れ

物件所有者の同意 ▶ 物件の調査 ▶ 買受希望者の意思確認 ▶ 利害関係人の調整 ▶ 売買契約の締結 ▶ 買受人による代金支払い ▶ 配分表に基づく支払い

37 任意売却②

利害関係人への配慮、調整をする必要がある

利害関係人から見て妥当といえるか

複数の抵当権が設定されている不動産において、その価値が抵当権の額を下回っているような場合には、事前に利害関係人の調整を慎重に行う必要があります。このような場合には後順位抵当権者は、任意売却を行う場合に求められる抵当権の登記抹消の手続きに協力する代わりに幾分かの金銭（解除料あるいはハンコ代）を受け取る、といった内容で同意に至るのが通常です。

このように、すべての利害関係人が任意売却に協力することで、競売では得られない利益を得られるよう、状況に応じてきめ細かい対応を行うことができる点が、任意売却のメリットです。そして、個々のケースに対応しつつも、各利害関係人に公平な取扱いとなるようチェックリストなどを準備して、明確な基準に従って手続きを進めていくようにしましょう。

配分について

任意売却の場合には、しくみや手続きについて定める法律の明文規定がありませんので、競売のように後順位の抵当権者が全く債権を回収できないような取り決めをすることもできますし、極端な話としては、先順位抵当権者からではなく後順位の抵当権者から順に回収額を決めていくこともできます。

ただ、最終的には競売に話が進むことを念頭に入れて、競売手続きにおける基準を参考として任意売却の話を進めていくケースも多いようです。したがって、たとえば複数の抵当権が設定されている抵当不動産を任意売却する場合には、その抵当権の順位と設定額に応じて売却代金を配分するように話が進められることが多いのが実情です。

協力が得られない場合など

任意売却に同意しない人がいる場合には、その人が同意しない理由を探って可能な限りの対応をする必要があります。たとえば、抵当不動産の所有者や占有者など、実際に建物に住んでいる人が引っ越すのを渋っているような場合には、立退料を支払って同意を促すといった方法をとることになります。

買受希望者がすでに見つかり、売却価格などの条件について、ある程度見通しが立っている場合には、任意売却を行った方が競売よりも金額面などでメリットがあることを伝えるだけでなく、すでに買受人候補がいることも伝えると、より説得しやすくなります。

第2章

これだけは知っておきたい！
不動産契約の知識

1 契約書作成のメリット

契約書は必ず作成する

◎契約書作成の意味

土地や建物をめぐる取引は契約によって行われます。不動産売買や賃貸、建物の新築工事、抵当権設定など、すべて契約が締結されます。

契約とは、当事者の間で、ある法律的な効果を発生させるという意思が合致することです。通常は、申込みとそれに対する承諾によって契約が成立します。たとえば、売買契約の場合、売主の「売ります」という申込みに対して、買主が「買います」という承諾をすれば、契約が成立します。

お互いの意思が合致すれば契約は成立するのですから、契約の締結は口約束だけでも成立します。しかし、口約束だけでは、後々、契約の有効性や契約内容をめぐって争いになる可能性もあります。そういったトラブルを避けるため、契約締結に際しては契約内容を明記した契約書を作成するのが一般的です。

◎契約書で争いを回避する

契約書とは、契約においての当事者間の約束事や意思を記載し、書面化したものです。

一定内容の条項を契約書中に明記しておけば、無用な争いを避けることができますから、問題になりそうなところは、たとえ法律に規定がある場合でも、あらかじめ契約書に明記しておく方がよいでしょう。

もし、当事者の一方が契約を守らない場合には、契約違反となり、これを債務不履行といいます。債務不履行があった場合には、相手から契約を解除されたり、損害が発生している場合にはその賠償を請求されることもあります。土地や建物などの売買は、代金も多額になりますから、軽々しく契約書にサインをすると大変な責任を負うことになります。契約を締結するということは、重い責任を負担するということを理解して契約締結に臨まなければなりません。

◎契約書は証拠として役立つ

契約書はできるだけ複数作成し、各当事者は必ず原本か写しを１通ずつ保管するようにしましょう。

また、債務者が契約上の債務を履行しない場合、債権者はその履行や損害賠償を求めて裁判所に訴えを提起し、判決を得て、判決に基づいて強制執行を申し立てることができますが、そのためには、契約の存在・内容を立証する必要があります。契約書は契約の成立を証明する最も有力な証拠になります。

基本的な様式

契約書の書式については、決まった書式はありません。契約自由の原則の中の、「契約の形式の自由」により、自由に契約書を作成することができます。しかし、慣習的に使われている以下のようなパターンの標準的な契約書が一般的にはよく利用されています。

契約書サンプル

収入印紙

当事者の表示

土地売買契約書 ← 表題（タイトル）

○○不動産株式会社（以下「甲」という）及び○○○○（以下「乙」という）は、次の通り土地の売買契約を締結した。 ← 前文

第１条（目的） 甲は、その所有にかかる後記土地（以下、「本件土地」という）を売り渡し、乙はこれを買い受けるものである。 ← 目的条項

契約の内容 → **第２条（代金）** 本件土地の代金は、平方メートル単価○○.○円に本件土地の地積を掛け合わせた額とし、総額○○○○万円とする。

後文 → 以上、甲及び乙は、各々本契約書に署名又は記名押印し、各自１通を保管するものとする。

記

物件目録 → 〈物件の表示〉

所　在　○○区○○町○○丁目

地　番　○○番○

地　目　宅地

地　積　○○○.○○㎡

作成年月日 → 令和○年○月○日

（甲）　東京都○○区○○町○丁目○番○号

○○不動産株式会社

代表取締役　○○　○○　㊞

（乙）　東京都○○区○○町○丁目○番○号

○○　○○　㊞

← 署名押印（記名押印）

2 売買契約書の記載事項

売買の目的物や代金など契約の内容について定められている

不動産の売買契約の流れ

不動産の売買においては、不動産業者から買主となろうとする者に対して重要事項説明書（78ページ）が交付され重要事項が説明された後に、売買契約書への署名・押印が行われ、売買契約が成立することになります。売買契約書には、一般的に、次ページの表に掲げた項目が記載されます。

不動産の売買契約書で確認すべき事項

売買契約書の交付を受けたら、まずは売主の氏名・住所に間違いがないかを確認しましょう。

次に、売買の対象となる不動産について、場所や面積、地目、法律上の制限といった情報が正確であるかどうかを確認します。

なお、土地は、登記簿上と実測の面積が異なる場合があるので、どちらを基準に代金を定めるのかについても確認する必要があります。契約後に登記簿上の面積と実測面積が異なることがわかった場合、契約書に定めておかないと、解除や差額分の返還請求を行うことに関し紛争が生じますので、あらかじめ、対象となる土地の面積を測った上で取引を行う慎重さが必要です。

契約書に書かれている事項で特に重要なものとしては、手付金の金額と効果、売買代金の金額と支払時期、支払方法などです。また、契約違反となる事項、契約履行行為の着手後の解約や違約金についての取り決め、天災による不動産の損失といった事項についても契約書に記載されているのが通常ですから、内容を十分理解してから署名・押印をすることが重要です。

売買契約書における主な規定

① 契約解除

契約の解除は、一定の解除事由の発生によって当事者の一方または双方に解除権が発生し、この解除権を行使することによってなされます。そのため、売買契約書には具体的な解除事由が定められるのが一般的です。

解除権には、法定解除権と約定解除権があります。法定解除権は、売主が売買代金を支払わなかったり、買主が売買目的物を売主に引き渡さなかったりした場合や、売買目的物に重大な欠陥があった場合など、民法上当然に認められる解除権のことをいいます。法定解除権の行使による売買契約の解除をする場合は、原則として履行の催告をしないと解除できません。ただし、債務の全部の履行が不能である場合や、当事者の一方が自分の債務の全部の履行を拒絶する意思を明確に表示した場合、履行をしない一方当事者に対して催告をしても売買契約をした目的を達成するのに足りる履行がされる見込みがないことが明らかである場合などには、履行の催告をすることなく、直ちに売買契約の解除をすることができます。

約定解除権は、法律で認められたものとは別に当事者の契約により認められる解除権です。解約手付が交付された場合の解約手付による契約解除などがその典型例です。

② 損害賠償額に関する条項

民法では、債務の不履行によって一方当事者に損害が生じたときは、相手方に対し、その損害の賠償を求めることができるとされています。また、売買目的物に欠陥があったことにより買主に損害が生じた場合には、買主は、売主に対して、損害賠償を求めることができる場合もあります。売買契約書では、損害が発生した場合に備えて、あらかじめ具体的な損害賠償額や損害賠償額の算定方法などを定めることもあります。

③ 契約不適合責任

売買の目的物が、欠陥や数量に不足があるなど、売買契約の内容に適合しないものである場合には、買主は売主に対して、目的物の修理や代替物の引渡し、不足分の引渡しを求めることができ、また、前述のように損害賠償請求や契約の解除をすることができる場合もあります。このような売主の責任を契約不適合責任といいます。契約不適合責任に関する規定は、当事者間でのトラブル防止のために、契約書で明確に定めることが重要であり、契約書ではその適用を排除したり修正することもあります。

売買契約書に記載される主な事項

・当事者（売主・買主）の氏名・住所
・売買の対象となる不動産に関する情報（面積・所在地・価格等）
・手付金や中間金についての取り決め
・物件の引渡し時期・所有権移転に関する取り決め（売主の義務等）
・登記に関する取り決め（登記する時期・登記費用の負担）
・地積と販売価格の取り決め（実測・登記簿上のいずれによるものか）
・契約解除や損害賠償についての取り決め
・不可抗力による物件の被害に関する取り決め
・契約不適合責任に関する取り決め
・固定資産税・都市計画税などの租税公課の負担に関する取り決め
・特約（特記事項がある場合に記載）

3 賃貸借契約書の記載事項

貸主と借主の権利や義務を明確にする

◎賃貸借契約書の役割

賃貸借契約書は、目的物である不動産の賃貸借契約に関する貸主と借主の権利や義務を明確にするために作成されます。

一般的な賃貸借契約書では、①物件の表示、②使用目的、③賃貸借契約の内容、が記載されます。

①の物件の表示については、賃貸借契約の対象物が何であるかを明確にするために必ず記載する事項です。不動産の賃貸借では、物件の表示を記載して対象物件を特定します。土地の場合は所在や地番、地目、地積など、建物（区分建物を除く）の場合は所在、家屋番号、構造、床面積など、区分建物の場合は、一棟の建物の表示や建物の名称・番号などを記載します。アパートや賃貸マンションなどの場合は、所在場所、物件名（○○荘など）、室番号の３点のみを表示する方法も行われています。

◎賃貸借契約書における重要な規定

将来争いが生じやすい事項については、あらかじめ権利関係や必要な対応などについて明確にする規定を設けておくことが大切です。

法律に定めがある事項については、契約書への記載の有無にかかわらずその法律に従って処理されることになるため、あえて契約書に記載する必要はないのではないかと思うかもしれません。しかし、契約書にも記載することで、法律に基づいてどのような処理がされるのかが明確になり、トラブルの発生を未然に防ぐ効果が期待できます。

①　存続期間

賃貸借契約が存続する期間を明記します。存続期間を定めないときは、期間の定めのない賃貸借となるのが原則ですが、建物の所有を目的とする土地の賃貸借契約の場合は存続期間が自動的に30年となります（122ページ）。

なお、期間の定めのない賃貸借においては、民法上、契約の当事者がいつでも解約の申入れをすることができるとされており、土地の賃貸借の場合は解約の申入れの日から１年、建物の賃貸借の場合は解約の申入れの日から３か月を経過することによって、賃貸借契約は終了するものとされています。

②　契約解除に関する条項

契約の解除は、一定の解除事由の発生によって当事者の一方または双方に解除権が発生し、この解除権を行使することによってなされます。そのため、賃貸借契約書には具体的な解除事由が定められるのが一般的です。

ただし、家や土地は生活の基盤であるため、家賃の不払いや使用方法違反といった事情があっても、裁判においては、その不払いや違反の程度が貸主との信頼関係を破壊するといえるほどのものでないと解除することはできないと判断されます。たとえば、家賃の不払いについては、裁判上、１か月分や２か月分の不払いではいまだ信頼関係が破壊されたとはいえないと判断されることが多いです。

③　保証人条項

家賃の滞納だけでなく、借主の使用方法違反や不注意による事故などによる思わぬ損害が生じる場合もありますので、賃貸借契約にあたり、連帯保証人が必要となる場合も多いです。借主が連帯保証人を立てることができない場合には、家賃保証会社（139ページ）による保証という方法もあります。

④　諸費用の負担

賃料以外の共益費や管理費といった費用や修繕によって生じる費用の負担をどのようにするかについても、契約書に明確に定めておくべきです。

⑤　協議条項

契約書に規定されていない事項についてトラブルなどが発生した場合には、当事者間で協議して解決するよう努力する旨の規定も重要です。

⑥　特約

賃貸借契約の特約に関しては、特に契約終了後の原状回復に関連して、貸主に有利となる特約を盛り込むことが多いようです。たとえば、通常損耗を借主負担とする特約、借主による造作買取請求を排除する特約などがあります。しかし、借地借家法や消費者契約法に反する特約（貸主に一方的に有利となる特約）は無効ですので、この点に十分留意して特約の内容を取り決めることが必要です（142ページ）。

賃貸借契約書に記載される主な事項

・当事者の氏名・住所（管理業者の氏名・住所、借主の同居人の氏名も含む）
・賃貸不動産に関する事項（名称、所在地、面積、設備、付属施設など）
・契約期間（存続期間）や使用目的に関する取り決め（更新についても含む）
・賃料・共益費・敷金の金額などの取り決め（支払時期、増額・減額など）
・契約期間中の賃貸不動産の修繕に関する取り決め（費用負担者など）
・契約の解除・解約・消滅に関する取り決め（解除要件、解約申入れ時期など）
・特約（原状回復など特記事項がある場合に記載）

4 契約書の署名と押印

契約書には署名や押印が必要

サインによって契約が成立する

契約書の最後には、氏名・名称、住所を書くだけではなく、ハンコを押すことで当事者の意思表示を明確にします。また、氏名や名称を書く場合には、署名と記名の２種類があります。

署名とは、当事者自らが氏名や会社の名称を書く（自筆する）ことです。当事者が自筆することにより筆跡が残るため、署名した当事者が契約をしたという証拠がはっきりと残ります。

記名とは、当事者の自筆ではなく、ゴム印やワープロの印字や、第三者によって氏名・名称が記載されることです。記名は当事者の筆跡が残らず、署名に比べると証拠という点で劣ります。

書面の作成について法律が特に署名を要求する場合、通常は署名に代えて記名・押印でもよいとされます。

ハンコの押印も大きく分けて、実印と認印の２種類があります。実印とは、法人の場合は法務局、個人の場合は市区町村に登録してある印鑑のことです。認印とは、実印以外の三文判のことをいいます。認印は、誰でも、どこでも手に入れることができるため、証拠という点において、実印に比べるとはっきりと劣ります。法的な証拠能力という点から重要な契約になるほど、認印ではなく、実印による押印によって、意思表示を行うべきでしょう。

また、契約書の最後に余白がある場合には、「以下余白」を記載するか、最後の部分に止め印をすることが大切です。これは、後に余白の部分に文章を書き加えられることがないよう、防止する意味があります。

署名する際に気をつけること

契約書にサインをして、契約を締結できるのは、基本的には、当事者が個人であれば本人、法人の場合であれば代表取締役など代表権限がある者のみです。

個人との契約の場合は、「個人名」を記入してもらい押印します。法人との契約の場合には、「会社名」「役職名」「氏名」を記入してもらい押印します。個人事業者の場合は「屋号」と「氏名」と押印をしてもらいます。

会社名と役職を記入することで、個人との契約ではなく法人と結んだ契約であることがわかります。個人事業者の場合も、必ず屋号を入れます。そうでないと、個人と結んだ契約ととられるおそれがあります。また、屋号だけだと当事者が特定できなくなりますので、必ず事業主の名前も明記します。

なお、法的には署名のみでも契約は成立するものとされていますが、同時に押印もするのが一般的です。

押印は、認印でもかまいませんが、重要な契約の場合には、個人であれば役所に登録している実印、法人であれば法務局に登録している法人の代表者印による押印を要求するべきです。後日、契約書の作成権限が争われたり、契約書が偽造されたものであると主張されたりすることを防ぐために、偽造しにくい実印を押してある方が確実な証拠になるというわけです。

代理人によって契約する場合

契約は、本人だけでなく、代理人を使って行うこともできます。代理人によって契約を締結するためには、まずその代理人が本人を代理する権限（代理権）をもっていなければなりません。代理人には本人から委任を受けた場合（任意代理）と法律で定められた場合（法定代理）があります。

任意代理の場合、代理権は本人が代理人に対して与えます。そして与えられた代理権の範囲内で代理人が本人を代理して法律行為をすると、その効果（効力）はすべて本人に帰属します。

代理権をもたない者が、勝手に本人を代理して法律行為をしたとしても、その効果は本人には帰属しません。そのため、契約の相手方は、本人に対して契約の履行を求めることはできません。代理人によって契約締結をする場合、①本人の住所・氏名、②代理人の住所、③代理人の肩書きを記載し、代理人が署名または記名をして押印をします。

契約書には、本人名も記載する方が確実です。

本来、契約の締結に際して委任状の添付は法律上要求されるものではありませんが、代理人と称する相手が真実の代理権限をもっているかどうかを確認するため、委任状の添付を要求しておきましょう。また、委任状の中の本人の押印については、実印の押印を要求し、かつ印鑑証明書の添付を受ける必要があります。

署名押印と記名押印の違い

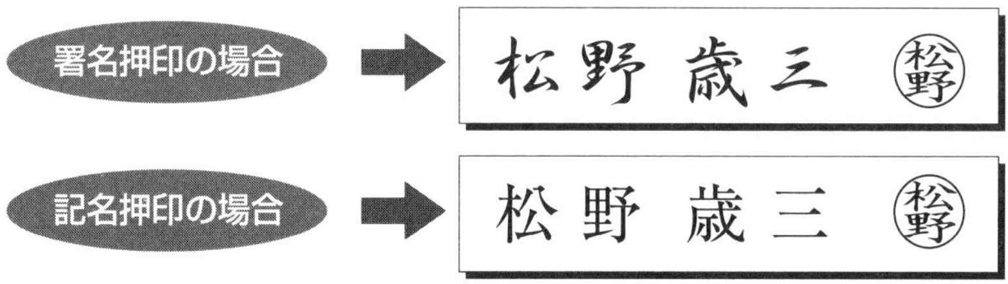

5 契約書への押印の仕方

契約書を作成する上で必要な知識

契印の押し方

ビジネスにおける契約書は、たいてい複数枚にわたります。この場合、無断での差替えや改ざんを防ぐため、すべてのページで、隣のページとまたがるように押印します。これを契印といいます。

契印の押し方としては、まず①各葉のつなぎ目に契印を施すやり方があります。複数枚をホッチキスで止め、各葉のつなぎ目にまたがるように、契約当事者全員の印で押印します。契印は各頁をつなぐ役目をし、各頁が一体であることを示します。複数枚の契約書に書類としての一体性を持たせることにより、契約書の信頼度を向上させることに目的があります。

他に、②契約書の1か所に契印を施すだけで足りるやり方もあります。複数枚をホッチキスで止めた後、背を別紙でつつんでのりづけします。そして、のりづけの境目に契印を施します。

これで、のりづけされた全体についての契印を施したことになります。特に頁数が多い場合には、①の方法よりも②の方法が簡単です。

割印の押し方

契約書に別書類を添付する場合、割印を施すことによって、それらの添付書類が契約書と一体をなすものだということを示すことができます。割印では、契約書を次ページのように重ねて全当事者の印で押印をします。割印が押されることによる効果として、それぞれの文書について、改ざんされたり、不正にコピーされることを防ぐ効果が挙げられます。たとえば、契約書の原本とコピーが1部ずつある場合に、割印が押されます。割印は、必ずしも署名者の署名押印に使った印でなくてもよいとされています。

また、契約書に別書類を添付する場合、割印を施すことによって、それらの添付書類が契約書と一体をなすものだということを示すことができます。割印では、契約書を図（次ページ）のように重ねて全当事者の印で押印をします。なお、割印は署名者の署名押印に使った印を用いなければなりません。

その他の押印の種類

契約書についての押印には契印、割印の他に以下のものがあります。

① 訂正印

契約書上の文字を訂正する場合に、訂正部分の余白に訂正の内容を記載して各当事者の印鑑で押印します。ただ、金額を訂正印で訂正するのは好ましくありません。なお、契約書を訂正するときは、まず訂正する文字に二本線を引きます。そして、縦書きの場合はその右に、横書きの場合はその上に正しい文字を書き加えます。

② 捨印

文字の訂正に備えて、契約書上欄余白部分にあらかじめ当事者が押印しておくものです。文字の訂正用として使われる建前になっていますが、捨印は契約書の偽造に濫用されるおそれが多分にありますから、原則として使用しない方が無難です。面倒でも、訂正箇所ごとに訂正印を押すようにしましょう。

③ 消印

消印とは、契約書に貼付された印紙と契約書面とにまたがってなされる押印のことです。

契約書が印紙税法上の課税文書である場合、当事者は納税のため契約書に所定額の収入印紙を貼付して、消印をする必要があります。消印には、契約書で用いた印以外の印章を使用することも可能です。また、「消印」とは呼ばれていますが、実際には署名によって、消印を行うことも認められています。ただし、氏名や屋号などを記載しなければなりません。

契約印の押し方

①契印と割印

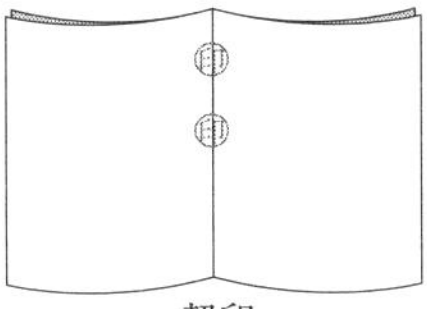

契印

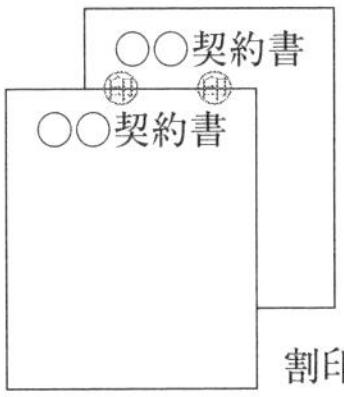

割印

②捨印

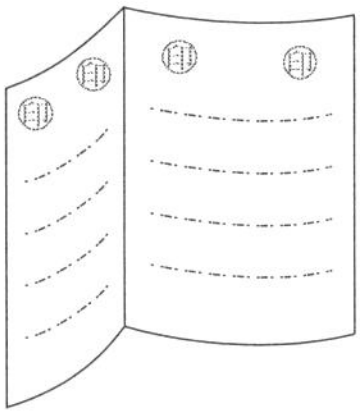

③訂正印

誤った文字の上に二本線を引き、上部に正しい文字を記入する場合

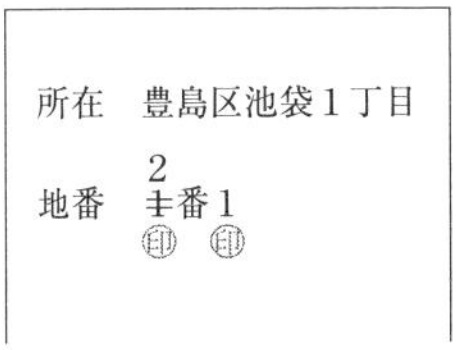

誤った文字の上に二本線を引き、上部に正しい文字を記入する。そして欄外に「削除２字」「加入１字」と記載する場合

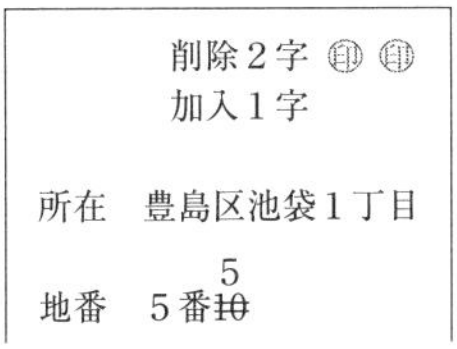

訂正した文字をカッコでくくり、これに押印する場合

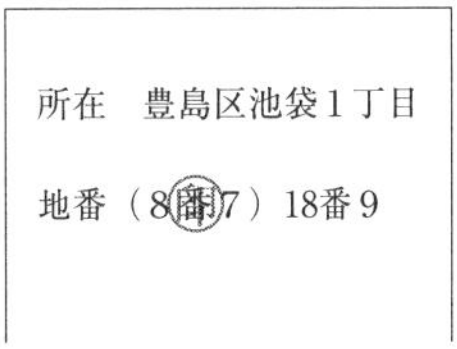

6 賃貸借契約のIT化と宅建業法

デジタル改革関連法の成立をうけて、宅地建物取引業法が改正された

電子契約とは

電子契約とは、電子的に作成した契約書をインターネット等の通信回線を通じて契約を結ぼうとする相手方に送り、合意をした契約当事者が電子署名をすることによって締結される契約です。

これまで、契約の締結においては、紙の契約書に、手書きによる署名または記名と押印が行われるのが慣行でした。契約書のペーパーレス化による書類保存の負担軽減や利便性の向上を目的として、平成10年（1998年）７月に施行された「電子帳簿保存法」によって契約書の電子保存が認められ、また、平成13年（2001年）４月に施行された「電子署名法」によって電子署名に手書きの署名と同等の効力が認められるようになりました。これらの法律の整備によって、契約締結においては電子契約の方法を利用することが可能となりましたが、当初は電子契約を導入する企業は多くはありませんでした。

しかし、新型コロナウィルス感染症対策のため、リモートワーク推進と共に「脱印鑑」という流れが急速に高まり、企業において電子契約の導入を検討する機運が高まり、電子契約を導入する企業が急増しました。アフターコロナ社会にあっても、電子契約は今後も普及していくことが見込まれています。

電子契約のメリットと注意点

電子契約のメリットは、経済面、効率面、安全面の３つの面からとらえられます。

経済面では、電子契約においては収入印紙を貼付する必要はなく、また契約の当事者間で契約書を郵送する必要もないことから、印紙代と郵送代がゼロになるというメリットがあります。効率面のメリットとしては、契約書の印刷や製本、押印、郵送の手間がなくなるため、契約締結までの時間節約や契約書管理の効率化が挙げられます。安全面では、改ざんリスクの低減という点がメリットとして挙げられます。

これに対し、電子契約のデメリットとしては、電子契約を導入によって社内の業務フローが大きく変わるため、従業員の研修や教育が必要となり、スムーズに業務が行われるようになるためには時間がかかる点が挙げられます。また、取引先が電子契約を導入していない場合には、電子契約によって契約を締結することについて同意を得るために、そのメリットや安全性を伝えて同意を得る必要が生じます。

電子契約はすべての契約書において

利用することができるわけではなく、法令によって「書面」による作成が要求されている契約については電子契約は利用できないという点には注意が必要です。

なお、電子契約においては、電子署名のみでは「誰が」「どんな契約をした」のかは証明可能ですが、それが「いつ」なされたのかを証明することはできません。「いつ」なされたのかを証明するためには、電子署名に加えて「タイムスタンプ」を併用する必要があります。タイムスタンプとは、時刻認証事業者（TSA）によって、その時刻に契約が存在していた事実と改ざんがされていないことが認証されるシステムです。タイムスタンプを用いれば、その時刻に「誰が」「どんな契約をした」か、その後は改ざんされていないということが証明されることになります。

宅建業法改正により不動産業務も電子化へ

令和３年（2021年）の「デジタル社会の形成を図るための関係法律の整備に関する法律（デジタル改革関連法）」の成立をうけて、「宅地建物取引業法」が改正され、契約締結の際に要求されていた「記名押印」について押印が不要となり、依頼人の承諾を前提として電子契約を利用した契約締結が可能になりました（令和４年５月18日施行）。

賃貸借契約では、特に重要事項説明書への賃借人（消費者）の記名押印または手書きの署名が必要とされることが特徴でしたが、この改正によって電子を利用したやり取りが可能となったことに注意を要します（IT重説）。

対面に限らず、テレビ会議などのＩＴを活用して重要事項説明を行うことも可能です。この場合は、事前に重要事項説明書を説明する相手方に送付しておかなければなりません。

電子契約のしくみ

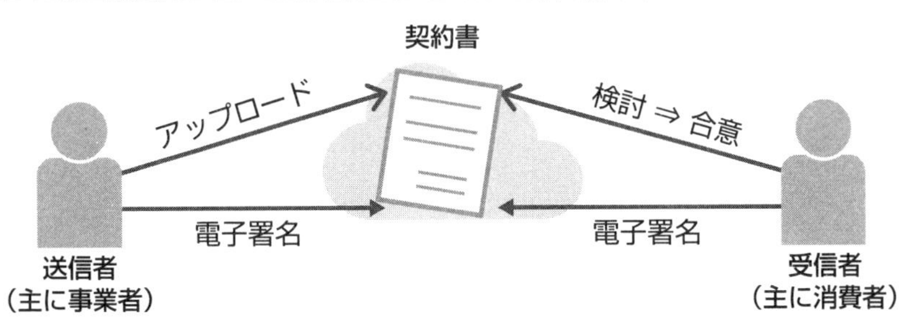

7 印鑑証明書

文書の作成者と本人の同一性を証明してくれる

印鑑証明書の添付

印鑑証明書とは、押印した印鑑の印影が真正なものであることを証明するための書類です。個人の印影を証明する書類を特に印鑑登録証明書と呼ぶ場合もあります。

個人の印鑑証明書に記載されている事項としては、①登録した印影・登録番号、②登録年月日、③登録者の住所、④登録者の氏名、⑤登録者の生年月日、⑥登録者の性別が記載されています。これに対して、法人の印鑑証明書に記載されている主な事項は、①法人の名称、②法人の主たる事務所の所在地、③法人の代表者の氏名、④法人の代表者の生年月日などです。

たとえば、登記申請の際に添付情報として、登記義務者の印鑑証明書が必要な場合があります。

個人の場合は、市区町村に届け出ている印鑑（実印）、法人の代表者の場合は登記所に届け出ている印鑑（会社の届出印）について印鑑証明書を添付します。反対に、個人の場合には、印鑑証明書は、登録されている印鑑に対して発行される書類であるため、実印の登録を得ておかなければ、発行が認められません。印鑑証明書の発行には印鑑登録の際に交付された印鑑登録証又はマイナンバーカードが必要です。

これに対して、法人の場合には、法人を設立する際に行った登記において、すでに印鑑の登録を行っているため、印鑑証明書の発行の際に、印鑑の登録が問題になることはありません。

たとえば、所有権移転登記の申請では、登記義務者の印鑑証明書を添付します。また、所有権以外の権利の登記申請に関して、事前通知制度を利用する場合も登記義務者の印鑑証明書を添付します。会社代表者などの印鑑証明書の発行は登記所が行うのに対し、個人の印鑑登録、印鑑証明書の発行は市区町村長が行います。なお、不動産登記においては、会社法人等番号を申請すれば法人の印鑑証明書の添付は不要です。

印鑑証明書の交付について

印鑑証明書は、公正証書にする場合、委任状を作成する場合、その他不動産登記、会社設立など、重要な取引の際に、文書の作成者が本人に間違いないことを証明するために必要です。個人は市区町村、法人の場合には登記所（法務局）で交付されます。取引上の有効期間は３か月となっていますので、注意が必要です。

8 印紙税

収入印紙の貼付が必要な契約書がある

印紙税とは

課税対象となっている文書には収入印紙を貼って、国に対して税金（印紙税）や手数料を支払わなければなりません。どのような文書が課税の対象になるかは、印紙税法別表第１で示されています。印紙税が発生し、収入印紙を貼付する必要がある不動産契約書には、主に以下のようなものがあります。

① １万円以上の不動産の譲渡に関する契約書
② 土地賃貸借契約書、土地賃料変更契約書

なお、それぞれの契約書に記載された契約金額によって、印紙税額が決まっています。たとえば、①の契約書の印紙税額は、記載された契約金額が10万円以下の場合は200円、10万円を超え50万円以下の場合は400円であり、契約金額の記載のないものは一律200円です。

印紙税の課税対象となる契約書に所定の収入印紙を貼らなかった場合には、その作成者に対し、ペナルティとして、その貼るべき印紙税額の３倍相当額の過怠税という税金が課されます。

収入印紙には、貼付した箇所と契約書との境目に消印をします。これを怠った場合にも、印紙税額相当の過怠税が課されます。

契約書の通数と印紙税

不動産売買契約書などの契約書は、同じものを２通以上作成して当事者が保管することになっていますが、契約書を１通だけ作成し、必要な分だけコピーをとると、コピーは契約書そのものではないので印紙税はかかりません。この場合、契約書に「本契約書を１通作成し、買主がこれを保管し、売主はこの写しを保管する」といった文言を記載しておきます。なお、コピーの上に新たに署名押印または記名押印などをすると、契約の成立を証する書面とみなされ、原本同様の課税文書となることに注意が必要です。

さらに、不動産の譲渡に関する契約書（主に不動産売買契約書）については、印紙税の軽減措置が行われています。契約金額が10万円を超える不動産については、平成26年４月１日から令和６年３月31日までの間に作成された契約書に関して、印紙税額が軽減されます（92ページ参照）。

9 重要事項説明書

買主や借主になろうとする人は不動産業者から重要事項の説明を受ける

重要事項説明書とは

重要事項説明書は、不動産の売買契約や賃貸借契約を結ぶ際に、宅建業者である不動産業者から買主になろうとする人や借主になろうとする人に物件に関する重要な事項の説明を行う際に交付されるものです。

重要事項説明書には、その物件に関して説明すべき重要な事項が書かれています。たとえば、その土地や建物がどのようなもので、具体的な契約内容はどのようなものかなどが書かれています。不動産業者は、買主や借主に必ず重要事項説明書を示しつつその内容を説明することが義務付けられています。

売買契約と重要事項説明書

売買契約における重要事項説明書には、物件の表示（所在地・地目・面積・建物の種類・構造）や法令に基づく制限など、物件自体に関する重要事項の他、取引条件についての重要事項

売買契約における主な重要事項

1. 不動産の表示（土地、建物）
2. 売主に関する事項
3. 登記簿に記載された事項
4. 法令に基づく制限の概要（都市計画法、建築基準法に基づく制限）
5. その他の法令に基づく制限
6. 私道に関する負担等に関する事項
7. 飲用水・電気・ガスの供給施設及び配水施設の整備状況
8. 授受される金銭の額及び当該金銭の授受の目的
9. 契約の解除に関する事項
10. 損害賠償額の予定又は違約金に関する事項
11. 手付金等の保全措置の概要
12. 住宅性能評価に係る事項

が記載されています。

たとえば、売買代金以外に売主と買主の間で授受される金銭の有無、契約の解除に関する事項といった内容が記載されます。

なお、重要事項の説明を受けた上で納得できない部分や、物件の問題点が明らかになった場合には、売買契約自体を断ることは自由です。すでに手付金や購入申込金などを交付していた場合には全額返金されることになります。

◎賃貸借契約と重要事項説明書

賃貸借契約における重要事項説明書に記載される主な事項は、下図の通りです。

建物の賃貸借契約の場合は、入居時に差し入れる敷金などの精算に関する事項については、重要事項説明書で「敷金等の精算に関する事項」といった項目として記載されるため、返還時期や差し引かれる金額について確認しておきましょう。

賃料以外に必要となる、敷金や礼金、更新料などは、賃料以外の重要な契約条件です。不動産業者は、後からトラブルが生じないよう、これらの金銭の内容や金額などについて、十分説明しなければなりません。

他に、電気やガス、水道などのインフラの整備状況やハザードマップの説明なども重要事項として説明が必要となります。また、「ベランダに洗濯物を干せない」「ペットが飼えない」「転貸はできない」など、注意すべき禁止事項があれば重要事項として説明が必要です。特に、集合住宅においては、このような禁止事項がトラブルのもとになることが多いのでよく確認しましょう。

賃貸借契約における主な重要事項

建物の賃貸借

・台所、浴室、便所などの整備状況
・契約の期間、更新について
・建物の用途や利用制限
・敷金や保証金の精算方法
・管理委託先の商号（名称）、所在地
・定期借家契約である場合にはその旨
・賃料以外に必要な金銭

土地の賃貸借

・契約の期間、更新について
・建物の用途や利用制限
・金銭の精算方法
・管理委託先の商号（名称）、所在地
・契約終了時の建物の取壊しに関する事項
・定期借地契約である場合にはその旨

10 不動産の売買とクーリング・オフ

売主が宅建業者なら８日以内に解除できる

クーリング・オフ制度とは

住宅を購入する申込みをしたものの、後で冷静に考えたら早まったことをしたと思い直し、申込みの撤回を希望する場合があります。その場合に、書面による通知で申込みの撤回や売買契約の解除ができるのがクーリング・オフという制度です。

売主が不動産業者（宅建業者）で、買主が申込みや契約を業者の事務所以外の場所で行った場合に、クーリング・オフが認められます。これに対し、個人が売主である場合や買主が業者の場合には、クーリング・オフは適用されません。

クーリング・オフができる期間は、申込の撤回や契約解除ができることおよびその方法を書面で告げられた日から８日以内です。

なお、①宅建業者の事務所又は宅地建物取引士がいる現地販売の営業所や案内所（仮設のものを除く）で申込みや契約をした場合、②買主の求めに応じて業者が買主の自宅に赴いて契約をした場合など、買主が落ち着いて考えて契約することができた場合にはクーリング・オフ制度は適用されないので、注意が必要です。

内容証明郵便の利用

法律上は、撤回や解除を通知する方法は「書面」によって行うと定められているだけですが、クーリング・オフの証拠を残すためには、配達証明つきの内容証明郵便（223ページ）を利用すべきです。適法にクーリング・オフが行われると、宅建業者は申込みや契約の際に受け取っていた手付金などの一切の金銭を買主に返還すべき義務を負うことになります。

クーリング・オフ制度

①売主が宅建業者で、買主が宅建業者以外である
②申込みや契約をした場所が業者の事務所等 ※1 以外の場所である

➡

クーリング・オフの制度があることを書面で告げられた日から①８日※2 以内に②書面で撤回や解除をすることができる

※1）「仮設テント」は事務所とは認められない
※2）８日以内の消印でよい

11 契約内容の変更

トラブル防止のため、変更の合意は書面で行う

変更契約書を作成する

建物又は土地に関する契約書であっても、一度締結された契約内容が、ずっと同じ内容のままとは限りません。さまざまな事情が発生したことにより、契約内容に変更が生じた時には、当事者間で変更契約を交わします。この時に作成するのが変更契約書です。

変更契約書は、「変更合意書」や「覚書」などというように、さまざまなタイトルが付けられて作成される場合があります。いずれにしても、対象となる契約（原契約といいます）の内容を変更することについて、契約当事者双方の合意があることが必要です。また、変更する内容、変更の期日などを明確化する目的は、通常の契約の場合と同じです。

なお、変更契約書は原契約書と一体をなすものですから、必ず原契約書と一緒に保管するようにしましょう。また、現在の契約内容の全体像がすぐにわかるようにしておくことも、非常に重要です。

契約内容変更の実際

不動産に関する契約について、具体的には変更されることが多い契約内容としては、支払金額の変更や、支払期限の延長、引渡し期日、所有権移転登記申請日の変更などが挙げられます。

契約内容の変更は、当事者が合意すれば口頭やメールのやりとりでも効力を生じます。しかし、口約束などの方法では法的な拘束力に結びつかず、後々トラブルが生じた際に十分な証拠とはならないケースが多いです。したがって、契約内容の変更は、書面によって行うことがきわめて重要といえます。

なお、不動産に関する契約内容の変更の中には、複雑なものがあります。たとえば、一括支払いの予定を分割払いに変更する場合、公簿面積と実測面積の差が判明したため、売買代金を清算し変更する場合、抵当権抹消義務を免除した上で、抵当権負担付売買契約に変更する場合（この場合は、売買代金減額も定めます）などです。

これらのような複雑な契約内容の変更については、当事者の合意内容を明確にするという点からも書面で行うのが望ましいことがよくわかります。

12 不動産の売買契約の解除

契約は最初からなかったものとなる

◎契約の解除とは

契約の相手方が債務を履行せず、債務を履行するように催告をしたが、それでも履行しない場合、契約を解除する旨の意思表示を行うことができます。後のトラブルを避けるために、履行の催告と解除の意思表示は書面で行い、これを配達証明つきの内容証明郵便で郵送するのが一般的です。

たとえば、不動産の売買取引では、買主が諸事情により不動産の購入を取りやめたくなった場合に備えて、あらかじめ契約書に、「当事者双方は、契約締結後××日間はこの契約を解除できる」などと明記しておくことがあります。

なお、契約を解除した後でも、債務不履行によって発生した損害賠償を相手方に請求することができます。

◎無催告で解除できる場合がある

民法では、原則として、相手方が契約上の債務を履行しないときは、相当の期間を定めて履行を催告し、それでも相手方が履行しない場合に初めて契約を解除することができます。もっとも、相手方が債務を履行しない場合、債権者としては、すぐに他の人を探して契約を締結し直したいと考えることもあるでしょう。このような場合に備えて、あらかじめ無催告解除の特約を結んでおけば、相手方による債務の履行が1日でも遅れた場合、催告することなく即座に契約を解除することができます。

◎不動産の売買契約の解除の効果

解除権が行使されると、契約は初めからなかったことになります。すでに履行されたものは返還しなければならず、まだ履行されていない債務は消滅します（民法545条1項本文）。売主が不動産を引き渡し、買主が代金を支払っていた場合は、売主は代金を、買主は当該不動産をそれぞれ相手方に返還しなければなりません。これを原状回復義務といいます。すでに不動産の所有権移転登記が行われていた場合には、原状回復義務として、抹消登記手続きも行わなければなりません。

ただし、解除したことによって第三者の権利を害することはできません。たとえば、AがBに土地を売却し、BがこれをCに転売した場合、AB間での解除による巻き戻しの効果は第三者Cには及びません。なお、この場合において、土地の所有権の登記名義がBであるときは、AとCのうち先に所有権移転登記を備えた方が土地の所有権を取得します。

13 契約が履行されない場合

多くのケースで債務不履行責任が発生する

3つの様態の債務不履行がある

契約上の債務が履行されない場合を債務不履行といいます。債務不履行には、①履行遅滞、②履行不能、③不完全履行の３つの態様があります。

①　履行遅滞

履行が可能であるのに、約束の期日（履行期）がきても債務の履行がされない場合を履行遅滞といいます。たとえば、建物の借主が賃料を契約で定められた期日に支払わなかった場合、借主は、賃料支払義務について履行遅滞に陥ったということになります。この場合、借主は契約に違反したことになりますので、貸主から責任を問われます。契約書などに○月○日と期限が記載されているときは、その日が履行期です。履行期を定めていなかった場合には、債務者が債権者から履行の請求を受けた時が履行期になります。履行遅滞の場合には、履行が遅れたために相手方に発生した損害を賠償する責任を負うことになります。

②　履行不能

履行不能には、引き渡すべき家屋が焼失してしまったように、物理的に履行できなくなった場合の他、債務の発生原因および取引通念上履行が不可能と判断される場合も含まれます。

たとえば、土地の売買で、売主が同一の土地を２人の買主に二重に譲渡して、その一方の買主が先に所有権移転登記をすませた場合には、もう一方の買主に対しては履行不能となります。また、建物の賃貸借契約において、地震などの天災のために、修繕不可能な程度に建物が倒壊してしまい、建物全体が使用不可能になった場合にも、貸主の建物を貸す債務は履行不能となります。履行不能が債務者の帰責事由によって発生した場合、債務者は損害賠償責任を負い、債権者は、債務の履行に代わる損害賠償を請求できます。

③　不完全履行

履行期に一応の履行はなされたものの、不完全なものであった場合を不完全履行といいます。たとえば、エアコンの完備を条件として結ばれた建物の賃貸借契約において、エアコンが設置されているものの、故障していて初めから使用不能な場合などが不完全履行にあたります。給付された目的物の数量が不足していたり、欠陥があったりした場合は、それが完全なものにできるのであれば、債権者としてはまず債権の内容に沿った完全な履行を請求することができます。これが不可能であれば、損害賠償を請求することになります。

14 公正証書①

金銭消費貸借契約でよく活用される

◎公正証書には強い証拠力がある

公正証書とは、公証人という資格を与えられた者が、当事者の申立てに基づいて作成する文書で、一般の文書よりも強い法的効力が認められます。

公証人は、裁判官・検察官・弁護士などの法律専門職の経験者や、一定の資格者の中から、法務大臣によって任命されます。

公正証書には強い証拠力（証拠としての信用性が高い）があり、記載された日付には、その日に作られたという公証力（確定日付）が認められます。

◎公正証書を利用するメリット

公正証書を作成するメリットは以下の点にあります。

① 有力な証拠になる

公正証書は訴訟において説得力のある有力な証拠になります。原本が公証役場に保管されるので、債権者がうっかりして公正証書を紛失した場合にも、証拠を失うことにはなりません。

② 強制執行が可能になる

公正証書が利用される最大の理由は、公正証書に与えられる執行力です。債権回収をはじめとする法的な紛争では、さまざまな手を尽くしても効を奏さないときには、最終的に訴訟となり、判決を受けて、これに基づいて債務者の財産に対して強制執行（230ページ）をしますが、強制執行するためには、その根拠となるものが必要です。それを債務名義と呼びます。

債務名義には、判決の他に、調停調書や和解調書などがありますが、公正証書も一定の要件を備えれば、債務名義となり得るのです。ですから、公正証書に基づいて強制執行を行うことが可能になります。

ただし、どんな契約書でも公正証書にすれば債務名義となり得るわけではありません。これには以下のような２つの条件が必要です。

１つは、請求内容が、一定額の金銭の支払いであるか、有価証券の一定の数量の給付を目的とする場合です。

もう１つは、債務者が「債務を履行しない場合にはすぐに（直ちに）強制執行を受けても文句は言わない」旨の記載がなされていることです。この記載を、強制執行受諾文言（強制執行認諾約款）といいます。

◎どのくらい費用がかかるのか

気になるのが公正証書作成のための費用ですが、公証人の手数料ということで、公正証書完成時に現金で支払います。この価格は、公証人手数料令によって一律に規定されています。

基本的には、依頼した契約が目的とする金額、たとえば、金銭消費貸借契約なら借金の額が、手数料算出時の基礎となります。目的の価額が100万円までであれば5,000円となっています。

公正証書の作成手続

公正証書を作成するには、公証役場へ行きます。わからない場合には、日本公証人連合会（03-3502-8050）に電話をすれば教えてもらえます。

債権者と債務者が一緒に公証役場へ出向いて、公証人に公正証書を作成することをお願いします（これを嘱託といいます）。事前の相談や連絡は、当事者の一方だけでもできますが、契約書を公正証書にする場合には、契約当事者双方が出向く必要があります。

ただし、本人ではなく代理人に行ってもらうことは可能です。

会社の場合、持っていく必要があるのは、代表資格を証明する商業登記事項証明書または資格証明書、届出代表者印、印鑑証明書（発行日から３か月以内のもの）です。

個人の場合は、印鑑登録証明書、実印などが必要になります。

当事者本人がこれらを持参して公証役場に出頭し、公証人に公正証書の作成を依頼します。

なお、代理人に行ってもらうためには、本人が発行した委任状と本人の印鑑登録証明書、さらに代理人の実印と印鑑登録証明書が必要です。

公正証書の作成方法

申請前に公正証書の作成について当事者の合意が必要

▼

申請書類を再チェック

・公正証書にしたい文面
・法人の場合には代表者の資格証明書や
商業登記事項証明書、代表者印、印鑑証明書
・個人の場合は印鑑登録証明書、実印など

▼

最寄りの公証役場へ行く

▼

公証人が文書を作成

15 公正証書②

公正証書は記載事項が法定されている

公正証書に記載されている事項

作成された公正証書の正本（原本と同一の効力をもつ書面）に記載される内容は、公証人法によって定められており、具体的には、①全文、②正本であることの記載、③交付請求者の氏名、④作成年月日・場所が記載されます。このうち、契約の内容などが記載されているのは、①の全文です。

公正証書の正本に記載されている全文は、２つのパートから成り立っています。１つ目のパートに具体的な内容（これを本旨といいます）が記載されています。具体的な内容とは、公証人が嘱託人やその代理人から聞き取って録取した契約や事実関係に関する部分のことです。つまり、本旨とは、公正証書に記載してもらいたい事項として伝えた内容を公証人が聞き取って記載したものです。たとえば、不動産の売買であればその売買契約の内容です。

もう１つのパートには、公正証書に記載された内容そのものではなく、公正証書を作成する際の形式について記載されます。この記載は本旨外記載事項といい、公正証書独特の記載内容となっています。本旨外記載事項については、公証人法によって記載すべき事項が決まっています（次ページ図）。

公正証書にしないといけない場合

土地や建物についての契約は、常に公正証書で行うべきとは限りませんが、売買契約でも賃貸借契約でも公正証書を利用することで、後々のトラブルを回避できます。

もっとも、事業用定期借地権については、必ず公正証書を用いて契約することが借地借家法で要求されています。事業用定期借地権は、要件の判断が困難な場合もあるので、法律の専門家である公証人に関与してもらうことで、脱法行為が行われないようにしています。他には、マンション（区分所有建物）の管理規約は、管理組合の総会決議で定めなければなりませんが、マンションの分譲前であれば、規約敷地や規約共有部分といった項目を、分譲業者が単独で管理規約を定めることができます。ただ、分譲業者が管理規約を分譲前に定める場合には、公正証書で作成することが区分所有法で要求されています。

公正証書の作成を嘱託する際には、基本的には、公正証書の作成手続（前ページ）で説明したことがあてはまります。つまり、本人であることを証明するための書類や、法人の場合の商業登記事項証明書、代理人に依頼した場合の委任状・印鑑証明書など、公正証書作成の嘱託一般に要求される書類が必要です。加えて、取引の目的となる土地や建物を正確に表示する必要があるので、法務局（登記所）に行き、目的となる土地や建物の不動産登記事項証明書を用意しておくとよいでしょう。

また、土地の一部だけを賃貸借する場合には、その部分を正確に示す図面を作成しておく必要があります。

なお、公正証書の保存期間は原則20年ですので、事業用定期借地権を設定した場合には、あわせて登記をした方がより安心でしょう。

その他の契約

定期借家権や一般定期借地権を設定する場合、特約などを取り決めた契約を文書で作成することが要求されていますが、必ずしも公正証書で作成しなくてもかまいません。

ただ、一般定期借地権を設定する場合、契約書の中に契約の更新がないことや建物買取請求がないといった事項を特約で定めないと定期借地契約として認められないので、公正証書を利用した方が契約内容を慎重に審査してもらえるといえます。また、通常の書面だと後に契約書が紛失した場合にトラブルの元になります。実務上、定期借地権は契約期間が長く、期間満了時には貸主・借主とも死亡していて、契約当時の状況がわからないことがあるので公正証書で契約書を作成するのがよいでしょう。

本旨外記載事項

①	証書の番号
②	嘱託人の住所・職業・氏名・年齢（法人の場合はその名称・事務所）
③	代理人による嘱託の場合はその旨、代理人の住所・職業・氏名・年齢
④	嘱託人または代理人の氏名を知り、かつ面識があるときはその旨
⑤	第三者の許可または同意があるときは、その旨およびその事由、第三者の住所・職業・氏名・年齢（法人の場合はその名称・事務所）
⑥	印鑑証明書の提出その他の方法で人違いでないことを証明させ、または証明書を提出させて証書の真正を証明させたときは、その旨およびその事由
⑦	代理人による嘱託の場合で、公証人が保存する書類で証書の真正が証明できるときは、その旨およびその事由
⑧	急迫な場合で人違いでないことを証明させることができない場合は、その旨
⑨	立会人を立ち合わせたときは、その旨およびその事由、立会人の住所・職業・氏名・年齢
⑩	作成の年月日・場所

16 供託

供託すれば債務不履行を免れる

弁済供託とは

金銭や物品などを供託所（法務局等）に預けることを、供託といいます。

供託には①弁済のためにする供託（弁済供託）、②担保のためにする供託（担保保証供託）、③強制執行のためにする供託（執行供託）、④供託物の保管のためにする供託（保管供託）、⑤制度の濫用を防止するためにする供託（没取供託）の５種類があります。この中で、最も多く利用されているのは、弁済供託です。

弁済供託とは、たとえば、地主が地代の受領を拒んでいる場合に、借主が地代相当分の金銭を供託所に預けるというような場合です。地主に受領を拒まれたからといって、借主が地代を支払わずにいると、債務不履行で借地契約を解除されたり、損害賠償を請求されるおそれがありますが、供託をすればこういった事態を回避することができます。

供託原因とは

弁済供託は、希望すれば誰でも利用できるというものではありません。供託には、供託を行うための原因（供託原因）が必要です。

法律上、弁済供託の原因として、以下の場合が規定されています。

①　債権者による弁済の受領の拒絶

たとえば、借主が従来通りの賃料を持って行ったところ、貸主が増額された賃料でなければ受け取らないと主張するような場合です。

受領拒否を理由として供託する場合は、供託の前にまず、弁済すべき金銭などを債権者に提供する必要があります。ただし、債権者が弁済の受領をしないことが明らかである場合には、弁済する金銭を債権者に提供しなくても供託をすることができます。

受領しないことが明らかかどうかの判断はケース・バイ・ケースですが、たとえば、建物の賃貸借契約において、家主が、賃貸借契約そのものが終了したと主張して明渡請求訴訟を起こしているような場合は、賃料を受領しないことが明らかだといえるでしょう。

②　債権者が受領不能の場合

債権者の受領不能とは、債権者が不在の場合や行方不明の場合ですが、それ以外にも、相手方が未成年で、まだ法定代理人が定められていないような場合も該当します。

③　誰が債権者かを確知できない時

債権者が確知できない場合とは、たとえば、債権者が死亡したが、誰が相続人かわからないといった場合や、債権の譲渡において譲渡人と譲受人の双方が債権者であると主張し、現在の債権者が誰かわからないというような場合です。ただし、債権者が誰かを簡単に調べられるのに、これを怠っているなど、債権者を確知できないことについて債務者に過失があると見られる場合には供託は認められません。

供託の申請をする

弁済供託は、債務履行地の供託所で行います（具体的には、法務局・地方法務局等が供託所として供託事務を取り扱っています）。債務履行地に供託所がないときは、同じ都道府県内の最寄りの供託所に供託します。

供託を申請する際には、供託書を供託所に提出する必要があります。

供託書には供託金額や供託の原因となった事実などを記載します。

なお、供託者が代理人の場合は委任状、会社などの法人である場合には、代表者の資格を証明する証明書（登記事項証明書）を添付（または提示）する必要があります。供託の申請がなされると、供託官が供託書の記載に基づいて適否を審査し、供託が適法であれば受理決定を行います。

債権者への通知

供託が受理されれば、債権者にその旨を通知します。これ以降、債権者は、供託所に供託物の交付を請求できるようになります。債権者に目的物が交付されると、供託は本来の目的を達成して終了します。一方、供託原因が消滅したような場合、債務者は供託したものを供託所から取り戻すことができます。この場合も供託は終了することになります。

供託の手続きの流れ

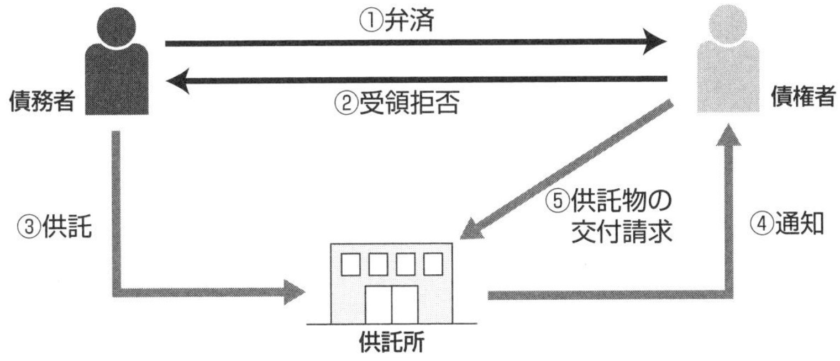

17 不動産売買と領収書

インボイス制度での記載事項に注意する

領収書の意義

領収書とは、金銭を伴う取引があったことを証明する書類です。金銭を支払った人から「領収書を発行してほしい」と言われた場合には、それに応じなければなりません（民法486条）。

「領収書」という名称の書類だけではなく、「取引明細書」「受領書」などの書面も、金銭を受けたことが明確に記されていれば、領収書としての意味を持ちます。また、領収書は、経費処理などの申告の正しさを税務署へ証明するための証拠書類となります。

領収書の記載事項については法律などによるルールはありませんが、一般的に記載すべき事項として、金額、日付、発行者の氏名・住所、押印、支払者の宛名、領収した根拠（商品名、サービス名）などがあります。

領収書の金額の記載方法

領収書に記載された金額を容易に書き換えることができないように、記載の際には注意が必要です。具体的には、次のようにするのが一般的です。

- 「一」「二」「三」「十」については、「壱」「弐」「参」「拾」という漢数字（大字）を用いる。
- 金額の頭部分に「金」又は「¥」を用い、最後に「円」「也」や「※」「－」など用いる。
- 三桁ごとにコンマで区切る。

領収書の但書の記載

領収書の但書は、何に対する支払いなのかを明確にする意味があります。たとえば、不動産売買の手付金の交付があったときに、但書にその旨（不動産の売買における手付金として受領したこと）が明確に記載されていれば、領収書に記載された金額・日付に手付金が交付されたという事実が明確になりますので、経理の管理の効率化にもつながり、税務調査が入ったときでも安心です。

売買の対象となる不動産に関する情報などを明確に記載しておけば、その不動産の売買取引があったことを示す重要な証拠にもなります。

領収書と収入印紙

領収書に記載された受取金額が５万円以上の場合には、印紙税という税金が課されるため、収入印紙を貼付する必要があるのが原則です。ただし、不動産売買においては、法人か個人か、また営利目的で行ったか否かによって、領収書への収入印紙の貼付の要否が異なります。不動産業者などの法人がその業務として不動産の売却を行った場合の売却代金の領収書には印紙税がかかり、収入印紙の貼付が必要となります。これに対し、個人が自己の不動産を売却した場合の売却代金の領収書には、原則として印紙税はかからず、収入印紙の貼付は不要です。ただし、個人であっても不動産の売買を反復継続して行っていた場合など、営利目的と判断される場合は、領収書に印紙税がかかり、収入印紙の貼付が必要です。

インボイス制度における領収書の記載事項

インボイス制度の開始日である令和５年10月１日以降、適格請求書として領収書を発行する場合には、以下の６つの項目を記載する必要があります。

① 適格請求書を発行した事業者の氏名または名称と登録番号
② その取引が行われた日付
③ その取引に関する資産または役務の内容
④ その取引の税抜価額または税込価額を税率ごとに区分して合計した金額と適用税率
⑤ 税率ごとに区分した消費税額等
⑥ 適格請求書の交付を受ける事業者の氏名または名称

なお、小売業や飲食店業、タクシー業などの一定の事業者については、簡易インボイス（適格簡易請求書）の発行が認められ、⑥の記載が不要となります。また、適格請求書には適用された税率と消費税額の両方を記載する必要がありますが、適格簡易請求書ではどちらか一方のみの記載で足ります。

領収書サンプル（収入印紙の貼付が必要な場合）

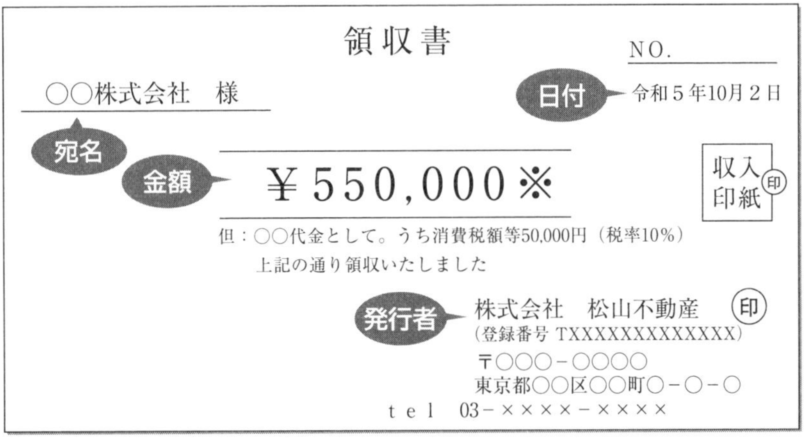
領収書
NO.
○○株式会社　様
日付
令和５年10月２日
宛名
金額
¥550,000※
収入印紙 印
但：○○代金として。うち消費税額等50,000円（税率10％）
上記の通り領収いたしました
発行者
株式会社　松山不動産　印
（登録番号 TXXXXXXXXXXXXX）
〒○○○－○○○○
東京都○○区○○町○－○－○
tel　03－××××－××××

資料　印紙税額表（一部抜粋）

号	契約書の種類	印紙税額（1 通又は 1 冊の金額）
1	［不動産の譲渡に関する契約書］ 不動産売買契約書、不動産交換契約書、不動産売渡証書など ［地上権又は土地の賃借権の設定又は譲渡に関する契約書］ 土地賃貸借契約書、賃料変更契約書など ［消費貸借に関する契約書］ 金銭借用証書、金銭消費貸借契約書など ［運送に関する契約書（傭船契約書を含む）］ 運送契約書、貨物運送引受書など （注）運送に関する契約書には、乗車券、乗船券、航空券及び送り状は含まれません。	記載された契約金額が 1 万円未満　非課税 1 万円以上 10 万円以下　200 円 10 万円を超え 50 万円以下　400 円 50 万円を超え 100 万円以下　1 千円 100 万円を超え 500 万円以下　2 千円 500 万円を超え 1 千万円以下　1 万円 1 千万円を超え 5 千万円以下　2 万円 5 千万円を超え 1 億円以下　6 万円 1 億円を超え 5 億円以下　10 万円 5 億円を超え 10 億円以下　20 万円 10 億円を超え 50 億円以下　40 万円 50 億円を超えるもの　60 万円 契約金額の記載のないもの　200 円 （注）「平成26年 4 月 1 日から令和 6 年 3 月31日までの間に作成される不動産の譲渡に関する契約書については、契約書の作成年月日および契約書に記載された契約金額に応じて、印紙税額の軽減があります（※1）。」
2	［請負に関する契約書］ 工事請負契約書、工事注文請書、物品加工注文請書、広告契約書、映画俳優専属契約書、請負金額変更契約書など （注）請負には、職業野球の選手、映画（演劇）の俳優（監督・演出家・プロデューサー）、プロボクサー、プロレスラー、音楽家、舞踏家、テレビジョン放送の演技者（演出家、プロデューサー）が、その者としての役務の提供を約することを内容とする契約を含みます。	記載された契約金額が 1 万円未満　非課税 1 万円以上 100 万円以下　200 円 100 万円を超え 200 万円以下　400 円 200 万円を超え 300 万円以下　1 千円 300 万円を超え 500 万円以下　2 千円 500 万円を超え 1 千万円以下　1 万円 1 千万円を超え 5 千万円以下　2 万円 5 千万円を超え 1 億円以下　6 万円 1 億円を超え 5 億円以下　10 万円 5 億円を超え 10 億円以下　20 万円 10 億円を超え 50 億円以下　40 万円 50 億円を超えるもの　60 万円 契約金額の記載のないもの　200 円 （注）「平成26年 4 月 1 日から令和 6 年 3 月31日までの間に作成される建設業法 2 条 1 項に規定する建設工事の請負にかかる契約に基づいて作成される契約書については、契約書の年月日および契約書に記載された契約金額に応じて印紙税額の軽減があります（※2）。
7	［継続的取引の基本となる契約書］ （注）契約期間が 3 か月以内で、かつ、更新の定めのないものは除きます。 （例）売買取引基本契約書、特約店契約書、代理店契約書、業務委託契約書、銀行取引約定書など	4 千円
13	［債務の保証に関する契約書］ （注）主たる債務の契約書に併記するものは除きます。	200 円 （非課税文書：身元保証ニ関スル法律に定める身元保証に関する契約書）
14	［金銭又は有価証券の寄託に関する契約書］	200 円
15	［債権譲渡又は債務引受けに関する契約書］	記載された契約金額が 1 万円以上のもの　200 円 契約金額の記載のないもの　200 円 （非課税文書：記載された契約金額が 1 万円未満のもの）

※1　平成26年4月1日～令和6年3月31日まで適用される軽減税率によると、不動産の譲渡に関する契約書の印紙税額については、たとえば、記載された契約金額が「1,000万円を超え5,000万円以下の場合は1万円」「5,000万円を超え1億円以下の場合は3万円」となる。

※2　平成26年4月1日～令和6年3月31日まで適用される軽減税率によると、建設業法第2条第1項に規定する建設工事の請負にかかる契約に基づき作成される契約書の印紙税額については、たとえば、記載された契約金額が「1,000万円を超え5,000万円以下の場合は1万円」「5,000万円を超え1億円以下の場合は3万円」となる。

第3章

マンション管理の法律

1 マンションをめぐる法律の全体像

区分所有法やマンション建替え法という法律がある

各種の法律や規約、指針がある

マンションは、一戸建てとは異なり一棟の建物内に複数の居住者がいるのが特徴です。そこで、マンションの管理は各マンションのルールに基づいて行う必要があります。マンション管理のルールは、区分所有法などの法令で定められます。また、国土交通省から公表されているマンション標準管理規約、各種指針に基づいて、各マンションの規約でも定められます。

区分所有法

区分所有法は、正式名を「建物の区分所有等に関する法律」といい、マンションを対象とする場合が多いので「マンション法」とも呼ばれています。

区分所有法は、マンション内を区分して各部分の所有関係を明らかにし、建物や敷地などの共同管理に関してのルールを定めた法律です。マンションの各部屋の購入者が居住する「専有部分」や、建物の外壁、廊下、エレベーター、駐車場などの「共用部分」の権利関係について主に定めています。

マンション建替え円滑化法

マンション建替え円滑化法は、正式名を「マンションの建替えの円滑化等に関する法律」といい、建替えを円滑に進めるための法制度の整備を目的とする法律で、床面積が小さなマンションも適用対象となります。

主な内容は、①マンション建替え事業のための組合の設立が可能になったことで、個人ではなく組合がマンションの建替えのための活動を行うことができる「建替え事業の主体となるマンション建替組合の設立」、②権利変換計画により建替え前のマンションに対する権利を建替え後のマンションに移行できる「権利変換手続による権利関係の円滑な移行」、③建替えに反対する者がいる場合、マンション建替組合が権利を買い取ることのできる「マンション建替組合による権利の買取り」、④建替え事業を行う場合などに、区分所有者に代わりの住宅を確保するなどの居住安定のための措置を講じる「区分所有者に代わりの住宅を確保するなど居住安定のための措置」などです。

なお、団地型マンション（特定要除却認定を受けたマンションを含む場合に限ります）の再生に関する合意形成を図りやすくするため、令和４年４月に「団地における敷地分割制度」が創設されました。

マンション管理適正化法

マンション管理適正化法は、正式名を「マンションの管理の適正化の推進に関する法律」といい、マンション管理組合が適正に運営され、マンション管理業者の資質が保証されることで、健全なマンションの管理を推進し、良好な居住環境を確保することを目的としています。この法律は、国土交通大臣によるマンションの管理の適正化の推進の図るための基本的な方針（基本方針）の策定や、マンション管理業者に対する業務規制など、マンションの管理全般について規定しています。

なお、令和４年４月より、マンション管理適正化推進計画を作成した地方公共団体が、適切な管理計画を有するマンションを認定する「管理計画認定制度」が導入されました。

被災マンション法

被災マンション法は、正式名を「被災区分所有建物の再建等に関する特別措置法」といい、マンションが地震などによって全壊した場合、敷地所有者の多数決で新たなマンションの再建を決定できることを定めた法律です。マンションが全壊したときは、敷地の所有者全員の同意がなければ新しいマンションを再建できないのが原則ですが、それでは迅速で円滑なマンションの再建が困難になるため、一定の場合に再建をしやすくしています。具体的には、再建について協議する集会で敷地共有者等の議決権の５分の４以上の賛成があればマンションの再建ができると規定されています。

民法

区分所有法やマンション建替え円滑化法など、マンションをめぐってはさまざまな法律がありますが、それらの法律に規定されていない事柄については、民法が適用されます。

マンションをめぐる法律

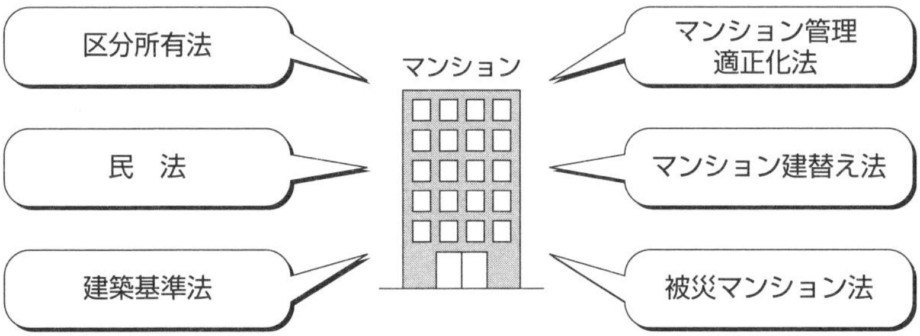

2 専有部分と共用部分の関係

共用部分は区分所有者が共同で使用する

専有部分とは

マンションの一部の所有権を有していることを区分所有といい、マンションを区分所有している人のことを区分所有者といいます。

マンションは「専有部分」と「共用部分」に大きく分けられます。

専有部分とは、区分所有権の目的となっているマンションの各室のことをいいます。専有部分といえるには、構造上も利用上も独立性を備えていることが必要とされています。構造上の独立性とは、壁・扉・床・天井によって他の部分から遮断されていることです。利用上の独立性とは、その区画部分を独立して利用できることです。

共用部分とは

共用部分とは、所有者が専有部分を使用するにあたって他の所有者と共同で使用しなければならない部分をいいます。

共用部分には、①玄関ホール、廊下、内壁・外壁、バルコニー、エレベーターホールなど、専有部分以外の建物の部分（法定共用部分）、②電気設備、給排水設備、エレベーター設備などの専有部分以外の建物の附属物（法定共用部分）、③集会所、管理人室、屋外の車庫などの規約によって共用とされる建物の部分や附属物（規約共用部分）があります。

共用部分は、区分所有者が専有部分の面積に基づく割合（持分）で共有することになります。共用部分については、所有者が共同で使用する権利がある反面、その管理について費用や労力を提供したり、持分に従って固定資産税を支払わなければならない、といった義務が存在します。

専用使用権とは

共用部分は、マンションの区分所有者全員が管理する部分であるため、原則として区分所有者個人が勝手に共用部分を使用することはできません。

しかし、例外的に建物の共用部分を独占的に使用できる場合もあります。共用部分を特定の区分所有者や第三者だけが使用できる権利のことを専用使用権といいます。たとえば、駐車場やバルコニーなどが専用使用権の対象になります。専用使用権は、①規約の定めがある場合、②総会（集会）の決議がある場合、③共有者全員の同意がある場合に発生します。

3 マンション管理の概要

多くの場合、理事長が管理者になる

◎管理組合を構成して管理する

マンションは大勢の人たちが暮らす建物です。快適な生活をするためには、行き届いたマンションの管理が不可欠です。そこで、マンションの管理について定めた区分所有法では、「区分所有者は、全員で、建物並びにその敷地及び附属施設の管理を行うための団体を構成し、この法律の定めるところにより、集会を開き、規約を定め、及び管理者を置くことができる」と規定しています。この「団体」のことを管理組合と呼んでいます。

管理組合の主な仕事は、①共用部分の管理、②管理費の徴収・管理、③管理規約（規約）の作成・変更です。管理組合は、その名前の通り、マンションを管理し、良好なマンションの環境を守るための存在です。

管理組合の構成員となるのは区分所有者、つまりマンションの各部屋の所有者（購入者）です。賃借人は区分所有者ではないので、管理組合の構成員にはなれません。

本来であればマンションの管理は区分所有者が全員で行うべきものです。しかし、大勢の区分所有者が直接管理に携わることは実際には困難です。そこで、通常は、集会の決議で管理者を選任し、共用部分の管理をまかせます。選任された管理者は、すべての区分所有者を代理して職務を行います。多くの場合、理事長が管理者になります。

マンション管理組合のしくみ

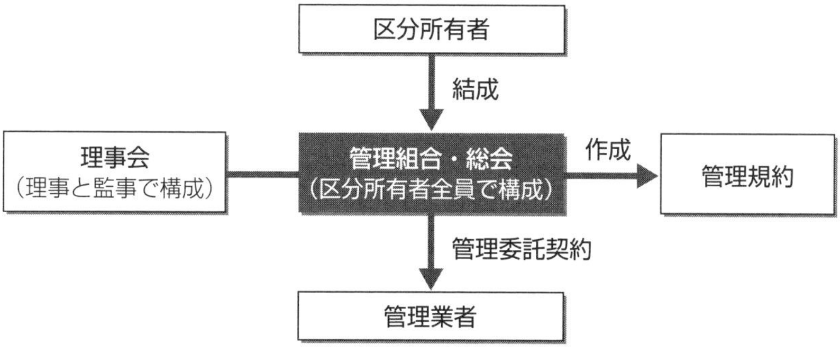

※総会は、区分所有法では「集会」と表現されている

4 管理組合の総会の組織と決議事項

総会はすべての組合員が参加する最高意思決定機関である

総会とは

管理組合は、総会（集会）、理事会、理事長、理事、監事、その他の組合員で構成されています。

総会は、すべての区分所有者（組合員）が参加するマンションの最高意思決定機関です。理事会は、理事長と理事で構成され、総会の決議に基づいて、マンションの管理の方針を決定します。監事は、管理組合の業務や財産についてチェックをします。監事が理事の不正行為などを発見したときは、理事会に報告しなければなりません。通常は、組合員が持ち回りで理事や監事の役割を担います。マンション標準管理規約では、暴力団関係者などの役員になることができない者を列挙しています。

総会は、全区分所有者で構成する最高意思決定機関として、マンションの管理・使用について必要な事項を決議します。たとえば、決算報告や予算案の承認、長期修繕計画についての決議などを行います。総会ではマンション管理にとって必要な事項を決めるので、総会に出席した人による議論を尽くしてから決議することが必要です。総会の招集は、管理者が選任されている場合は、その管理者（標準管理規約では理事長）が招集します。

なお、法人化されている組合（管理組合法人）の場合は、理事が招集します。

定期総会と臨時総会

総会は、開催時期に応じて、定期総会と臨時総会に分けられます。

・定時総会

定期総会は１年に１回開催される総会で、主に年度ごとの決議が必要な事項について話し合いと決議がなされます。たとえば、予算については１年に１回必ず総会での決議が必要なので、定期総会での議題になります。

総会において、議題に関する議決は、原則として、区分所有者および議決権の各過半数の賛成によって決せられます（普通決議）。多くの管理規約においては、区分所有者が所有する住戸１戸につき１個の議決権としているようですが、専有面積や専有部分の価値などに応じて議決権を定めるという管理規約も見られます。

・臨時総会

臨時総会は、主に急を要する事項について決議をするための総会です。たとえば、理事の一部がマンションから退去することになったために理事の人数が足りなくなり、新しく理事を選任する必要がある場合や、緊急に管理規約の改定が必要になった場合、設備を修理・新設するために総会の開催が必要になった場合などに、臨時総会が開催されます。

通常は、定期総会の開催によってマンション管理のために必要な事項についての決定が行われます。しかし、突発的にマンション管理についての問題が生じることがあり、その場合は、迅速に臨時総会を開催して決議を行うことが必要です。

◎総会ではどんなことを決めるのか

総会の決議事項には、区分所有者と議決権の各過半数で決める普通決議事項と、過半数よりも厳しい特別多数で決める特別決議事項があります。

普通決議事項としては、管理者の選任・解任、共用部分・敷地・付属施設の管理、共同の利益に反する行為の停止請求の訴え提起などがあります。

特別決議事項としては、建替え、マンション敷地売却決議、共用部分の変更、規約の設定・変更・廃止、管理組合の法人化などがあります。

総会で決議すべき事項の中でも特に重要なものは特別決議事項とされています。決議のために必要な条件が異なっているので、総会での決議事項が普通決議事項か特別決議事項なのかを見極めることが必要です。

総会での決議事項は、マンションの区分所有者にとって重要な事項であることが多く、積極的に関心をもつのが理想です。しかし、実際のところ、総会の運営にあまり興味がない区分所有者もおり、総会の開催に支障が生じます。定足数を定めているマンションの場合、定足数を満たさず、総会を開催できない可能性も生じます。そこで、理事会は、総会に関心をもってもらえるように、区分所有者に働きかける活動をすることも必要です。

総会の招集権利者

原則として管理者（法人化の場合は理事）が招集できる

↓ ただし

規約に定めがあればその定めに従う

↓ また

標準管理規約では理事長が招集権者であるとしている

5 理事と監事

理事は管理事務全般を担い、監事は運営や会計を監視している

理事の仕事

理事は、マンションの管理のために必要な仕事を行います。主な仕事としては、マンションの管理規約の案の作成があります。総会で決議すべき管理規約などについては、理事が原案を作成することになります。

また、管理会社や不動産会社（分譲業者）など、外部の組織や個人との交渉も理事の仕事です。管理会社と話し合う際には、管理組合を代表して管理会社との交渉を行います。管理会社との間でトラブルが生じたときも理事が対応します。

このように、理事は管理組合を代表する権限を持ちますが、組合内部の取り決めで理事の代理権に制限を加えることは可能です。ただし、外部から代表権に制限のない理事と、制限のある理事とを判別することは困難ですので、事情を知らない第三者には理事に加えた代理権の制限を主張できません。

その他、住民からの苦情の処理、要望の受付や、マンション内のイベントの運営なども行います。

理事長の仕事

理事長は、理事会の議長であり、管理組合の代表者でもあります。理事長は通常、区分所有法上の管理者とされます。一般的に理事は総会において選出され、理事長や副理事長は理事の中から互選により選任されます。

監事の仕事

監事の仕事は、管理組合の運営や会計が適正・公正に行われるように監視や監査をすることです。監事は、管理組合の業務執行や財産の状況を監査して、その結果を総会に報告する義務を負っています。管理組合の運営や会計に不正が認められる場合には、臨時総会を招集することもできます。

監事は、いつでも理事や職員に対して、業務の報告を求めたり、業務や財産の状況を調査したりすることができます。理事が不正な行為、法令・規則に違反する行為、総会・理事会決議に違反する行為などをしていると認められる場合には、遅滞なく理事長に報告をしなければなりません。必要がある場合には、理事会の招集を請求することもできます。請求したにもかかわらず、理事長が理事会を招集しない場合には、監事が自ら理事会を招集することもできます。監事には理事会に出席する権利があります。

また、監事は、必要があるときは、

理事会において意見を述べることもできます。ただし、監事は、理事会とは別個の独立した機関であり、理事会の構成員ではありません。そのため、理事会に出席した場合であっても、その決議自体に加わることはできません。

役員の任期

理事・理事長・監事といった役員の任期は、それぞれのマンションの管理規約で定めることができます。

管理組合の役員の任期は２年程度とするのがよいでしょう。任期を１年とすると、定時総会ですべての役員が改選され、役員が全員交代してしまうので、理事会としての活動が停滞する可能性があるからです。

そこで、役員の任期は２年として、１年ごとに半数ずつを改選していくのが適切です。具体的には、管理規約において役員の任期は２年とした上で、毎年半数を改選すると定める方法です。この方法であれば、役員の半数は前期の活動内容を知っているので、理事会の活動を継続的に行うことができます。

また、理事長の任期については、管理規約により１～２年と定められている場合が多いようです。しかし、理事長の任期は１年間が適切とされています。理事長を同じ人が何年も続けていると、たとえ能力のある人であっても何らかの問題が生じてしまいます。そのため、理事長に関しては、１年間を目安として交代で務めるべきです。

理事と監事の仕事

理事の仕事

- ①マンション管理規約の案の作成
- ②管理組合の代表権を持つ
  ⇒ 管理会社や不動産などの外部機関等との交渉
- ③住民からの苦情処理・要望の受付
  各種イベントの運営

監事の仕事

- ①理事会の監視
- ②管理組合の業務執行・財産状況の監査 ⇒ 総会への報告
  ⇒ 不正がある場合には臨時総会の招集
- ③理事・職員への業務の報告の要求、業務・財産状況の調査
- ④理事の法令違反等がある場合 ⇒ 理事長への報告
  ⇒ 必要がある場合には理事会の招集

6 役員の報酬・権限・義務

役員は職務全般に関して善管注意義務を負っている

◎役員の報酬

多くの管理組合において役員は無報酬です。しかし、役員になると多大な時間と労力の負担を伴うだけでなく、さまざまな義務を負うこともあるので、役員には必要経費だけでなく報酬を支払う方が公平ともいえるでしょう。標準管理規約37条２項にも「役員は、別に定めるところにより、役員としての活動に応ずる必要経費の支払と報酬を受けることができる」と定められています。ただし、役員に報酬を支払う場合には、以下の点に注意が必要です。

①　管理組合の仕事内容

役員を報酬制にする場合、その財源を担うのは住民です。どのような仕事に対して報酬を支払うのかを理解してもらわなければ、後々不満が生じることにもなりかねません。理事会の内容と開催回数、総会の招集事務、帳簿管理など、仕事の内容が明確にわかる資料を作成するとよいでしょう。

②　報酬のしくみを明確にする

報酬の財源をどのように確保するか(管理費から充当するか、別途徴収するかなど)、どの仕事にどの程度の報酬を支払うか、などが重要です。また、報酬制を継続できるように会計管理を工夫する必要もあるでしょう。金銭に関係する問題なので、十分な議論をつくすようにしましょう。

◎理事長の権限と義務

区分所有法や標準管理規約に照らすと、理事長の職務上の主な権限と職務上の主な義務については、以下のものがあります。

①　職務上の主な権限

・管理組合の代表

理事長は、管理組合の長として管理組合を代表し、業務を統括します。

・共用部分の保存行為

保存行為とは、日常の修繕や施設の点検といった現状を保つために必要な行為です。特に緊急時の保存行為は理事長の権限とされるのが一般的です。

・管理組合の総会（集会）の招集

区分所有法上、最低でも毎年１回は総会を招集しなければなりません。理事長は区分所有法上の管理者として、総会の招集を行います。

②　職務上の主な義務

・報告義務

理事長は、総会において最低でも毎年１回、その事務について報告をしなければなりません。なお、理事は、管理組合に著しい損害を及ぼすおそれがある事実を発見した場合には、直ちに当該事実を監事に報告しなければなりません。

・閲覧義務

管理規約や議事録などを保管し、利害関係人から請求があった場合は閲覧させる義務があります。

・善管注意義務

区分所有法上の管理者として通常要求される程度の注意を払って職務にあたる義務（善管注意義務）を負います。その義務を怠って区分所有者に損害を与えたときは、これを賠償する責任を負います。また、理事長が事務を処理する上で、金銭やその他の物を受け取った場合には、区分所有者に引き渡すなどの義務を負っています。

◎役員の義務

区分所有法28条には「管理者の権利義務は、委任に関する規定に従う」と定められています。管理者は理事長のことを指します。そこで、区分所有法だけを見れば、その他の役員には義務や責任がないようにも思えます。

しかし、たとえ持ち回りであっても、役員に選ばれるということは、管理組合との間で委任契約を結ぶことを意味します。委任とは、一方が他方にある行為を頼んでまかせることです。つまり、役員は住民によってマンションの管理を頼まれたことになります。委任には、善管注意義務（民法644条）に加え、役員が住民（区分所有者）から管理について聞かれた場合に答える義務（民法645条）、役員が管理費用を受け取った場合に預金などの保管措置をとる義務（民法646条）などがあります。それらに違反すると、住民から損害賠償請求をされることもあります。

また、善管注意義務の中には「職務上知り得た個人情報を他人に漏らさない」という守秘義務も含まれます。たとえば、管理組合の役員が住民の住所を興信所に教えたとすると、委任契約に反することを理由に契約責任を問われる可能性があります。住民のプライバシーを侵害したとして、不法行為責任を問われるおそれもあります。

管理組合の役員の義務・責任

委任契約から導かれる義務

- ・住民への報告義務（民法 645 条）
- ・管理費用について保管措置をとる義務（民法 646 条）

職務全般に関する善管注意義務（民法644条）

・個人情報等に関する守秘義務など

⇒ 委任契約に違反すると契約責任・不法行為責任を負う可能性がある

7 管理規約（規約）・使用細則

原則として管理規約の内容は管理組合の総会で決めることができる

◎管理規約（規約）とは

管理規約とは、建物（マンション）、敷地、付属施設の管理・使用に関する事項について、区分所有者が自主的に定めたルールであり、区分所有法上の「規約」のことです。マンションには区分所有法をはじめとするさまざまな法律が関係しています。しかし、マンションで起こるあらゆる問題を、事前に法律で規制するのは不可能です。マンションで生活する中で生じる問題は、マンションごとで全く異なっているからです。そこで、マンションごとに独自に管理規約を作成・変更する権限を認め、円滑なマンションの管理と運営ができるようにしています。

◎管理規約を作るときの注意点

管理規約の目的は、マンションという一つの建物や敷地を共同で所有する際に、区分所有者間で管理・使用の方法について共通認識を持つことにより、円満に維持・管理しようとすることにあります。そこで、建物・敷地・附属施設の管理・運営に関することについて、それぞれのマンションの事情に合わせた規定をすることができます。

具体的には、①建物の敷地に関すること（範囲や敷地利用権の処分方法など）、②専有部分に関すること（範囲や使用目的、使用方法など）、③共用部分に関すること（範囲や持分の割合、使用方法、管理方法など）、④管理者に関すること（選任・解任の方法、権限など）、⑤管理組合に関すること（構成、運営方法など）、⑥集会の運営（招集方法、議事進行方法など）、⑦維持管理にかかる費用について（共用部分の管理費、建物修繕費の積立、金銭出納事務など）、⑧義務違反者に対す

管理規約の効力

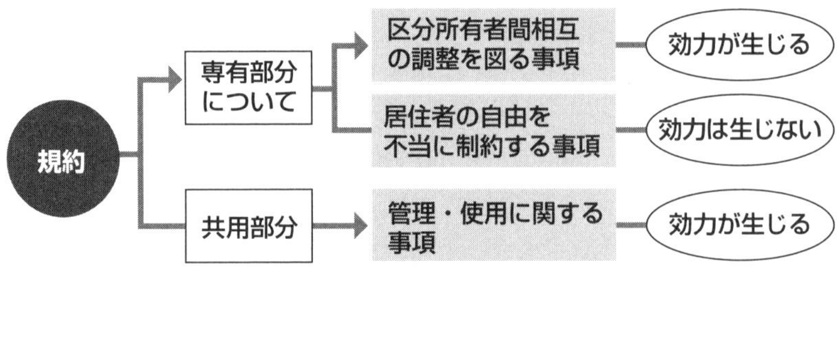

る措置、などが挙げられます。

ただ、区分所有者以外の人の権利を害する定め（たとえば、マンションの敷地を通らなければ公道に出ることができない隣地の居住者を含めて、区分所有者以外の敷地内の通行を禁止する定めなど）を設けたり、一般的に見て区分所有者の共同の利益に何ら影響を与えないにもかかわらず、区分所有者個人の権利を制限する定め（専有部分の譲渡や賃貸借を一切禁止する定めなど）を設けることはできません。その点では注意が必要です。

なお、管理規約は、区分所有者の集会の決議によって定めますが、法律に従って管理規約を定めた後で、一部の区分所有者が他人に所有権を譲渡した場合、新所有者（特定承継人）は前の区分所有者の管理規約への承認も一緒に引き継いだことになります。

管理規約の変更

管理規約は、マンションの実態に合うように、管理組合の総会で変更することができます。ただし、区分所有法に違反するような形での管理規約の変更はできません。

管理規約を変更する場合、総会を開催して、区分所有者の頭数の４分の３以上かつ議決権の４分の３以上の賛成を得る必要があります（特別決議）。

使用細則とは

共用部分の管理・使用などを定めたルールとして、管理規約の他に使用細則が設けられることがあります。マンションにおけるルールは基本的に管理規約により定められますが、管理規約では定めきれない細かいルールは使用細則で定められます。

たとえば、ペットの飼育についてのルール、駐車場・倉庫の使用方法などを定めます。マンション内で生じる個別具体的な問題については、使用細則を用いて解決を図ります。

管理規約で定めることができる事項と作成上の注意点

定めることができる事項

- 建物・敷地に関すること
- 専有部分・共用部分に関すること
- 管理者に関すること
- 管理組合に関すること
- 集会の運営に関すること

など

作成上の注意点

- 区分所有者以外の者の権利を害することはできない
- 区分所有者間の利害の衡平に配慮した管理規約を作成しなければならない
- 区分所有者全員の利益にならない不当な権利の制限は認められない

8 管理組合の業務

共用部分の清掃や施設の管理などさまざまな業務がある

具体的な管理業務

マンションの管理組合は、建物を長期間、良好に維持・管理するため、建物やその敷地・付属施設の管理業務を行います（下図参照）。

なお、従来は地域コミュニティの形成に関する業務が含まれていましたが、管理組合と自治会・町内会等との混同を防ぐため、平成28年３月改正のマンション標準管理規約において削除されました。

本来は、区分所有者自身が管理業務を行うべきですが、自分たちだけでは管理業務を十分に行えないこともあります。その場合に、管理業務の一部または全部を代行してもらえるのが管理会社です。業務遂行のため、必要に応じて管理会社から管理員（管理人）が派遣されることもあります。

マンションの管理組合の業務

①	組合が管理する敷地・共用部分等の保安・保全・保守・清掃・消毒・ごみ処理
②	組合が管理する敷地・共用部分等の修繕
③	長期修繕計画の作成・変更・管理
④	建物の建替え等に関する合意形成に必要な事項の調査
⑤	宅地建物取引業者から交付を受けた設計図書の管理
⑥	修繕等の履歴情報の整理・管理等
⑦	共用部分等の火災保険・地震保険などの損害保険に関する業務
⑧	専用使用部分についての管理行為
⑨	敷地・共用部分等の変更・運営
⑩	修繕積立金の運用
⑪	官公署・町内会等との渉外業務
⑫	マンションや周辺の風紀・秩序・安全の維持・防災等
⑬	広報・連絡業務
⑭	管理組合の消滅時の残余財産の清算
⑮	その他建物・敷地・附属施設の管理に関する業務

9 管理費

マンションを維持するために必要となる費用のこと

管理費とは

管理費とは、マンションを維持するために必要となる費用のことです。

共用部分の管理（エレベーターの維持費や管理人の人件費、階段・廊下の電気代だけでなく、共用部分などに係る火災保険料、その他の損害保険料や経常的な補修費、ゴミ処理費など）に必要な費用が管理費です。

マンションの居住者は、一定額の管理費を負担します（賃貸の場合は家賃に加えて管理費を負担します）。そのため、居住者の少ないマンションの場合は、多いマンションに比べ管理費が割高となる傾向があります。

マンション内において、購入者が生活する居住部分を「専有部分」といいますが、専有部分を除いた場所はすべて「共用部分」として、マンションの区分所有者によって共有することになります。管理費は、この共用部分を維持するために利用されます。

マンションを維持するために利用される費用は、管理費の他に修繕積立金があります。管理費と修繕積立金はそれぞれ利用される用途が異なり、管理費は主に日々のメンテナンスに対して使われます。

たとえば、居住者が利用するエレベーターの動作点検や、通路や階段、屋上の清掃、マンション内に駐在する管理人が行う業務などに対して利用がなされます。一方、修繕積立金は、長期的で規模の大きな修繕や改修工事のために使われます。

管理費の高いマンションの場合は、その代わりに万全な警備体制や行き届いた清掃など、居住者が快適に生活できるような環境を手に入れることができます。

管理費の負担割合

区分所有法では、管理費の負担割合は、原則として各区分所有者が持つ専有部分の床面積の割合によって決まるとしています。たとえば、160㎡の部屋を所有している人は、80㎡の部屋を所有している人の倍の管理費を払うことになります。「エレベータを使用しない１階の方が管理費が安いのではないか」と考える人がいるかもしれませんが、１階であっても上階であっても専有部分の面積が同じであれば、管理費の金額は同じです。

ただ、マンションの管理規約で特に負担の割合が規定されている場合には、その規定に従います。

10 管理費と自治会費の区別

一体で徴収する場合には配慮が必要になる

◎自治会とは

自治会は地域のコミュニティーを維持するための組織です。自治会への入会はあくまでも各人の自由で、加入を強制されるものではありません。入会しなければ、自治会会費の支払義務はありません。

もっとも、現実的にはマンションで生活する場合は近所付き合いが不可欠ですから、マンションの住民との関係などを慎重に考慮する必要があります。

◎自治会費と管理費を区別する

管理組合は、区分所有法に基づく、区分所有者全員で構成される強制加入の団体です。マンションの居住者が任意で加入する地縁団体といえる自治会・町内会等とは、全く性格が異なる団体ですから、管理組合と自治会・町内会等との活動は、混同することのないよう、明確に区別する必要があります。費用についても、居住者が任意で加入して支払う自治会費・町内会費等は、地域住民相互の親睦や福祉・助け合いなどのための費用です。これに対し、管理費は、マンションを維持・管理していくための費用であり、自治会費・町内会費等とはまったく性質が異なる費用です。

しかし、かつては管理組合の業務の中に「地域コミュニティの形成」に関する業務が含まれていたため、管理費と自治会費の区別があいまいで、自治会費を管理費として一体で徴収していることもありました。その結果、本来は自治会が行うような事項（マンションの維持・管理に直接関係のない事項）にも管理費が支出されていることに対し、住民との間でトラブルが生じることが少なくありませんでした。

そこで、平成28年３月に改正されたマンション標準管理規約では、管理組合が処理する業務から、地域コミュニティ形成に関する業務が削除されています。従来、コミュニティ形成に関する業務とされてきた、マンションや周辺の美化や清掃などの経費は、現在においては、マンションの資産価値の向上に関係する範囲で管理費からの支出が可能となっています。

なお、自治会費・町内会費等を管理費等と一体で徴収すること自体は禁止されていません。しかし、一体で徴収する場合には、自治会費等が強制徴収にならないよう配慮すると共に、管理費と区分して経理することが求められています。

11 管理委託費

管理組合が管理会社に支払う費用で管理委託業務に用いられる

管理委託費とは

管理委託費とは、管理組合が管理会社に支払う費用のことをいいます。

共用部分の清掃や施設の管理などに必要な業務のために用いられる費用である管理費は、マンションの住み心地を左右する重要な費用です。

住民から集められた管理費の大半は管理会社に対して管理委託費として支払われることになります。

そのため、管理組合は管理委託費の額が適正かどうかという点について定期的にチェックする必要があります。

管理委託費は、マンションの分譲時に分譲会社によって決められています。しかし、分譲時には管理委託費の額が適正だったとしても、技術が進歩することなどが原因となって、必要な額が変動する可能性があります。そのため、管理委託費は定期的にチェックすることが必要です。

管理委託費の額が適正かどうかは、管理会社から送られてくる書類を見て判断します。

書類をチェックする際には、管理委託費がどのような用途で使われたかを見て、管理委託費の額が適正かどうかを判断します。もし、管理委託費の総額しか記載されていない場合には、管理会社に対して詳細な内訳を記載した書類の提出を求めます。

また、駐車場使用料などの施設料は、原則としてその施設を維持するために用いられます。仮に、施設の利用料金が管理費に組み入れられている場合には、管理会社に説明を求める必要があります。

管理委託費のチェックが必要

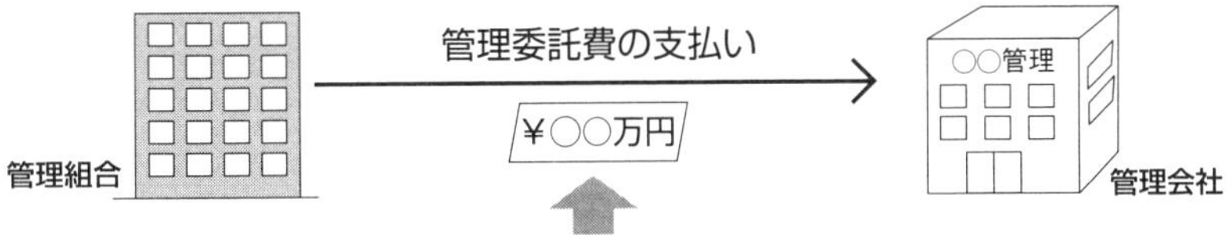

金額が適正かどうか

・管理委託費の使い道を調べる
・管理会社に、内訳の詳細が記載された資料の提出を求める
・他の管理会社からも見積もりをとって比較する

12 管理会社の選び方とチェックの仕方

費用と質を確認し、総合的に判断することになる

管理会社とは何か

管理会社とは、マンション設備の点検・管理を行う会社です。

管理会社は、会社にもよりますがマンション管理に関わる業務全般を行っているところが多いようです。内容としては、①管理費などの徴収や帳簿管理、予算・決算書の作成、総会や理事会の運営準備、大規模修繕の立案などといった事務管理業務、②給排水、エレベーター、配電盤、駐車場など付属設備の保守点検といった設備管理業務、③清掃や花壇の手入れなど環境維持業務、④管理人や警備員の派遣業務などがあります。

管理組合は、一括もしくはこれらの中から必要な部分を選択して委託契約を結ぶことができます。分譲時にすでに販売会社系列の管理会社が介入することが決まっていた場合でも、実際に業務を行うためには契約を交わすことが必要になります。

また、管理業者の行う業務は、あくまで管理組合からの委託に基づいて行われるものです。管理組合は管理業者に対し、委託者として業務内容についての報告を求めることができますし、場合によっては業務内容の改善を求めたり、委託金額の見直し、契約を終了して他の管理業者と契約するといった事項を行うことも可能です。

管理業者に委託していても、管理の主体は管理組合ですから、書類を見てもわからない点があれば説明を求めるなどして業務内容をきちんと把握しておくことが必要になります。

管理会社を選ぶときの注意点

本来、マンションの管理は区分所有者が行うものですが、マンションは規模が大きく、機械の点検・修理などの専門的な知識も必要です。適切な管理会社を選ぶ際の注意点としては、まずは候補となる会社をいくつかピックアップした上で、それぞれに対して費用の見積書を提出してもらいます。

管理会社の質について判断するポイントがいくつかあります。

まず、検討すべきポイントは、費用が妥当なものかどうかです。これについては、委託費の内訳について詳細な書類を管理会社に提出してもらい、その中身を吟味して費用の妥当性について判断します。

また、定期的に管理会社からの業務の報告があるかについても、管理会社の質を判断するポイントになります。定期的な報告がなかったり、報告の頻

度が少ない場合には、その管理会社の業務がずさんである可能性があります。

管理会社の経営状況もチェックしてみましょう。財務諸表や決算書を見れば、管理会社の経営状況をある程度は把握することができます。

もちろん、マンションの管理組合の意向を汲み取ってくれるかという点も重要なチェックポイントです。マンション管理について生じる問題はマンションごとに異なるので、管理会社にはそれぞれのマンションごとに対応を考えてもらう必要があります。また、管理会社から管理人が派遣されてくる場合、業務を怠ける等の資質を欠く人ではないことを確認する必要があります。

マンション管理については、管理組合に責任があります。そのため、管理会社の選定は慎重に行い、管理会社の業務に疑問を感じた場合には管理会社の変更を検討することも必要です。

◎予算の水増しや不正がないか

この他にも、管理会社が適切にマンションの管理を行っているかという観点からチェックすべきものがあります。それは、管理会社との契約書や、重要事項説明書といった管理会社から交付されている書類です。これらの書類の中に不自然な点がないか、あるいは、書類の通りに管理会社がマンションの管理を行っているかということをチェックします。

◎管理会社に全部をまかせない

管理会社にすべてを任せてしまうと、料金が割高になってしまいます。なぜなら、管理会社から一部の業務が再委託されることで、中間手数料が発生するからです。

費用を安く抑えるためには、管理会社にすべてを任せず管理組合が主体的に行動することで、業者との契約内容を把握しておくことが必要です。

管理者と管理会社

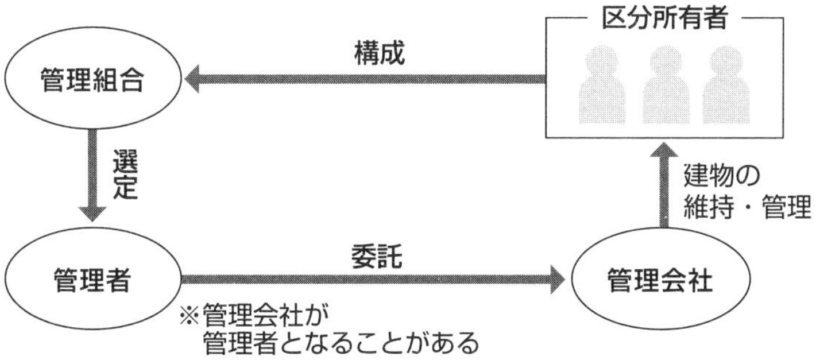

13 管理費の滞納

請求しても支払われない場合、各種法的手段をとることになる

管理費滞納の問題

管理費を納めない区分所有者の存在は、理事会などマンション管理をする立場から見て大きな問題です。滞納者を放置していると、管理費をきちんと支払っている区分所有者が不公平感をもち、マンション居住者全体のトラブルに発展するおそれもあります。

管理費を滞納者から回収するときに、感情的になって滞納者の部屋に押しかけるなどの行動をとることは、賢明ではありません。滞納者から住居侵入罪などで訴えられる危険もあります。強制的に管理費を徴収したい場合は、法的手段を利用しましょう。法的手段には、内容証明郵便の送付、債務名義に基づく強制執行、区分所有権の競売の申立てなどがあります。これらの措置を場面に応じて段階的に進めていくことになります。

管理費請求は素早い対応が要求されるため、マンション標準管理規約では、未納の管理費などの請求については総会決議を必要とせず、理事会の決議だけでも、理事長が管理組合を代表して訴訟その他の法的措置を行うことができると規定しています。また、未納の管理費・使用料の請求について、訴訟などの法的措置を行うかどうかは理事会の決議事項であると規定しています（マンション標準管理規約54条）。

滞納発生

滞納が発生した場合、管理組合は、まず請求や催告（督促手続き）をすることになります。管理組合は、滞納者に対して支払いを求めるのと同時に、今後も状況が改善されない場合にはどのような法的措置を執ることになるのか、滞納者に警告をします。

滞納者の保有財産の調査

督促手続きによって滞納が解消されなかった場合、滞納者の保有財産の調査を行います。調査は、大きく分けて、ⓐ専有部分等に抵当権などが設定されているかどうか、ⓑ専有部分等以外の資産があるかどうか、という２点から進められます。

法的措置の内容

滞納者の保有財産の調査を行い、準備が整った後に、実効性のある法的措置をとることになります。

法的措置としては、①区分所有法７条に基づく先取特権による不動産競売の申立て、②区分所有者の資産に対する強制執行、③区分所有法59条による

競売の申立て、という3つの方法があります。

①区分所有法7条に基づく先取特権による不動産競売の申立ては、管理費を滞納している居住者の部屋（専有部分等）を競売にかける手続きです。競売にあたって判決などの債務名義（230ページ）が不要であるのが特徴です。滞納管理費を回収する権利は、居住者の区分所有権や建物に備え付けた動産に対して先取特権を有します（区分所有法7条）ので、この先取特権に基づいて滞納者の部屋の競売を申し立てます。ただし、滞納者の部屋に抵当権が設定されているときは、抵当権者が優先的に競売代金から債権の弁済を受けるため、競売をしても滞納管理費を十分に回収できない可能性があります。前述した保有財産の調査ⓐで抵当権設定の有無を確認することが重要になります。

②区分所有者の資産に対する強制執行は、前述した保有財産の調査ⓑの結果、滞納者に預金などの専有部分等以外の財産があると認められた場合に有効な手段です。強制執行をするためには、まず支払督促（227ページ）や民事訴訟（滞納管理費が60万円以下のときは少額訴訟の利用が可能です、228ページ）などで債務名義を得てから、執行文の付与を受け、送達証明書を取得することが必要です。

以上の方法でも滞納管理費を回収できない場合の最終手段として、③区分所有法59条による競売の申立てがあります。これは管理組合が裁判所に競売請求訴訟を提起し、認容判決を得たときに競売の申立てができるとする制度です。競売によって滞納者の部屋が売却されると、新所有者が滞納管理費を支払うことになります。

滞納管理費の法的手続き

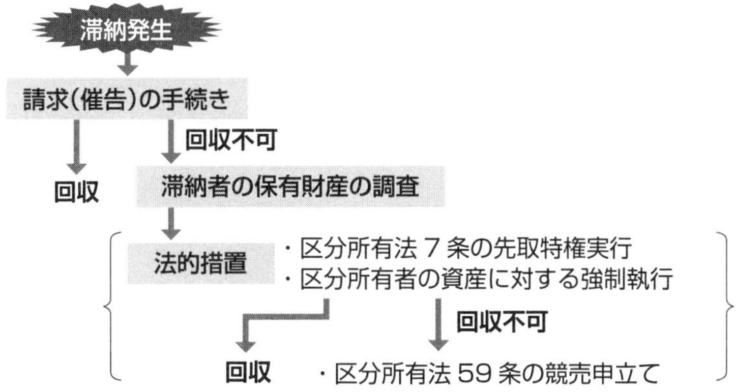

14 修繕

大規模な修繕工事を行う場合には、集会での特別決議が必要

修繕の目安

マンションには修繕が必要不可欠です。外壁や屋上は常時日光や風雨にさらされていますし、給配水管やエレベーターなどの設備は使えば使うほど損耗します。

ただ、日々の手入れをすることによってある程度傷みを食い止めることは可能ですし、構造や材質、工法などによっても修繕を要する時期はかなり違ってきます。

修繕時期に関しての法的な規定はなく、各マンションがそれぞれの事情に応じて計画を立てることになります。一般的なマンションの修繕時期の目安としては、外壁が9～15年、屋根・屋上などが10～15年、給水管・ポンプなどは12～20年、エレベーターは25～30年などとなっています。もちろん、ひび割れなどが見つかったら早めに補修すべきですし、消耗度を知るためにも計画の時期にこだわらず、年に1回程度定期点検を行うとよいでしょう。

マンションの点検・診断については、それぞれの箇所によって建築基準法や消防法、水道法などで定められた診断基準がありますので、専門家に依頼するべきです。総合的な建物診断を請け負う建築士事務所などもありますので、信頼できる業者を探すようにしましょう。なお、物価の変動や状況変化なども考えられますので、修繕計画は数年ごとに見直すようにしましょう。

修繕費用の負担

基本的に、物の修繕にかかる費用は、その所有者が負うことになります。分譲マンションであれば、階段は原則として区分所有者全員の共用部分になります。そこで、区分所有者が連帯して費用を負担することになります。

ただ、管理組合の規約により、その階段がこれを使用する一部の所有者だけの共有部分とすることになっている場合もあります。このようなときには、対象となる所有者だけが修繕費用を負担することになる場合もあります。

また、分譲マンションの場合、管理組合の規約により、共用部分の維持管理のために管理費を徴収したり、年数経過に伴う建物の劣化を予測して修繕金を積み立てている場合があります。長期間にわたり予測され得る大規模な修繕工事の計画を立て、その総額をまかなえるように割り出した金額が修繕積立金です。

この場合、区分所有者は管理組合の管理者（理事長など）に対して、修繕を請求することができます。管理者は、修繕積立金などから修繕費用を支出します。

なお、共用部分の維持管理を管理会社に委託している場合は、管理会社の方に修繕を請求します。

破損に気づいた人が自己負担で修繕した場合は、他の区分所有者や管理組合に対して、費用の弁償を請求することができます。

大規模修繕工事は特別決議が必要

現状の建物の状態を大きく変更することがないマンションの修繕工事を行う場合には、集会（総会）において普通決議を経る必要があります。マンションの現状を大きく変更するような工事ではなく、そこまで大がかりな工事でない場合には特別決議ではなく普通決議（区分所有者と議決権の各過半数の賛成）で足ります。

普通決議により行える工事には、具体的には、階段にスロープや手すりを設置する工事、防犯カメラの設置工事、鉄部の塗装工事、照明設備や消防設備に関する工事、窓枠や窓ガラスの工事などが該当します。普通決議が必要な工事か特別決議が必要な工事かについては、国土交通省が公表している標準管理規約に具体例が示されていますので参考にすることができます。

現状の建物の状態を著しく変化させるような大規模修繕工事を行う場合には、集会において特別決議を経ることが必要です。大規模修繕工事は、マンションの資産価値の維持や、快適な住環境作りを目的として行われます。

特別決議とは、区分所有者と議決権の各４分の３以上の賛成が必要となる決議のことです。マンションの所有者に大きな影響を与える事項についての決議を行う場合には、普通決議よりも厳しい特別決議が要求されることになります。特別決議が必要になる大規模修繕工事とは、具体的には、建物に新たにエレベーターを設置したり、駐車場を大きく改築する工事などが該当します。

修繕工事の目的と具体的な工事内容

修繕に要する決議（マンション標準管理規約に基づく）

普通決議を要する修繕	・階段へのスロープの併設や手すりの設置に関する工事 ・オートロック設備や防犯カメラの設置工事 ・窓枠・窓ガラス・玄関扉の一斉交換工事 ・計画修繕工事（鉄部塗装、外壁補修、屋上防水、給水管更生・更新、照明・共聴・消防・エレベーターの各設備更新など）
特別決議を要する修繕	・エレベーターの新設工事 ・大規模な又は著しい加工を伴う集会室・駐車場・駐輪場の増改築工事

15 修繕積立金

修繕のために積み立てておくお金のことで、総会で金額を決める

修繕積立金とは

分譲マンションは、外壁など共用部分を含めて区分所有者の所有物となりますから、年数経過による劣化や破損の修繕は、当然、区分所有者自身が行わなければなりません。しかし、各々の費用負担はかなり高額になります。そこで通常は、予測される劣化に対する修繕費用を月々積み立てていく方法をとっています。修繕のために積み立てておくお金のことを修繕積立金といいます。

月々の積立金の額を決定する際には、管理組合の総会で承認を得なければなりません。マンションの構造や備えられた設備の耐久性、補修が必要となる経過年数、予想される修繕費用などを事前に調査し、根拠ある金額を総会に提示します。あまり安く見積もると、実際に修繕する際に追加金の徴収が必要になるため注意が必要です。

修繕積立金は区分所有者全員の財産なので、集金や出納などの管理を管理会社に委託している場合でも、口座名義は管理組合（あるいは理事長）とし、常に状態を把握する必要があります。

長期修繕計画とは

長期修繕計画は、マンションの管理会社の意向に沿って作成されることがあります。管理会社の利益を図ることを目的として、なるべく多くの工事予定を組み込んだ計画が作成されることもあります。こうした長期修繕計画がそのまま実行されてしまうと、修繕費用を支出するマンションの所有者の負担が大きくなるという問題点があります。

長期修繕計画は、修繕をする際の指針となるものですが、実際の工事の際には専門家の意見を求めて、工事が本当に必要か見極める必要があります。

まず劣化についての建物診断をする

マンションの分譲時には、分譲会社が長期修繕計画を作ります。しかし、状況の変化に応じて計画を作り変えることが必要です。通常は、長期修繕計画の見直しは５年ごとに行います。

長期修繕計画の見直しの際には、まずは劣化についての建物の診断を行います。その際には、建物に劣化している部分があるか、劣化している部分がある場合には修繕する必要があるか、その場合に、どのような方法による修繕が最善か、修繕費用はいくらかかるかといったことを見極めます。長期修繕計画を作成しても、実際のマンションの劣化が当初の予想通りに進行する

とは限りません。長期修繕計画の通りに修繕しても不足することもありますし、逆に劣化が予想よりも進行せず、予定していた修繕が不要になることもあります。また、時間の経過と共に建物を取り巻く法律等も変わることがあります。そのため、定期的に長期修繕計画を見直すことが必要です。

◎長期修繕計画と修繕積立金

毎月の修繕積立金の額は長期修繕計画に基づいて決まります。ここで設定される積立金の額は、当初予定されている修繕費用よりも高めに設定されます。予期していない災害によってマンションの修繕が必要になることがあるので、そのような事態に備えておくためです。当初予期していなかった修繕費用が必要になった場合には、臨時の一時金を集める必要があります。

長期修繕計画の見直しの際に、修繕積立金の額の見直しも行います。当初の計画に比べて修繕費用がかかると予想できる場合は、あらかじめ修繕積立金の額を引き上げる等の対策をとります。

通常、管理会社が作成する長期修繕計画は、管理会社が保有している計画書のフォーマットをもとに作成されています。そのため、個々のマンションの実態に則した修繕計画になっているというわけではありません。そのため、個々のマンションの状況にあった計画書を作成する必要があります。

また、計画書を作成する際には、専門家の意見を参考にすることも必要です。第三者である専門家に意見を求め、マンションの住民の立場に立って修繕計画の作成を補助してもらいます。専門家に依頼すると費用がかかりますが、それ以上に有益な情報が得られることが多く、結果的には専門家に依頼した方がよりよい計画書を作成することにつながります。

長期修繕計画と修繕積立金

長期修繕計画　◎マンションの管理会社の意向に基づき作成

↓

専門家の意見等を聴き入れ長期修繕計画の見直し【5年ごと】

↓

マンションの劣化診断

↓

①劣化部分の有無　②修繕の必要性の有無
③修繕方法の検討　④修繕費用の見積もり

修繕積立金の金額設定

- 修繕費用より高額に設定される　∵不測の事態への備え
- 修繕積立金の金額は管理組合の総会での承認が必要

16 建替えと復旧

建替えは新しく建築すること。復旧は滅失した部分を元の状態に戻すこと

建替えとは

建替えとは、修繕では改善できない場合にマンションを取壊して新しい建物を建築することです。

建替えを検討する場合、まず区分所有者の意思確認のための集会（総会）を招集します。招集の通知には集会の開催日・場所・目的の他、①建替えを必要とする理由、②建替えをしない場合の修繕にかかる費用とその内訳、③建物の修繕に関する計画がある場合にはその計画内容、④修繕積立金の金額、を記載し、集会開催日の少なくとも２か月前までに発信しなければなりません。次に、集会開催日の１か月前までに建替えについての説明会を開くことが義務付けられています。説明会の通知は、開催日の１週間前までに発信します。これらの段階を経て、建替えを決議する集会を開くことができます。

集会で、区分所有者と議決権の各５分の４以上の賛成があれば建替えが承認されたものとみなされます。建替え決議では、①新たに建築する建物（再建建物）の設計概要、②建替えにかかる費用、③費用の分担、④再建建物に対する区分所有者の権利内容、を決めておく必要があります。

建替えに賛成しない人がいる場合

建替えの承認後、賛成しなかった人（反対者・棄権者）に対し、建替えに参加するか否かを回答するよう文書で求め、参加しないのであれば、その区分所有権や敷地利用権を、賛成した区分所有者などに時価で売り渡すよう請

建替えと復旧

		注意点
建替え		老朽化・災害によりマンションを建て替えること 区分所有者及び議決権の各５分の４の賛成が必要 建替えに賛成しない者に対して時価での売渡しを請求できる
復旧	小規模復旧	マンションの価格の２分の１以下に相当する部分の滅失 専用部分については区分所有者は各自で復旧工事ができる
復旧	大規模復旧	マンションの価格の２分の１を超える部分の滅失 滅失した共用部分を復旧する旨の特別決議が必要になる

求できます。また、マンション建替え円滑化法によれば、反対者・棄権者に対し、賛成する人によって設立されたマンション建替組合が時価で売り渡すよう請求できます。

この売渡し請求により、反対者・棄権者のマンションの部屋を買い取って建替えを進めることができます。

なお、売渡し請求があった場合、自動的に売買契約が成立するので、反対者・棄権者は、代金の支払と引換えに建物を引き渡さなければなりません。

◎復旧とは

復旧とは、災害や事故によってマンションの一部が滅失した場合に、滅失した部分を元の状態に戻すことです。

区分所有法では、災害などにより被害を受けた箇所が建物の価格の２分の１以下（不動産鑑定士に時価の算定を依頼するなどして調べます）であれば、各区分所有者の判断で復旧ができるとされています。この場合、共用部分の復旧費用については、他の区分所有者に持分の割合に応じた負担を求めることができます。ただ、復旧について管理規約で「総会（集会）の決議が必要」と規定されているのであれば、復旧に入る前にまず総会を開かなければなりません。ここで、区分所有者と議決権の各過半数の賛成（普通決議）を得られれば、復旧に入ることができます。このとき、反対者・棄権者は復旧の決議に従わなければなりません。

一方、被害が建物の価格の２分の１を超える場合は、必ず総会を開いて共用部分の復旧の是非を問わなければなりません。決議には、区分所有者と議決権の各４分の３以上の賛成が必要です。復旧に賛成しなかった人（反対者と棄権者）には以降、理解を求めていくことになりますが、復旧にどうしても賛成できない場合、反対者と棄権者は、専有部分と敷地利用権を時価で買い取ってもらうように、賛成者に対して請求できます。なお、専有部分については、各区分所有者が自己負担で自由に復旧することができます。

マンション建替えの流れ

建替えについての居住者の合意 → 建替え決議 → マンション建替組合の設立や売渡し請求など建替えのための準備 → 建替え工事 → 建替え後のマンションへの入居

17 マンション敷地売却制度

敷地を売却し、買受人がその敷地に新たにマンションを建設する制度

どんな制度なのか

修繕や建替えが適切に行われれば、耐震性不足の解消が可能です。しかし、区分所有者が修繕・建替えに多大な費用を負担しなければならず、適切な修繕や建替えが行われてこなかったという経緯があります。

そこで、大地震が発生することがあるわが国では、生命・身体を保護するために、マンションの耐震性不足を解消することが緊急の課題になっていることをふまえ、マンション建替え円滑化法により、マンション敷地売却制度が認められています。大規模修繕や建替えが期待できない場合の選択肢として期待されています。

なお、マンション建替え円滑化法の改正で、令和３年12月から、耐震性不足に加え、外壁等の剥落で周辺に危害が生じるおそれがある場合も制度の対象に追加されました。

敷地売却のメリット・手続き

マンション敷地売却制度は、基本的に住民（区分所有者）がマンションの敷地を第三者（買受人）に売却し、買受人がその敷地に新たなマンションを建設する制度です。買受人が新たに建設したマンションに従来の住民も入居可能ですが、他の住宅に移ることも可能であるため、新たなマンションの建設にあたり、住民が費用負担をしなくてよいというメリットがあります。

マンション敷地売却制度の対象になるのは、耐震性不足または外壁等の剥落により周辺に危害が生じるおそれが認定されたマンションです。これらの認定を受けた後、区分所有者及び議決権の各５分の４以上の賛成によってマンション敷地売却決議を行い、マンションの建物と敷地の権利を一括で売却します。

マンション敷地売却制度の手続き

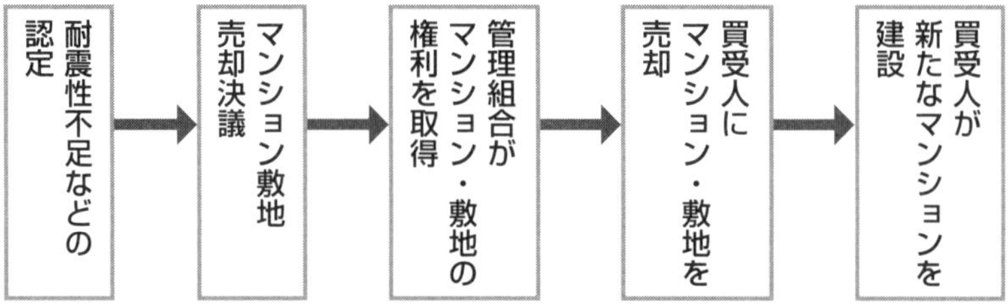

第4章

借地・借家の法律

1 借地契約①

契約の存続期間は借地借家法に規定されている

借地契約とは

借地契約とは、建物の所有を目的とする地上権及び土地の賃借権に関する契約を指します。民法にも賃貸借の規定が置かれていますが、借地や借家について、特に保護するような区別がされていないため、民法だけでは借地契約の実態に見合った十分な保護ができません。

そこで借地借家法（新法）によって民法の規定が修正されています。なお、平成４年７月31日までに設定されていた借地権については借地借家法ではなく、借地法（旧法）の規定に従って処理します。

借地権の存続期間

借地の契約期間（存続期間）は、適用される法律によって異なります。

旧法が適用される借地の契約期間は、借地上の建物の種別によって異なります。具体的には、借地上の建物が木造などの場合には、下限が20年となります。期間を定めずに契約した場合には、契約期間は30年とみなされます。これに対し、借地上の建物が鉄筋コンクリートなどの堅固な建物の場合には、下限が30年となります。期間を定めずに契約した場合には、契約期間は60年とみなされます。

一方、新法が適用される借地の契約の場合は、借地上の建物の種別に関係なく、最短でも30年以上の期間を定めて契約しなければなりません。期間を定めなかった場合には30年の契約とみなされます。

借地権の存続期間と終了

	普通借地権	定期借地権			
		一般	事業用		建物譲渡特約付
借地権の存続期間	30年以上	50年以上	10年以上 30年未満	30年以上 50年未満	30年以上
契約の終了	存続期間満了 ＋ 正当理由	存続期間満了	存続期間満了	存続期間満了	借地権の建物を譲渡したとき
契約の方式	法律上は口頭でも可	公正証書などの書面で契約	契約書を必ず公正証書にする		法律上は口頭でも可

2 借地契約②

借地上の建物についての登記をすることが必要

借地契約の期間の満了と更新

借地の契約期間が満了した時に、当事者が異議申立てなどをしない場合には、通常、自動的に更新されます。更新期間は、借地法（旧法）が適用される借地については、借地上の建物が木造などの場合は20年以上、鉄筋コンクリートなどの場合は30年以上と定められています。

一方、借地借家法（新法）が適用される借地の場合には、建物の種類による区別はなく、更新の回数によって年数が異なります。具体的には、建物が木造でも鉄筋でも、１回目の更新は20年以上、２回目以降は10年以上と定められています。

もし、地主側が契約の更新を拒絶したい場合には、正当事由のあることが必要です。たとえば、その土地を地主自身が使用する場合や、その土地を必要とする事情が地主側に認められる場合などが正当事由にあたります。

ただ、借地人がその土地の上に建てた建物に住んでいたり、その建物で商売を営んでいるような場合には、よほどの事情がない限り、正当事由があるとは認められにくいようです。

なお、契約を更新せず借地人が退去する際、借地上に借地人の建てた建物が残っている場合には、借地人は地主に対して建物を買い取ってくれるように請求できます（150ページ）。

地主が代わった場合の権利関係

借地上に建物を建てていたところ、その土地の地主が代わった場合の法律関係については、借地上に建てられている建物の登記がなされているかどうかによって異なります。

借地権が存在していることを借地契約関係のない第三者に主張するには、借地権の登記または借地上の建物についての借地人名義の登記が必要です。

したがって、建物の登記がなされている場合には、地主が代わっても、前の地主との間で交わされていた条件のまま、その土地を借り続けることができます。一方、建物の登記をしていない場合は、借地権の登記をしていない限り、地主からその土地を取得した第三者に対して、借地権を主張することはできません。

このように、借地上の建物を登記するかどうかは、その建物が建っている土地についての借地権を主張する際の根拠となるもので、非常に重要です。建物の登記をしていない場合には、速やかに行うようにしましょう。

3 借地上の建物の再築・譲渡

建物の増改築や再築を行うには地主の承諾か裁判所の許可が必要

再築・増改築する上での注意点

借地上の建物の増改築については、借地契約に定めがある場合には、その定めに従います。増改築を地主が承諾しない場合、借地人は裁判所に増改築の承諾許可の申立てを行うことができます。相応の理由と妥当性があると判断した場合、裁判所は増改築の許可を出します。

また、借地上の建物が火事や地震などによって滅失した場合、地主の承諾を得て建物を再築できます。再築後の借地権の存続期間は下図の通りです。

借地上の建物の譲渡

通常、借地上の建物を譲渡する場合、借地権に基づく借地も譲渡する必要があるので、地主の承諾なしに借地権を譲渡することはできません。地主の承諾が得られない場合には、裁判所に借地権譲渡承諾許可の申立てを行うことができます。地主に不利益をもたらす譲渡・転貸であれば許可されません。

逆に、その建物の譲渡や土地の転貸が地主に不利益をもたらさないのであれば、裁判所は、借地人から地主に財産上の給付（承諾料）を支払うことを条件に第三者が譲り受けることを許可します。

また、地主は、借地権の譲渡や転貸を拒否した場合は、借地権の譲渡や転貸を自ら受ける申立てをする（地主の介入権）ことができます。地主が介入権を行使すると、賃借人は地主に借地権の譲渡や転貸をしなければならないことになります。

借地上の建物の再築と借地権の存続期間

	かつての借地法が適用される建物		借地借家法が適用される建物
	木造の建物	コンクリート造りなどの堅固な建物	
存続期間	最低20年	最低30年	最低30年
建物が滅失して再築した後の契約延長期間	20年（地主が異議を申し立てないことが必要）	30年（地主が異議を申し立てないことが必要）	最初の契約期間中の場合、地主が承諾すれば20年or残存期間or約定の最も長い方。 契約更新後の場合、地主の承諾があれば20年or約定の長い方

4 定期借地権設定契約

用途に合わせて３種類ある

定期借地権とは

定期借地権とは、一定の要件を満たした場合に設定することができる契約の更新がない借地権のことです。定期借地権を設定すると、ⓐ契約の更新がなく、ⓑ建物再築による存続期間の延長がありません。

通常の借地権は、借地権の期間満了時に建物がある場合、地主（貸主）が正当事由をもって更新拒絶をしないと契約が更新されます（法定更新）。

しかし、定期借地権は、契約の更新を認めず、期間満了時には必ず地主に土地を返還することが条件です。地主への土地の返還が約束されるので、「借地権を設定すると土地が戻ってこない」というイメージから借地契約の締結に慎重であった地主も、柔軟な土地の運用が可能になります。一方、借地料は通常の借地権よりも安くなるのが一般的なので、借地人（借主）にとっては、使用収益できる期間が限られることを受忍すれば、安い金額で土地を調達できるメリットがあります。

定期借地権には、以下の３種類があります。

①　一般定期借地権

50年以上の存続期間を設定し、期間満了時に借地人が土地を更地に戻して地主に返還すること、建物買取請求はしないことなどを定める定期借地権です。一般定期借地権の設定契約は口頭で行うことができず、書面（公正証書など）または電磁的記録で行うことが必要です。使用収益の目的が居住用か事業用かの制限はありません。

②　事業用定期借地権

事業用の建物の使用収益に限定された定期借地権です。居住用の建物を含む場合は事業用として認められない点に注意が必要です。存続期間は10年以上50年未満で設定します。事業用定期借地権の設定契約は、必ず公正証書で行うことが必要です。存続期間が30年以上か30年未満かによって設定の条件が異なってきます。

③　建物譲渡特約付借地権

期間満了時に借地上の建物を地主が買い取る特約のついた定期借地権です。存続期間は30年以上で設定します。たとえば、業者が土地を借り、ビルやマンションを建てて、30年以上にわたり賃料収入を得た後に地主へ建物を売却する、というビジネスモデルで利用されます。建物譲渡特約付借地権の設定契約は、書面（公正証書など）または電磁的記録で行うことが要求されておらず、口頭での契約も可能です。

5 借家契約

借家人保護の観点から借家契約は更新されやすくなっている

借地借家法が適用される

借家契約とは、建物の賃貸借契約のことです。借家契約においては、家賃、賃貸の目的、存続期間（契約期間）、転貸の可否といった事項を規定しておくことが重要です。借家契約は長期間にわたるものですから、貸主と借主の間の双方の信頼関係を基礎として成立します。建物の貸主は、借主に建物を使用させる義務を負います。一方、借主は、賃料を支払い、契約で定めた用法に従って善良な管理者としての注意をもって使用収益をする義務（善管注意義務）を負います。

借家契約については、借主保護のために民法に優先して借地借家法が適用されます。

①　借家契約の存続期間

借家契約の存続期間は、法律上は貸主と借主の間で自由に決めることができるという建前がとられています。ただし、実務上は「２年契約」とされることが多いようです。なお、１年未満の存続期間で契約した場合は、存続期間の定めがない契約とみなされます。

②　借家契約の更新

借主を保護するために借家契約は更新されやすくなっています。借家契約の存続期間が満了しても、期間終了の６か月前までに貸主から借主に更新拒絶の通知をしないと、従前の契約と同一の条件で更新したものとみなされるからです（法定更新）。貸主が更新を拒絶するには正当事由が必要です。正当事由の判断は、借主に不利にならないように、建物を使用することが必要であるといった事情を中心に考慮され、「従前の経過」「建物の利用状況や現況」も考慮されます。

③　借家契約を主張する条件

借主が借家契約の存在（借家権）を第三者に主張するには、本来ならば賃借権を登記することが必要ですが、この登記は貸主の協力がないと行えないので、実際はあまり利用されていません。そこで、借地借家法により、賃借権の登記をしなくても、借主が建物の引渡しを受けて（建物に居住して）いれば、第三者にも借家権を主張できるというしくみが採用されています。

④　定期借家契約

借地借家法では、契約の更新がない借家権（定期借地権）を設定する契約が認められています。これを定期借家契約（定期建物賃貸借契約）といいます。貸主は、定期借家契約の締結前に、契約の更新がない旨などを記載した書面（公正証書など）または電磁的記録を借主に交付し（電磁的記録の交付は借主の同意がある場合に限る）、その旨を説明することが必要です。さらに、定期借家契約の締結も書面または電磁的記録で行うことが必要です。

◎個別の事情に合わせて特約を定めておく

契約書の内容を決定する際に気をつけたいのは「特約」の内容です。賃貸借契約書の一般的なひな型には記載されていない事項についても、特約で定めることができます。

①　原状回復特約

原状回復特約を定めた際、借主がどの程度まで修繕義務を負うことになるのかについては、その特約の文言の内容によって変わります。

現在の民法の下では、通常の使用収益で生じた賃借物の損耗（通常損耗）および経年変化は原状回復義務の対象外とされています。そこで、通常損耗や経年変化の原状回復を借主に義務付けたいときは、上記の基準に照らし、その旨を特約で明記しておく必要があります。

②　小修繕特約は借主負担の場合もある

小修繕特約とは、借主が行った小修繕の費用は借主の負担になるとする特約です。たとえば、「本件建物の小修繕は借主の負担で行う」などと記載されています。ただし、このような特約があっても、建物の基礎に関する部分や屋根・壁の塗りかえといった大規模な修繕の費用は、貸主が負担することになるため注意する必要があります。

③　敷引特約

敷引特約とは、借主に返還する敷金の額をあらかじめ約束しておく特約のことです。退去時の建物の状態にかかわらず、賃貸借契約の締結時に、あらかじめ修繕のために一定額の費用を敷金から差し引くことを決めておけば、敷金返還の際にトラブルも避けられるという考えから利用される特約です。

借家契約の法律規制

	民　法	借地借家法
契約の存続期間	最長50年（民法604条） １年未満でも可能	50年を超える契約も有効 （民法604条は適用されない） １年未満は期間の定めなしとみなす
存続期間満了と更新	存続期間満了で契約終了	貸主による更新拒絶の制限（正当事由の検討）
第三者に主張する条件	賃借権の登記	建物の引渡し（住んでいること）

6 賃貸住宅管理業法

賃貸住宅管理をめぐるルールを定めた法律

賃貸住宅管理業法とは

賃貸住宅管理業法（正式名称は「賃貸住宅の管理業務等の適正化に関する法律」）は、賃貸住宅管理業について登録制度を設けて、その業務の適正な運営を確保すると共に、特定賃貸借契約（サブリース契約）の適正化のための措置などを講ずることによって、良好な居住環境を備えた賃貸住宅の安定的な確保を図ることを目的とする法律であり、令和２年６月に施行されました。

現在の日本では、３分の１以上が賃貸住宅で生活を営んでおり、賃貸住宅が人々の生活の基盤となっています。賃貸住宅の管理業務は、専門性が要求される一方で、民間賃貸住宅の多くが個人経営であり、賃貸住宅経営を行う個人は、会社員等との兼業や高齢化などの問題によって、近年では、管理業務を自分ですべて実施するという人が減少しており、管理業者に管理業務を委託する賃貸住宅の所有者が急増しています。さらに、近年、管理会社とのトラブルや、不動産管理業者に所有する賃貸物件を一括して賃貸し、不動産会社がオーナーとなって第三者に賃貸（転貸）するサブリース契約をめぐってトラブルが多発して社会問題化しています。賃貸住宅管理業法は、このような社会状況や社会的な要請に対応するために制定されたのです。

賃貸住宅管理業法の構成

① サブリース業者・勧誘者に対する規制

サブリース契約の相手方とのトラブルを未然に防止するため、サブリース業者に対し、主に以下の規制をしています。違反者に対しては、行政による指示や業務停止命令という監督がなされ、罰金も科されます。

ⓐ 誇大広告等の禁止

たとえば、サブリース業者が、相手方に支払う家賃について、著しく事実と異なる内容を表示して誤認させることなどを禁止しています。

ⓑ 不当な勧誘行為等の禁止

契約締結の際に、将来家賃が減額する可能性があることなど、相手方が契約を締結する際に重要な考慮事項について、故意に告げず、または事実と異なる内容を告げることなどを禁止しています。

ⓒ サブリース契約の締結前の書面の交付

サブリース業者は、サブリース契約を締結する前に、契約の相手方となろうとする者に対し、家賃や契約期間などの重要事項を記載した書面を交付して、その内容を説明しなければなりません。

ⓓ　**サブリース契約の締結時の書面交付**

　サブリース業者は、サブリース契約を締結したときは、契約の相手方に対し、遅滞なく、サブリース契約の対象となる賃貸住宅や家賃、契約期間に関する事項などを記載した書面を交付しなければなりません。

ⓔ　**書類の閲覧**

　サブリース業者の業務や財産の状況を記載した書類を営業所・事務所ごとに備え置き、契約の相手方や相手方となろうとする者の求めに応じ閲覧できるようにしなければなりません。

② **賃貸住宅管理業者に対する規制**

　良好な居住環境の確保を図ると共に、不良業者を排除し、業界の健全な発展・育成を図るため、賃貸住宅管理業者の登録制度が創設されました。これにより、賃貸住宅管理業を営もうとする者は、国土交通大臣の登録が必要となりました。ただし、管理戸数が200戸未満の場合には、登録をしなくても管理業を営むことができます。

　また、賃貸住宅管理業者の業務については、主に以下のような事項が義務づけられています。

ⓐ　**業務管理者の配置**

　営業所・事務所ごとに、業務管理者（賃貸住宅管理の知識・経験等を有する者）を配置しなければなりません。

ⓑ　**管理受託契約の締結前の重要事項説明**

　管理受託契約の締結前に、契約締結の際に行う管理業務の内容や実施方法などについて、書面を交付して説明しなければなりません。

ⓒ　**財産の分別管理**

　管理する家賃などについて、自己の固有の財産と分別して管理しなければなりません。

ⓓ　**定期報告**

　業務の実施状況などについて、管理受託契約の相手方に対して定期的に報告しなければなりません。

賃貸住宅管理業法の規制対象

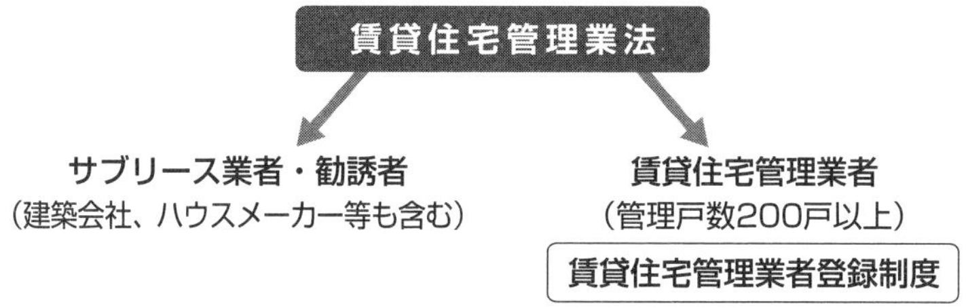

7 管理受託とサブリース

賃貸住宅の経営の方式には２つの方式がある

管理受託方式とは

賃貸住宅の経営の方式としては、管理受託方式とサブリース方式があります。

管理受託方式とは、貸主と管理業者との間で管理受託契約を締結し、管理業者が、建物や設備の維持保全、家賃・敷金等の管理や賃貸借契約の更新・終了に係る事務、貸主などからの問合せや苦情対応、管理報告などを行う方法です。後述するサブリース方式との違いは、貸主と入居者との間で直接賃貸借契約が結ばれる点です。管理業者は入居者との関係における金銭の管理などを行うことから、下図のように、管理業者は入居者から家賃を回収し、貸主は管理業者が回収した家賃を管理業者から受け取ることになります。貸主は、管理業社に対して、管理の対価として管理料を支払います。

賃貸住宅管理業法では、管理業者は管理受託契約を締結しようとするときは、管理業務を委託しようとする賃貸住宅の貸主に対し、管理受託契約を締結するまでに、管理受託契約の内容やその履行に関する事項などの重要事項について、書面を交付して説明を行わなければならないとされています。

また、管理業者は、管理受託契約を締結したときは、委託者（管理業務を委託する賃貸住宅の貸主）に対して、遅滞なく、管理業務の対象となる賃貸住宅、管理業務の実施方法、契約期間、報酬に関する事項などを記載した書面を交付しなければなりません。

管理委託方式

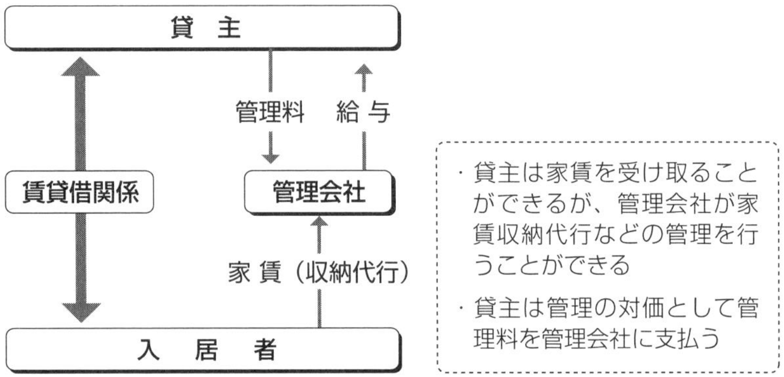

サブリース方式とは

サブリース方式とは、管理業者（サブリース業者）が貸主から賃貸住宅を借り受けて、貸主の承諾を得て、管理業者が自ら転貸人となってその賃貸住宅を第三者（転借人）に転貸する方式です。入居者である転借人と賃貸借契約を結ぶのは管理業者であって、転借人と貸主との間には契約関係は発生しません。

サブリース方式のメリットとしては、貸主が効率的に賃貸住宅の経営を行うことができる点や、空室が出た場合や賃料が下落した場合であっても、貸主はサブリース契約に基づいて管理業者から一定額のサブリース料を受け取ることができるという点が挙げられます。

ただし、サブリースの契約を締結してから数か月間は、賃貸人にサブリース料が支払われないという免除期間が設定されることがあります。また、契約更新時には賃貸状況にあわせてサブリース料を改定する管理業者もあるため、減額改定されると、貸主の収入が減少することになります。さらに、サブリース契約の契約内容によっては、「リフォーム費用は貸主が負担しなければならない」「貸主は月額家賃の10％程度を管理報酬として不動産管理業者に支払わなければならない」など、貸主の金銭的な出費が増えることもあります。

このように、サブリースについては、将来的に当初見込んだ通りの収益が得られるとは限らないことをふまえて、活用を検討するのがよいでしょう。

サブリース方式

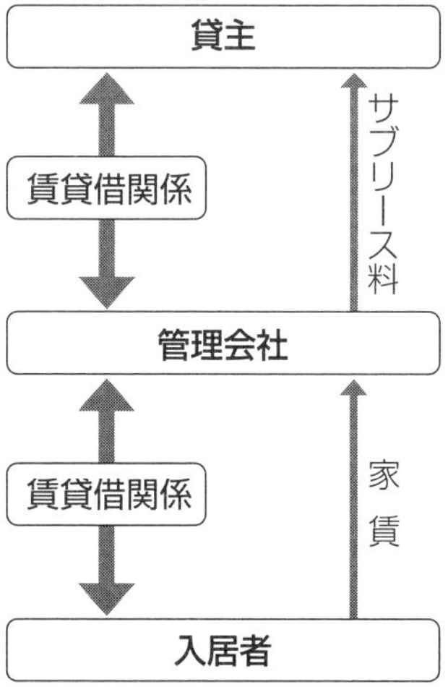

- 管理会社は、建物を賃貸人から借り、入居者に転貸（又貸し）する
- 管理会社は、入居者から家賃を得ながら、貸主に契約で定められたサブリース料を支払う
- 空室や家賃滞納があっても、貸主には管理会社からサブリース料が支払われる

8 地代・家賃

あらかじめ相場を調べておくことが大切

地代・家賃は前払いが多い

地代とは、土地の借主が土地を利用する対価として、土地の貸主に支払う料金のことです。家賃は主に居住用などの建物の利用料を指します。地代も家賃も賃貸借契約において「借主が貸主に支払う対価」という性質を持つため、ひとくくりに「賃料」と呼ばれています。

賃料の支払時期や支払方法は契約できめられることになりますが、実務では前払いとされるのが一般的です。

賃料・地価の相場

賃料や地価には、その地域ごとにある程度相場が決まっています。

家賃の相場については、近隣の賃貸物件の相場以外にも立地条件、建物の築年数、設備や広さ、利便性なども影響します。主に駅やスーパーが近場にある場合や、商業地では1階の店舗の賃料は高くなります。

一方、地価は近隣の相場以外にも、周囲の環境、土地の使用用途によっても価格が変化します。特に首都圏の付近の地価は高価です。

最近は、インターネットでも地域ごとの家賃相場は紹介されているので、事前に下調べをしておくのがよいでしょう。

地代・家賃の値上げ

地代や家賃などの賃料は、事情が変更したという理由で、賃料を増やしたり減らすことが認められています。主な値上げの理由としては、地価の値上がりや固定資産税などの税金、経費の増額などです。

ただ、このような賃料の金額の変更が認められるのは、あくまで正当な理由がある場合に限られます。具体的には以下の通りです。

- 税金等、土地や建物にかかる経費の増加があった場合
- 経済事情の変動によって物件の価値が大きく変化した場合
- 近隣の同種の賃料と大きな差がある場合

将来的に、賃料を上げる可能性があるのであれば、契約書には将来の状況によっては賃料の変更も行うことがある旨を明記しておく必要があります。

貸主より値上げの申入れがあり、もし借主がこの金額に納得できない場合は、話し合いによる結論が出るまでの間、少なくとも値上げ前の賃料を支払うようにします。貸主がこれを受け取らない場合は、相当と認める賃料を供託（88ページ）することが可能です。

9 承諾料

増改築をする際に納めることがある

◎承諾料とは

承諾料とは、ある条件をのんでもらう代わりに支払うお金です。たとえば、土地を借りるときに「増改築をしない」という条件の賃貸借契約を結んだとすると、賃借人は、この条件を守らなければなりません。

しかし、時が経過するにつれ、家族が増えるなどで部屋を増やしたい場合や、子供が独立したため、子供部屋をリビングに変えたいなどという希望がでてくるかもしれません。

このような場合には、勝手に増改築をすると契約違反になって、借地契約を解除され、立退きを求められることにもなりかねません。しかし、その条件をのんでもらう代わりに、当事者同士で合意したある程度のお金を払うことで賃貸人が納得してくれることがあります。このような場合に支払われるお金が「承諾料」と呼ばれるものです。

◎承諾料の種類

「承諾料」が支払われる代表的な場面としては、借地権上の建物の増改築、借家の改装、転貸、使用方法の変更（使用方法を住居用から店舗用に変更するなど）等があります。承諾料を支払うことで、賃借権の譲渡を認めてもらうこともあります。

◎承諾料の相場とは

承諾料は、当事者の合意によって支払われるものですから、厳密に金額が決まっているわけではありません。ただ、下図のように、ある程度は相場が決まっているものもありますので、参考にするとよいでしょう。

承諾料の相場

	相　場
借地条件の変更	更地価格の１割程度とされることが多いが、相場をもとに、諸事情を考慮して当事者同士で納得のいく金額を決める。
増改築の許可	更地価格の３％前後が一つの目安だが、増改築費用の１割程度を承諾料として支払うケースもある。規模が小さいものであれば、更地価格の１～1.5%ですむこともある。
借地権の譲渡	借地権価格の１割程度が原則。例　東京など

10 敷金

返還される金額をめぐってトラブルになることがよくある

敷金とは

敷金とは、借家人（賃借人）による家賃（賃料）の滞納や部屋の破損が発生した際、それらの支払いに充当するために家主（賃貸人）に預けるお金のことで、家賃の滞納や部屋の破損などがあれば、それに相当する金額を差し引きます。敷金は家主が被る損害の担保となりますが、残金は借家人に返還しなければなりません。家主に全く損害がなければ、全額を返還します。

敷金の返還時期は、契約が終了し、かつ、借家人が家主に借家を明け渡したときになります。したがって、借家人による借家の明渡しが先に行われなければなりません。明渡しの後でなければ、借家人の責任による破損の弁償代や滞納賃料の金額を正確に計算できないからです。その他、借家人が適法に借家権を譲渡したときも、敷金の返還時期になります。

なお、現在の民法は、敷金の定義を明確にしています。つまり、「いかなる名目によるかを問わず、賃料債務その他の賃貸借に基づいて生ずる賃借人の賃貸人に対する金銭の給付を目的とする債務を担保する目的で、賃借人が賃貸人に交付する金銭」が敷金であると規定しています（民法622条の２第１項）。この定義により、借家人の責任による破損の弁償代や滞納賃料などを担保する目的で、借家人から家主へと敷金が交付される、ということが明らかにされました。

敷金と家賃の相殺

敷金は、賃貸借から発生する借家人の家賃その他の金銭債務の担保として家主に預けているものです。この点を考慮し、現在の民法は、借家人に家賃滞納などの債務不履行がある際、家主が敷金から滞納家賃などの相当額を差し引くことができることを明確に規定しています。反対に、借家人が滞納家賃を敷金から差し引くことを求めることはできないことも、同じく明確に規定しています。

借家人の求めがあれば滞納した家賃分を敷金から差し引かなければならないとなると、次に滞納した場合の担保がなくなりますし、部屋の破損を敷金から弁償してもらうこともできなくなり、家主として不安な事態になるからです。したがって、家主から敷金から差し引くことはできても、借家人からは敷金から差し引くことを求めることはできないのです。

◎更新時の敷金の追加差入れ

賃貸借契約書に敷金の増額について特約がある場合は、増額する事由が発生したときに、敷金の追加分を差し入れることになります。たとえば、「敷金は更新時の新家賃の２か月分とする」「子どもが生まれたら敷金を家賃の１か月分増額する」などの条項がある場合です。このような敷金増額の条項が賃貸借契約書に入っていれば、家主の請求に従うことになります。

これに対し、賃貸借契約書に敷金増額の特約がないときは、家主の敷金不足分の請求に正当な理由がなく、それに応じる法律上の義務はありません。

◎敷引特約

敷金から控除できる費用の内訳は、賃貸物件各々の状況によっても変わります。また、借家人には原状回復義務（148ページ）があるため、借家人の居住によって生じた建物の汚損を修繕するために敷金から修繕費用が差し引かれることがありますが、どこまでを借家人に負担させてよいかをめぐってトラブルになることもよくあります。

そこで、敷引特約によって、契約時に双方の同意に基づき敷金から控除する額を決めておくことがあります。敷金から引かれる金額が事前にわかっているので、契約終了時や賃貸物件の明渡し時にトラブルが起こることが少なくなるのが利点です。特に関西地方では敷引きが慣例化しているため、敷金の相場が高く設定されています。

◎敷金の差押えと家主の破産

借主が税金を滞納していた場合、税務署は、その税金の支払いに充てるために、敷金を差し押さえて自由に使用できないようにする場合があります。

また、非常に少ないケースですが、家主が破産して建物が競売になった場合で、建物に設定されている抵当権の設定登記日より前に建物の引渡しを受けているときは、競落人に借地契約が引き継がれるので、敷金の返還は競落人に請求することになります。

敷金のしくみ

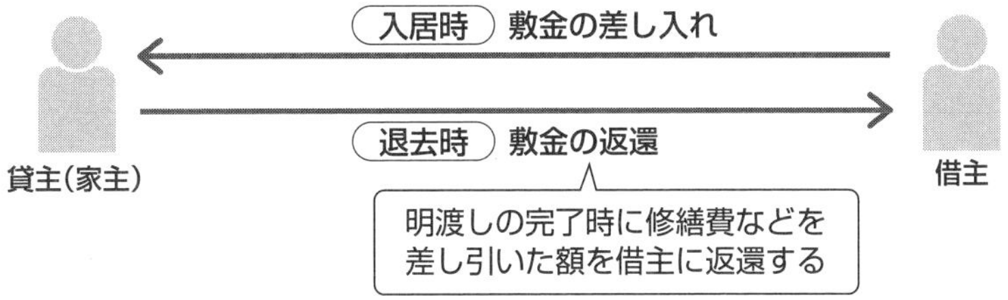

11 権利金・保証金・礼金

権利の設定の対価としての性質をもつ

◎権利金とは

家屋や店舗、土地などの賃貸借契約を交わす際によく聞かれるのが「権利金」という言葉です。

権利金は、借地権を設定するための対価で、契約を解除して土地や建物を明け渡す場合、権利金の返還が認められません。建物を借りる場合の権利金（礼金ともいいます）は、賃料の１～２か月分位ですが、物件により異なります。

借地契約の場合の権利金の金額は地主と借主との話し合いで決まりますが、契約内容によって更地価格の10～30％のこともあれば、50％を超えることもあります。

◎契約書への記載

賃貸借の契約を行うときには、権利金の種類や返還の有無、返還される金額などを明確に書面にしておくことが大切です。たとえば「当該賃貸借契約が２年以内で終了した場合には権利金の60％を、５年以内で終了した場合にはその40％を貸主が借主に返還するものとする」などと具体的に期間と金額を明記しておけば不必要なトラブルを避けることができます。

◎権利金をめぐるトラブル

権利金をめぐるその他の主なトラブルには以下のものがあります。

①　居抜き物件の造作権利金

あらかじめ内装や厨房が整っている物件（居抜き物件）を借りる場合にその造作や設備の対価として前の借主に造作権利金という代金が支払われることがあります。

しかし、この造作権利金は権利金という名前がついていても実質的には全く性質の違うものであり、前の借主に造作権利金を支払っても、家主（賃貸人）に権利金を支払ったことにはならないので注意しましょう。

②　権利金の支払いと正当事由

貸主が契約の更新を拒絶するためには正当事由が必要です（123ページ）。

しかし、土地賃貸借の権利金は賃料の１～２か月分程度の礼金と違い、かなりの金額であることが普通であり、いったん支払った時点で強い賃借権が発生すると扱われます。このため、権利金を支払っている場合には地主に物件使用の必要性があっても、正当事由が認められにくくなります。

◎保証金とは

店舗などの賃貸借契約をする際には

保証金という名目のお金が支払われることがあります。保証金は、敷金とほぼ同じ意味で使われることもありますが、建設協力金（ビルの建設などの際に必要となる費用の一部を借主から借り受けるもの）という名目で貸付金として支払われる場合もあります。

また、保証金には一定期間ごとに償却されていくものも存在します。最初に賃貸借の契約を交わす際に何年ごとに保証金の何％を償却していくかを定めておき、年月によって償却された保証金を借主が補充していくのです。

そのため、契約時に保証金の性質、償却の有無、返還時期などを明確に定めておくと後々トラブルを回避することができます。

保証金の償却と返還

最初に賃貸借契約を交わす際にしっかりと確認しておきたいのが保証金の返還と償却についてです。保証金が建物協力金など貸付金として納められている場合には、一定期限を定めて物件の貸主が借主に対してお金を返還しなければなりません。

なお、保証金は権利金と違い、基本的には返還されるものですが、敷金とは違い必ずしも明渡しと同時に返還が行われるわけではないという特徴があります。

礼金とは

礼金はアパートを賃貸する際に授受されることが多い金銭です。

礼金の大きな特徴は、借主の退去時に返還しないということです。礼金という名称が示す通り、賃貸したことのお礼として借主が貸主に払うものです。

敷金や保証金、礼金という呼び名は、地域によって用語の意味合いが異なる可能性があります。そのため、賃貸借契約時にはこれらの言葉の意味をしっかり確認し、トラブルにならないようにしておく必要があります。

契約の際に提供されるさまざまな名目の金銭

名　目	内　容
敷　金	通常、借家契約の際に借主が、家主に対して預けるお金のこと。家賃の滞納や損壊があると、差し引かれる。
権利金	借地権を設定するための対価または借家契約の対価として支払われる金銭。
保証金	契約を守ることを担保するために支払うお金。敷金とほぼ同じ意味で使われることもあるが、貸付金として後で返還されるものもある。
礼　金	借家契約の際に家主に支払う金銭の一種。敷金や保証金と異なり、契約期間が終了しても返還されない。

12 家賃保証

貸主は、万一に備えて家賃保証会社を選んでおくことが重要である

保証人の役割とは

保証は、本来の債務（これを「主たる債務」と呼びます）が返済されない場合に、保証人が代わって返済することを約束することです。

賃貸物件の借主が負う債務を保証する保証人がいる場合、借主に代わって家賃の支払いや、借主が賃貸物件に関して損害を与えた場合にその損害の賠償をしなければならないことがあります。保証には、普通の保証と、普通の保証よりも保証人の責任が重い連帯保証があります。保証をする場合には、債権者と保証人の間で契約（保証契約）が結ばれ、保証契約は書面で締結する必要があります。

また、建物賃貸借契約が更新された場合、更新後は保証人の責任を免れるという約定がない限り、保証人の保証責任も引き続き継続するというのが判例の立場です。

保証契約の締結

まず、当初の保証契約で更新後も継続して保証する旨の規定を明確に定めていれば、契約更新後も引き続き保証人としての義務を負います。一方、そのような規定を置かなかった場合、契約更新後は保証人の責任は存続しないことになるでしょう。確かに、借家契約が原則として更新されるものであることを考えると、保証人も契約が更新されることを前提として保証したはずであるので、更新後の借地人の債務についても保証されるようにも思われます。

実際、建物賃貸借契約については、契約更新後も保証人の責任が継続することを認めた判例があります。

保証契約の締結は、賃貸借契約時に保証人の立会いを求めるなどして、賃貸借契約と同時に行うのが最善です。保証人が立ち会うことができない場合、保証人には事前に保証契約に署名・押印をしてもらうことになりますが、不正行為を防止するために、保証人の保証意思を保証人本人から直接確認するべきです。

家賃債務保証業社とは

建物賃貸借契約を締結する際には、多くの場合、借主は貸主から連帯保証人を立てることを求められます。これは、主に借主が家賃を滞納した場合に備えて、貸主が確実に家賃を回収することを主眼とするものです。しかし、「連帯保証人になってくれる人が見つからない」「連帯保証人に資力があるのか不安だ」といったケースもありま

す。このような場合に活用するべきなのが、家賃債務保証業者です。家賃債務保証業者は、平成29年（2017年）10月に登録制度が創設され、借主が賃料を滞納した場合などに、その借主に代わって貸主に賃料を立て替えて支払います。家賃債務保証業者による審査に通った場合のみ、保証委託契約を結ぶことができます。

家賃債務保証業者による賃料の立替え方法には、立替払い型と収納代行型の２つがあります。

立替払い型とは、借主が家賃を滞納した場合に、家賃債務保証業者がその借主に代わって賃料を立て替えて貸主に支払い、後日、家賃債務保証業者が借主に求償する（支払った賃料額を請求する）方法です。これに対し、収納代行型とは、借主が家賃を滞納したかどうかにかかわらず、借主が賃料を家賃債務保証業者に支払って、その賃料を家賃債務保証業者から貸主に支払う方法です。

家賃債務保証業社に確実に家賃を支払ってもらうためにより経済的信用のある業者との間で保証委託契約を結ぶことが重要です。

なお、家賃債務保証業者によって、保証料や保証期間（保証してもらえる滞納賃料は何か月分までか）、保証範囲（賃料のみ、原状回復については保証しないなど）などが異なります。家賃債務保証業者を利用する際には必ず各保証業者の保証条件を十分に確認するようにしましょう。

トラブルに遭ったときの対応

借地借家をめぐるトラブルの解決手段にはさまざまなものがありますが、家賃保証をめぐるトラブルに遭った場合、まずは専門家に相談するのがよいでしょう。

家賃債務保証業者による保証のしくみ

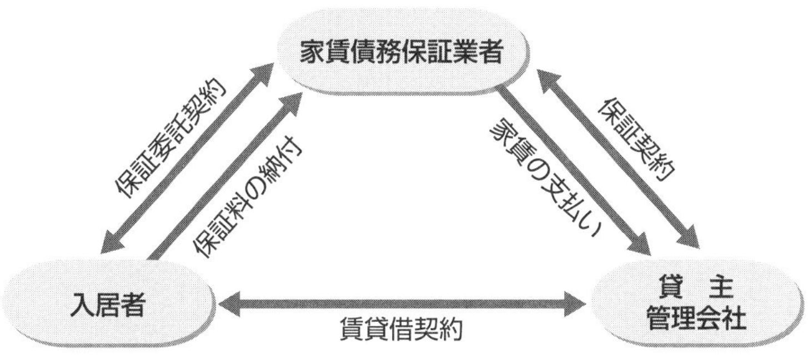

※ 家賃債務保証保証業者による家賃の支払は、立替払いまたは収納代行による。

13 必要費・有益費

貸主にかかった費用を請求できる

必要費とは

何らかの物を貸すにあたって、貸主はその物を借主の使用や収益の目的に足る状態に維持・管理する責任があります。この維持・管理にかかる費用を、「必要費」といいます。「必要費」と認められるのは、その費用をかけなければ借主が使用や収益の目的を果たせないような、ある程度緊急性の高いものです。必要費は、原則として貸主が負担すべき性質のものなので、貸主に費用を請求することができます。一時的に借主が立て替えた場合は、その立て替えた費用を貸主に請求することができます。

有益費とは

古い壁紙や床のカーペットを新しいものに交換すると、当然のことですが費用がかかります。この場合に、目的物（借家や借地）の改良のために支出した費用のことを有益費といいます。借地の場合ですと、盛り土にするような場合も有益費に含まれます。

「改良」とは、これまでの状態を良くして価値を高めることです。古い壁紙やカーペットを新しくすれば、建物の状態がよくなり、その結果、建物そのものの価値が増すことになります。

有益費・必要費・造作の違い

必要費とは、たとえばトイレの修理など、その目的物の最低限の機能を確保させるために費やす費用です。これに対して、有益費とは通常建物を利用するのにどうしても必要不可欠とまではいえないが、結果として建物の価値を高めることになる費用です。

また、造作（150ページ）がクーラーや畳など、建物から取り外すことができるものであるのに対して、有益費は建物の構成部分の一部として取り外しがきかないという点が造作と有益費の違いです。

有益費の償還請求

必要費については、賃貸借契約継続中であっても、借家人が必要費を支出してから直ちに貸主に請求していくことができるのに対して、有益費を請求できるのは、賃貸借契約が終了して、借家人が目的物から出て行くときになります。

また、有益費を請求するには、借家人の支出によって増加した価値が、費用支出時点だけでなく、賃貸借契約終了時点で残っていることが必要です。

14 賃貸人の修繕義務

法律で定められた賃貸人の義務である

賃貸人には修繕義務がある

賃貸借契約において、賃貸人（大家）は賃借人に対し、居住に適する物件を賃貸しなければなりません。もちろん、賃借人が故意または過失で傷つけた場合は、賃借人が修繕しなければなりません。しかし、賃借人のせいではなくて物件が破損または汚損し、生活に支障を来す場合、賃貸人が修繕する義務を負います（民法606条１項）。

賃貸人が修繕義務を怠ると、破損や汚損によってそのままでは賃借人の生活に支障が生じている状態ですので、賃借人の方で修繕を行うことになるでしょう。修繕にかかった費用は部屋の管理・維持のために必要な費用といえますので、必要費と扱われるのが通常です。

賃借人には受忍義務がある

部屋の維持・管理に必要な修繕は賃貸人の義務です。修繕の結果、賃貸物件の機能が回復するので、賃借人にとってメリットがあります。

そこで賃借人は、修繕に際してある程度我慢をしなければなりません（民法606条２項）。これを修繕受忍義務と呼んでいます。賃借人がこの義務に違反した場合、賃貸人は契約解除が可能です（横浜地裁 昭和33年11月27日判決）。ただし、受忍の限度を超えた場合、解除は認められません。たとえば賃借人が外泊しなければならない、大きな修繕工事の場合は、外泊費を賃貸人が一部負担するなど、一定の配慮が必要です。

賃貸人の修繕義務の有無

例	修繕義務
少しの雨で雨漏り	○
ドアに鍵がかからない、窓わくが外れた	○
ドアの開閉時に気にならない程度にギイギイ音がする	×
支障のない程度に戸の立て付けが悪い	×
畳、建具が使える程度に老朽化	×
借主の過失による破損	×

15 特約

特約の内容について賃借人に十分な説明をする必要がある

特約で賃貸人に有利な条件を定めることができる場合

借地や借家の賃貸借契約書で特に注意すべき特約（契約条項）は、賃貸人に有利な条件です。賃貸人に有利な特約は、借地借家法に反しない限り定めることが可能です。

賃貸人に有利な特約としては、通常損耗や経年劣化によりかかる修繕費用を賃借人に負担させる特約、賃貸借契約を更新する際の更新料についての特約、賃貸人が負担する不動産の修繕義務を回避する特約、造作買取請求権を排除する特約、有益費償還請求権を排除する特約、賃料を増額するための特約などがあります。

しかし、賃借人が消費者の場合は、借地借家法に反しなくても、消費者契約法10条が適用され、特約自体が無効とされるおそれがあります。消費者契約法10条は、消費者の権利を制限したり消費者の義務を加重する特約を当事者間で取り決めた場合、その内容が消費者の利益を一方的に害するものであり、信義則（権利の行使や義務の履行は、信義に従い誠実に行うべきとする原則のこと）に反している場合、その特約を無効とする規定です。

したがって、賃貸人に有利な特約を定める場合には、消費者契約法の適用を受けないように、借地借家法とあわせて十分注意することが必要です。

特約の種類

賃貸人に有利となる特約は、借地借家法や消費者契約法に反しない範囲で取り決めることや、契約時に賃借人に十分に説明することが大切です。

①　通常損耗・経年変化（経年劣化）の費用を賃借人に負担させる特約

不動産の通常損耗や経年変化によりかかる費用は、通常は賃貸人側が負担する必要がありますが、これらの費用を賃借人の負担とする特約を設けることができます。この特約を定める場合、単に「通常損耗と経年変化により生じる費用は賃借人の負担とする」と定めるのでは不十分です。どのような費用が賃借人の負担となるのかを明確にしなければなりません。通常損耗や経年変化により生じる費用としては、破損していない畳の交換費用、フローリングの色落ち、フローリングのワックスがけ、家具による床やカーペットのへこみ、などが挙げられます。これらの中から、賃借人に負担してもらう費用を選択して定めることになります。

②　更新料についての特約

賃貸借契約の更新にあたって、通常は更新料の請求は認められませんが、賃借人が更新料を支払うとする特約を設けることができます。ただし、賃料に比べて更新料をあまりに高額に設定すると、特約が無効と判断される可能性があるので注意が必要です。

③　修繕義務・必要費償還請求を回避する特約

通常、賃貸人は賃借人が建物を使用する上で必要な修繕をする義務を負います。また、修繕費用を賃借人が支出した場合には、賃借人が支出した金額を償還する義務（必要費償還義務）も負います。必要費とは、建物を使用する上で必要不可欠な費用で、たとえば、水道の給水栓が壊れた場合の修繕費用などがこれにあたります。修繕義務を回避する旨の特約を設けると、賃借人が必要費を負担することになります。

④　有益費償還請求・造作買取請求を排除する特約

賃借人が建物を改良したり、賃貸人の同意を得て建物に造作を取り付けた場合、賃貸借終了のときに、賃借人は賃貸人に対して有益費の償還請求や造作の買取請求をすることができます。

しかし、特約を定めておけば、賃貸人はこうした賃借人からの請求を排除することが可能になります。

⑤　敷引特約

敷引特約とは、退去する際に貸主が一定額を差し引いた敷金を借主に返還することを、賃貸借契約時にあらかじめ約束しておく特約です。差し引かれた金銭は、原状回復費用、空室損料、礼金などの意味合いを持ちます。最高裁においても平成23年３月24日に「敷引特約は不当に高額でない限り有効」という趣旨の判断が下されているため、敷引特約を定めること自体に問題はありません。

ただし、あまりにも差し引かれる金額が大きいときには、無効と判断される可能性があるので注意が必要です。

問題となる敷引特約の図

第○条　（敷引き特約）
敷金の返還については、本件賃貸借契約終了後、明渡し時には敷金25万円から10万円を差し引いた15万円を返還する。

このように、実際にかかった費用にかかわらず一定金額を差し引く敷引特約は消費者契約法に違反すると判断されることがある

16 契約の更新

貸主が更新を拒絶するためには正当事由が必要

契約は更新が原則

契約の更新とは、期間の定めのある契約において、期間の経過後も契約を継続させることをいいます。契約の更新には、合意更新と法定更新の２種類があります。

① 合意更新

当事者双方が話し合い、納得した上で契約を更新することをいいます。このとき、契約内容をそのまま維持するか、条件のいくつかを変更するかといったことについても話し合います。建物賃貸借の場合、更新契約が締結されると更新の日から契約書で定めた期間延長されます。

② 法定更新

一方が契約更新を拒否したり、更新を前提に話し合っていても条件が折り合わないまま期間満了を迎えてしまうということもあります。ただ、そのまま契約終了という形になってしまうと、借主が大きな不利益を被ることがあるため、法律が「自動的に契約を更新した」とみなすことがあります。これを法定更新と呼んでいます。建物賃貸借の法定更新の場合は、その期間は定めのないものとなります。家主や地主が契約の更新を拒絶するためには正当事由が必要です。

正当事由とは、基本的には、貸主側に、賃貸借の対象になっている建物の使用が必要な事情がある場合等を指します。正当事由があるかどうかの判断においては、契約期間の長さ、借主の建物の使用態様、契約更新料をはじめとする金銭給付の有無などさまざまな事情を総合的に衡量して、正当事由の存否が判断されます。正当事由は有効な解約申入れの要件ですので、解約申入れ時に正当事由が備わっている必要があります。もっとも、解約申入れ時に正当事由があっても、借家の場合は期間満了後に賃借人が建物を継続的に使用して、そのことについて賃貸人が異議を唱えないときには、同一条件で契約を更新したとみなされます（借地の場合は次ページ図を参照)。

借家の場合も借地の場合も契約の更新のプロセスは似ていますが、契約期間を定めている借家契約の場合、家主は期間満了の１年前から６か月前に拒絶の通知をしなければ更新したものと扱われてしまう点が特徴といえます。

更新料とは

賃貸住宅で契約更新をする場合、更新料という名目のお金を請求されることがあります。法律上の権利ではなく、賃借人には支払う義務はありません。

ただ、関東圏や東海圏、京都などの地域では、この更新料が慣習化されていて、ほとんどの賃貸借契約書に、「契約更新の際は、更新料を支払う」と明記されています。契約書に明記されている場合は、合意更新の際、賃借人は、更新料を支払う義務があります。法定更新の場合は、賃借人が支払うべきか否かについては、判例の見解が分かれています。賃貸住宅の更新料は、「礼金」のようなもので、「更新していただいたことへのお礼」であり、いつの間にかそれが慣習となって定着しているお金です。

最高裁は、更新料の法的性質については、「賃料の補充ないし前払、賃貸借契約を継続するための対価等の趣旨を含む複合的な性質を有する」と判断していますが、権利金と異なり、更新後中途で契約が終了しても、日割計算をして返還する必要はありません。

更新料をめぐる判例

賃貸住宅の更新料条項については、消費者の利益を一方的に不利益にするものとして、消費者契約法10条に違反するのではないかが近年、訴訟で争われ、有効とする判例と無効とする判例で分かれていました。

最高裁は、「更新料条項が賃貸借契約書に一義的かつ具体的に記載されているのであれば、賃料の額や更新期間等に照らし高額に過ぎない限り有効」と判断しました。したがって東京地区の相場である「期間２年で１、２か月分程度の更新料」は有効となりますが、これを著しく超えた更新料は、無効になる可能性があります。

これに対し、賃貸住宅と異なり、建物所有を目的とした借地権の更新の場合は、有効か無効かの問題はなく、借地契約書に明記されている限り、当然請求できます。金額は、東京地区では、概ね借地権価格の５～10％あるいは更地価格の２～６％の範囲などと言われています。ただし、更新料の合意ができなくても法定更新されますので、更新料の合意がないことを理由に借地人が立ち退く必要はありません。

借地契約の法定更新の流れ

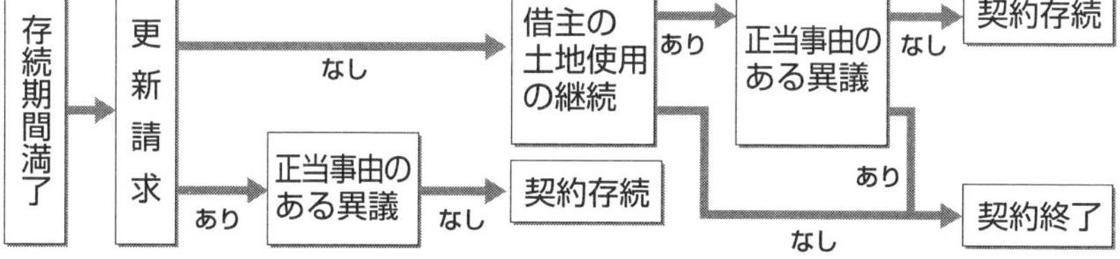

17 立退料①

正当事由を補完する役割をもつ

借家の場合

立退料とは、家主の都合で借家人に立退きを請求しなければならないような場合に家主から借家人に支払われる金銭のことで、具体的には移転実費、開発利益の配分額、営業補償、借家権の価格がこれに該当します。

家主が借主との契約の更新を拒絶するためには、正当事由（126ページ）が必要です。立退料はこの正当事由を判断する際の一要素として考慮されます。つまり、家主側には何らかの事情があるが、契約の更新を拒絶する上で十分な正当事由とまではいえない場合に、家主は借家人に立退料を払って事態を解決するという方法が広く採られています。立退料はいわば正当事由の不足分を補う機能を果たしているといえるでしょう。

立退料の金額の決定基準

立退料の支払いが必要だと判断された場合にこの立退料の金額はどのように算出されるのでしょうか。

この場合、家主が立退きを申し立てている事情、借家人が移転できない事情、あるいは賃貸借契約の年数、賃貸家屋の規模と構造、家賃、そして敷金と礼金の有無などが立退料を決定する基準となります。

ただ、立退料の算定は煩雑なので、実際は弁護士にまかせることが多いでしょう。

立退料の内容

	内　容
移転費用の補償	明渡しに伴う引越し費用の補償。移転先を決めるためにかかった費用（不動産業者に支払う費用や敷金・礼金・保険）をどこまで補償するかはケース・バイ・ケース。
移転によって生じる不利益の補償	移転によって生活が不便になる場合にはその損害が補償される。特に、店の経営を行っていた場合には失われた営業利益の補償が問題になる。
利用権の消失に伴う補償	継続的に住む権利を失わせることに対して金銭で償う。 借家権価格の算定方法には賃料を基準とした収益還元方式や敷地の不動産価格を基にした割合方式などさまざまなものがある。

18 立退料②

定期借地権の場合、立退料は不要

◎借地の場合

借地の立退きの場合も、借家の立退きと同様に、立退料の必要性、重要性はさまざまです。具体的には以下のケースに分けることができます。

まず、借地権が一時使用目的の場合には立退料は不要で、期限がくれば立ち退いてもらえます。

また、貸借人の債務不履行がある場合には立退料は不要です。ただし、債務不履行かどうか、立退き請求して訴訟しても勝訴できるかどうかが不明確であったり、立ち退くまでに時間がかかって不都合が生じる場合があります。このようなときには、本来支払う必要のない立退料を支払って、問題の早期解決を図るという方法もあります。

契約満了の前に、つまり残存期間中に立退きを求める場合には、借地人が同意してくれれば立退きが実現するというものです。この場合は、そもそも借地人には立退きの義務はないわけですから、立退料しだいということになります。立退料の金額については、借地権の時価が基準となりますが、この他にも地主の経済的利益に貢献したという意味で、増額してもらうこともあるようです。

また、立ち退かせるための正当な事由の認められる余地が少なければ少ないほど、立退料が値上がりすることになります。

◎立退料の額の基準

立退料算定の基礎となる借地権価格については、不動産鑑定士に依頼して調べてもらうことができます。一般的には、土地の実勢価格の60～70%と言われています。また、その土地の利用価値を考慮する場合もあるとされます。

なお、最高裁判所は、立退料の主張や増額の申出は、信義則に反しない限りは事実審の口頭弁論終結時（第二審弁論終結時）までになされたものについて考慮するとしています。

つまり、更新拒絶の通知をする際に提供した立退料よりも多い額を裁判中に提供することが可能です。

◎定期借地権契約なら立退料は不要

借地借家法では「定期借地権」という制度も認められています（125ページ）。これは、適切な要件を備えた「定期借地権契約」であれば、期間満了時には立退料がなくても立ち退いてもらえるという制度です。

19 原状回復義務

通常損耗の復旧義務は貸主が負う

原状回復義務とは

建物の賃貸借契約（借家契約）では、原則として建物の修繕は家主（賃貸人）が行う必要があります。もちろんそれに必要な費用も家主が負担することになります。

しかし、建物を退去する際、原状回復義務といって借主（賃借人）が修繕費用を負担させられるケースがよくあります。実際には、敷金からその修繕費用が差し引かれることになります。

厳密な意味での原状回復義務とは、「賃借人は、退居する際に家具などの荷物やエアコンを取り除き、次の借主が入居できるようにしておかなければならない」というものであり、借主は建物を自分が入居する前と全く同じ状態にまで戻さなければならないという意味ではないのです。

実際には、家主が「あなたが住む前と同じ状態に戻さなければならないから、敷金は返すことができない」と主張してくることがあるかもしれませんが、特約がなければ、借主はこれに応じる必要はないといえるでしょう。

原状回復義務を負う部分

頻繁に起こる敷金返還のトラブルに対処するため、国土交通省は、建物の劣化の種類と修繕義務に関して、ガイドラインを定めています。このガイドラインによれば借主が負担する部分も限られることになります。

なお、東京都では賃貸住宅紛争防止条例（東京ルール）と呼ばれる条例と「賃貸住宅トラブル防止ガイドライン」により、原状回復義務の費用負担に関する対応を定めています。

① 経年変化（経年劣化）

経年変化とは、年数を経ることで発生する汚れや傷のことです。たとえば、畳や壁紙の日焼けや変色など、人が住んでいる・いないにかかわらず発生する建物の劣化が経年変化の対象です。これらの経年変化は、民法により家主が修繕義務を負うことになります。

② 通常損耗

通常損耗とは、通常に建物を使用する範囲内で発生する建物の損傷や劣化を指します。たとえば、畳のすれ、壁紙の汚れ、柱や床の傷、畳の色落ちや擦り傷、戸や扉のきしみ、家具を置いた跡、壁のポスター跡、画鋲跡のような軽度の穴などが通常損耗と認められており、これらも家主の修繕負担と民法で規定されています。ただし、たいていの場合、経年変化や通常損耗レベルの修繕費用は、前もって家賃に含まれているものです。

なお、経年劣化や通常損耗をあわせたものを自然損耗と呼んでいますが、自然損耗の復旧費用に関しては、特約によって借主の負担とすることができる場合があります。

③　借主の故意や過失による損耗

借主が、通常の生活を営む範囲を超えた使い方をしたり、故意（わざと）または過失（不注意のこと）によって傷や汚れをつけた場合は、その修繕費用は借主の負担となります。借主の故意や過失による損耗には、子どもの落書き、ペットの作った傷や汚れ、タバコの火による床の損傷、引越しの際に作った傷など、通常では発生しない程度の劣化がある場合があてはまります。

ただ、たとえ借主が故意や過失によって、自然損耗の範囲を超えた汚れや傷をつけたとしても、その汚れや傷は自然損耗の影響も受けていることが多いですから、借主がその修繕にかかる費用の全額を当然に負担しなければならないわけではありません。たとえば、５年間入居した部屋の壁紙を全部張り替える必要があったとしても、借主が負担するのは、自然損耗以外の部分にかかる修繕費のみであり、５年の間に作られた自然損耗の修繕に必要な金額は、貸主が負担することになります。

◎敷金との差引精算

建物の原状回復費用を誰がどのように負担するかという問題は、賃借人から預かった敷金からそれを差し引こうとするときに顕著に現れます。建物賃貸借の敷金は、賃貸借契約終了後建物明渡しまでに生じる賃料相当額その他賃借人が賃貸人に対して負う一切の債務を担保するとの判例が確立しています（民法にも同趣旨の規定があります）ので、原状回復費用も差し引くことは可能です。

しかし、賃借人が特約に不満を述べるようであれば、明渡し後の建物を見て、原状回復の負担の範囲を取り決めることも考えてよいでしょう。

家屋の損耗の区別

	内　容
経年変化 （経年劣化）	畳や壁紙の日焼けなど、年数を経ることで発生する汚れや傷のこと。これらは家主が修繕義務を負担する。
通常損耗	通常に建物を使用する範囲内で発生する建物の損傷や劣化のこと、これらも家主が修繕義務を負担する。
借主の故意や過失による損耗	通常の使用方法を超えた使い方をした場合や故意や過失、注意義務違反などによって傷や汚れをつけた場合は、その修繕費用は借主の負担となる。

20 造作買取請求・建物買取請求

借地借家法上賃借人に認められている権利

造作とは

造作とは、たとえば、たたみ、雨戸、ガラス戸、障子、上げ板、釣り棚、水道設備、電灯引込み線、エアコンなど、建物の価値を客観的に高めるために借家人が取り付けた付属物をいいます。

造作は建物自体に費用が投じられるというよりも、建物とは別個独立したものに費用がかけられ、かつ、それらは建物から取り外しがきくものです。

造作買取請求とは

借家人は貸主の同意を得て取り付けたエアコンなどの造作を賃貸借契約終了時に時価で買い取るよう請求することができます。これを造作買取請求といいます。

借家人が造作買取請求権を行使するためには、造作の取り付けが事前に貸主の同意を得ていることが必要になります。また、賃貸借契約終了時に、借家人に賃料不払いや無断転貸などの契約違反がないことも必要です。

造作買取請求を排除する特約

借地借家法が施行される以前の借家法では、借家人の造作買取請求権を排除する旨の特約を結ぶことは認められないとされていました。

これに対して、借地借家法では造作買取請求を排除する特約も有効と定めているので、現在ではほとんどの借家契約で造作買取請求を排除する条項が置かれています。

建物買取請求とは

建物買取請求は、借地人が借地に建物を建築した場合で、契約の更新がされないときに、地主に建物の買取を請求できる権利です。この権利は借地人の重要な権利であるため、造作買取請求と違い、特約で排除することはできません。ただし、実際に建物買取請求権が問題となることは今日においてはほとんどありません。

その理由として、建物買取請求権は、期間満了後に地主が契約の更新拒絶をしたときに、借地人が建物を買い取るように要求した場合に問題となりますが、そもそも地主が契約更新の拒絶ができる状況自体が今日ではほとんど考えられないのです。

地主が正当事由を証明できないとなれば、契約は自動的に更新されることになるので、建物買取請求が行使される機会はほとんどないというのが実情です。

21 解除・解約申入れ

賃料支払の遅滞が軽微である場合には解除権は行使できない

◎賃貸人からの解除・解約申入れ

賃貸人が建物賃貸借（借家契約）の解約申入れをした場合、建物賃貸借は解約申入れの日から６か月の経過により終了します。これより短い期間を特約で定めても無効です。また、賃貸人からの解約申入れについては、正当事由が存在することを要します。

賃貸借の解約は、期間の定めのない契約における手続きといえるでしょう。期間の定めがある契約であれば、賃貸人と賃借人の間で改めて合意解約をしない限り、契約において定められた存続期間を守るべきだからです。

解約申入れは、更新拒絶の通知（126ページ）と似ていますが、それが行われる場面が異なるものですから、混同しないように注意してください。

一方、賃借人に債務不履行（賃料延滞など）がある場合、賃貸人が相当の期間を定めて履行を催告し、その期間内に履行がないとき、賃貸人は賃貸借契約の解除ができます。解約の有効性が争われる訴訟では、催告の事実と相当の期間の定めの有無が争点となりますから、催告は内容証明郵便を利用する必要があります。

なお、賃貸借契約は継続的な契約類型であるため、賃料延滞が軽微であるときは、相互の信頼関係を破壊する不誠意はなく、解除権の行使は信義則に反して認められないとされています。

◎賃借人からの解約申入れ

賃貸人が正当事由のある建物賃貸借の解約申入れをした場合、その日から６か月の経過により契約が終了すると前述しました。反対に、賃借人が解約申入れをする場合は、「１か月前に予告して解約を申し入れる」という内容の特約も有効に締結できます。借地借家法は賃借人保護を目的としているからです。「たとえ契約期間の途中でも退去したい」という賃借人の利益のための特約は認めてもかまいません。

ただし、解約申入れの特約がなければ、賃借人は契約期間が満了するまで賃料支払義務があるので、合意解約をした、解約権を留保したといった事情がなければ、賃貸人は、解約申入れをした賃借人に対し、契約期間中は賃料支払いを請求できます。

これに対し、期間の定めのない契約の場合、または期間の定めがある契約であっても賃借人が解約権を留保している場合は、賃借人の解約申入れから３か月の経過により、建物賃貸借が終了します。

22 無断譲渡・無断転貸

原則として無断譲渡・無断転貸は禁止されている

賃借権の譲渡と転貸

賃借権の譲渡とは、賃借人が賃借権を他人に譲り渡すことをいいます。この場合、元の賃借人は自分の賃借人としての地位を他人に移転するため、賃貸借契約から完全に離脱します。

これに対し、転貸とは、賃借人が借りている物件を又貸しすることをいいます。賃借権の譲渡とは異なり、賃借人が結んでいる賃貸借契約は依然として残っている状態であり、賃貸借契約から離脱するわけではありません。

転貸では、転借人（賃借人から転貸を受けた人）が賃借人に滞りなく転貸料を支払っていても、賃借人が賃貸人に賃料を支払っていないときは、賃貸人が転借人に賃料を直接請求することができます（次ページ図参照）。

なお、この場合に直接請求を行える額は、賃料または転貸料のうちいずれか低い額を上限とします。たとえば、賃料が月８万円、転貸料が月10万円の場合、賃貸人は転借人に月８万円を上限とする直接請求ができます。

無断譲渡・転貸の禁止

賃貸人（家主）は賃借人（借主）の人柄や経済状況を信頼して貸しているのであり、賃借人が知らない間に変わるのでは困ります。したがって、家主と借主が建物の賃貸借契約を交わした場合、その賃借物となる建物を無断で譲渡・転貸はできません。これを無断譲渡・無断転貸の禁止といいます。

民法では、借主が無断譲渡・無断転貸をした場合、家主は賃貸借契約の解除ができると規定しています。

ただし、継続的な信頼関係を基礎とする賃貸借契約では、家主と借主との間の信頼関係が破壊されない限り、家主は契約解除ができないとされています。「信頼関係が破壊されない」とは、たとえば、自身の配偶者や子ども、孫と同居する場合や、親族の面倒を見るために一時的に借家に同居させた場合などが挙げられます。これらの場合は、借主が関与しない状態で第三者が建物を利用する「転貸」に該当しているとはいえない状態であり、契約解除の理由（信頼関係が破壊されている場合）にはあたらないでしょう。

このように、無断譲渡・無断転貸を理由とする契約解除ができるか否かは、信頼関係の破壊の有無が重要なポイントとなります。建物を常識的な範囲で利用するのであれば、信頼関係が破壊されたとはいえません。実際の裁判では、信頼関係が破壊されたかを判断する際には、譲り受けた人の経済的事情、譲り渡した人との関係、人柄なども総合して判断しています。

◎賃借権の譲渡・転貸が認められる場合

借主は、貸主と賃貸借契約を交わして借り受けた家屋・店舗・土地を、貸主に無断で譲渡・転貸することはできません。しかし、賃貸借契約書に、「借主は、○○万円の権利金の支払いと引換えに、貸主の承諾がなくても賃貸物件の転貸や譲渡ができる」という条項があらかじめ定められている場合があります。権利金はいろいろな性質をもっていますが、借主が賃貸物件を自由に譲渡したり転貸できる権利を得るための金銭が権利金である、という場合もあるのです。

なお、賃貸借契約書に「借主が貸主の承諾なしに賃貸物件の転貸・譲渡ができる」といった条項を盛り込んでおかなくても、借主が支払った権利金の額が大きい場合には、実質的に転貸・譲渡の権利つきの賃借権であったとみなされるケースがあるようです。

◎転貸借と合意解約

転貸借は、賃貸人（貸主）と賃借人（転貸人）の賃貸借契約を土台にしています。そこで、転貸借契約書には、賃貸借契約が終了した場合、転貸借契約も当然に終了する旨の条項を入れてもらいます。この条項に従うと、賃借人（転貸人）に債務不履行（賃料滞納など）があるため、賃貸人（貸主）が賃貸借契約を解除した場合、転貸借契約も終了します。

ただし、この条項があっても、賃貸借契約と同時に転貸借契約が終了しない場合もあります。賃借人（転貸人）に債務不履行（賃料滞納など）がないにもかかわらず、賃貸人（貸主）と賃借人が賃貸借契約を合意解除した場合です。この場合は、転借人が同意しているなどの事情がないと転貸借契約は終了しないとされています。

転貸借関係

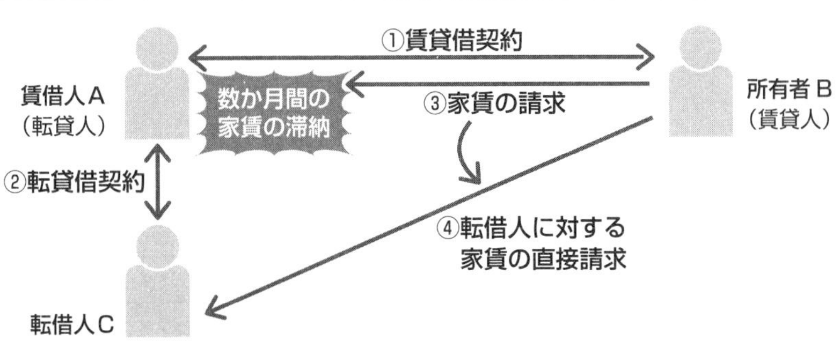

Column

駐車場契約

駐車場経営は土地の賃貸人にとって魅力的です。総面積が500㎡以上で駐車料金を徴収するタイプの規模の大きな駐車場を経営する場合には、都道府県知事に対して路外駐車場設置届を提出する必要がありますが、青空式駐車場であれば、土地さえあれば始められるので手間もかからず、安定収入が見込める他、土地の状態に応じて経営できる、用途変更がしやすい、などのメリットがあります。

ただ、駐車場として使用する目的で土地の賃貸借が行われた場合、借地借家法は適用されません。そのため、駐車場賃貸借の賃借人は弱い立場にあります。賃貸人の解約申入れに正当事由は必要なく、契約書に解約に関する条項を設けておくことで、賃貸人は、その契約条項に従って賃借人に解約の申入れができます。一般的には、「少なくとも１～３か月前の予告をもって解約できる」といった契約条項を定めるケースが多いようです。

駐車場賃貸借の契約には、土地全体を駐車場として賃貸する場合と一区画ごとに賃貸する場合があります。また、駐車車両を制限することもあるようです。契約書を作成する場合には、①車両名、②車両番号、③車両所有者名、などを特定して記載します。契約の際、車検証や運転免許証の他、実印などによって身分の確認をしておきましょう。

賃借人は、賃料を払うことはもちろんですが、賃貸人の定めた管理規則に従って、善良なる管理者の注意をもって駐車場を使用しなければなりません。「善良なる管理者の注意」とは、職業や社会経済的地位に応じて要求される程度の注意義務のことをいいます。契約書にも明記しておくとよいでしょう。また、契約終了後、賃借人は自動車を移動し、残留品を撤去して賃借した駐車場を原状に復して賃貸人に返還しなければなりません。これを賃借人の原状回復義務といいます。

第5章

道路・境界・隣近所の法律

1 近隣トラブル

相隣関係・生活妨害・不法行為・プライバシー侵害などがある

相隣関係と生活妨害などがある

近隣のトラブルは、①相隣関係、②生活妨害、③不法行為、④名誉毀損・プライバシー侵害など、さまざまな種類があります。

相隣関係

隣合わせになっている土地・建物のお互いの関係が相隣関係です。民法では、土地や建物が接している者同士がお互いに自分の権利を主張し合うことによって、トラブルになることを避けるために、一定の制限をしています。

①　隣地立入権

隣地所有者が自分の土地に建物を建てる場合や、境界線付近に塀を作る場合は、境界を越えて隣の土地に入って行き、工事をすることが許されます。これを隣地使用権といいます。

②　囲繞地通行権

自分の所有する土地が他の者の所有地に囲まれている場合などのように、公道に出る道のない土地の所有者が周囲の土地所有者に対して、その土地を通ることを認めさせる権利のことです。

③　水の流れに関する利害調整

自分の家の屋根の勾配の具合などを原因として、雨水が、直接隣地に注ぐ構造の建物を建ててはならないとする規定などがあります。

④　境界石などの共同設置

隣家との境界に石などの境界標を設置する場合に共同の費用負担とすることができると規定しています。

⑤　境界線上の塀の設置

④の境界石と似ていますが、隣家との境界線上に塀などの囲障を設置する場合の規格や費用の負担についての規定です。

⑥　越境する樹木の枝の切除

隣家の木の枝が境界線を越えて自分の土地に入り込んできた場合、勝手に切ることはできず、原則として、あくまでも隣人にその枝を切るよう求めることができるにとどまります。なお、改正民法（令和５年４月１日施行）は、一定の場合には土地所有者に枝の切除権を認めています（169ページ）。

⑦　境界線付近の建築と目隠し設置

自分の土地であっても、その土地に建物を新しく建築するに際し、境界線から１m未満の距離の所に窓や縁側を作る場合は、目隠しを設けなければならないとされています。ただし、この規定と異なる慣習があるときにはその慣習に従うことになっています。

⑧　境界線付近で穴を掘る場合

ビルなどの建築に際して、基礎を固

めるための掘削工事によって、隣地に地盤沈下などの被害を及ぼすことがあり、相隣関係のトラブルのひとつとして数えられています。

⑨　**地役権**

民法は地役権について規定しています。地役権とは、一定の目的に従って、土地の便益のために、他人の土地を利用することができる権利であり、当事者間の契約によって発生します。

生活妨害

たとえば、近くで高層マンションの建築が始まり、建物が完成すると自分の住んでいる家がマンションの影に隠れて、１日中、日があたらなくなるといった日照侵害の問題、一般の住宅から出る騒音・ばい煙・悪臭などによって、特定の人が迷惑を被っているような場合が生活妨害です。

生活妨害についてのトラブル解決の手段としては、「差止請求」や「損害賠償請求」が認められています。

不法行為

近隣関係において、ある人の行為に故意または過失があり、その行為によって自分の権利または利益が違法に侵害され、その結果、自分に損害が発生しているのであれば、加害者に対して、民法の不法行為責任に基づく損害賠償を請求することができます。

名誉毀損・プライバシー侵害

「名誉」とは、一人ひとりの人間に対する目には見えない社会的評価です。そして、この社会的評価を傷つける行為（侵害）のことを「名誉毀損」といいます。名誉毀損の被害者は加害者に対して、慰謝料を請求することができます。家庭や個人の内情などの私生活や私事について、他人の干渉から保護することは、個人の尊厳を尊重するという憲法の思想からも必要なことです。この他人からの干渉に煩わされず、自分の情報をみだりに公開されない権利のことを「プライバシーの権利」といいます。

近隣トラブルについて規定するさまざまなルール

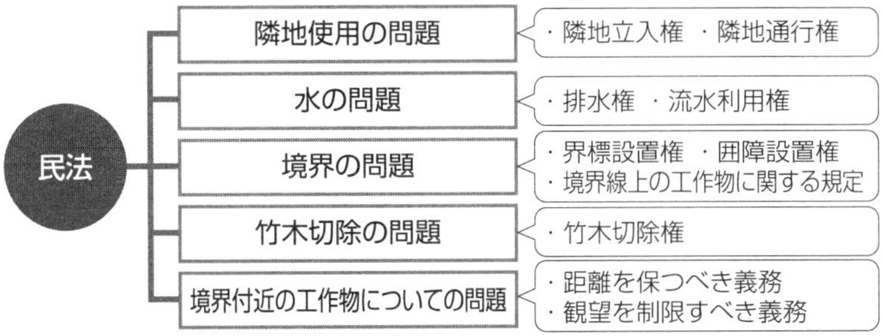

2 生活妨害と受忍限度

損害賠償請求ができる対象になるものもある

受忍限度とは

社会生活では、他人の行為が自分や家族の生活環境を侵害し、以下のようなトラブルが生じることがあります。

① 日照についての紛争
② 振動についての紛争
③ 悪臭、排気ガスについての紛争
④ 騒音について紛争

悪臭や騒音のような近隣トラブルによって、肉体的、精神的な被害を被る可能性もあります。

近隣で共に生活している以上、被害があっても、ある程度は我慢する必要があります。しかし、我慢の限度を超えるような行為であれば、違法なものとして損害賠償の対象になることもあります。この限度のことを受忍限度といいます。

受忍限度の判断

受忍限度の判断は難しいものですが、損害賠償請求を認めなかった判例には、次のような特徴があるようです。

① 「侵害された権利」の定義が困難

日照権や通風権といっても、法律の条文に規定がないため、その定義が確立していません。この場合、権利侵害の立証が難しくなります。

② 因果関係の立証が困難

大音量のカラオケなどは多くの人が騒音と感じるでしょうが、たとえば隣家のピアノの音や、場合によっては風鈴の音すら騒音と感じる人がいます。人によっては騒音が原因で、頭痛、食欲不振、自律神経失調症などの肉体的被害を受けることもあります。

しかし、交通事故などの場合と異なり、そうした症状が騒音を原因とするものであるかどうかがはっきりしません。このため、隣家の騒音を原因としてその病気が発生したということを証明する必要があります。

実際の裁判で損害賠償が認められるのは、原則として、騒音と病気との間に社会的に見て相当な因果関係があると判断できる場合だけです。そのため、騒音と損害の関係が明らかにされないと、因果関係が認められないという判断が下されることになります。

また、因果関係が認められたとしても、上記の受忍限度を超えていなければ、損害賠償は認められません。近隣トラブルの被害に遭ったら、まずは相談することが大切です。市区町村の担当課で状況を説明し、深刻な被害に陥っている場合には弁護士に相談して法的措置を検討することになります。

3 道路

道路の利用方法には多くの規制がある

「道路」の法律上の意味

法律における「道路」は、複数の意味を持ちますが、広い意味では、一般公衆の通行に利用される物的施設であるとされています。そして、この広い意味の道路には行政（国や自治体）が公衆に共同利用させるために設置する公道と、私人（個人）が一般通行に利用する私道の両方を含むとされています。以下の記述で「道路」というときは、法律上の道路の意味で使いますので、注意してください。

なお、道路の重要性から、道路の利用方法については、民法や建築基準法といったさまざまな法律の規制が設けられています。以下、法律による規制の内容について確認していきましょう。

道路に関する法規制の内容

道路は、一般公衆の通行に利用される物的施設ですから、高い公共性を持ちます。

法律は、道路に関する禁止行為を規定したり、道路を構成する敷地、支壁その他の物件については私権（私法上持つ権利）を原則として行使できないとする制限規定を置いています（道路法４条）。

そのため、自分の所有する土地や建物であっても、道路と接触する場合には、道路についての法律や条例の制限を受けることになります。

公道・農道・里道・私道

公道とは、行政が一般交通に利用させるために提供する道路のことです。

公道は、その公共性から特殊な規制が課せられるため、民法などの私法の規定がそのまま適用されるわけではありません。

農道とは、農村地域において農業の用に供するために設けられた道路の総称です。原則として農業以外の目的で利用することはできません。

里道とは、「道路法の適用のない道路」のことをいいます。道路法の適用がないため、所管管理を役所・役場のどの部署が行っているかについても必ずしも明らかではありません。

私道とは、公道（国道・都道府県道及び市区町村道）以外の道路で、その土地を所有する私人が管理している道をいいます。

なお、私道であっても、法律の規制を全く受けないというわけではなく、道路位置指定がなされると、建築基準法上の道路となって、建築基準法上の規制を受けることになります。

4 建築基準法と道路の関係①

災害時にすぐ避難できるようにするための接道義務

接道義務とは

周りの家々に目を配ると、多くの場合、敷地が道路に面していることがわかります。これは、建築基準法43条の接道義務によって行われているものです。接道義務とは、建築物の敷地は、原則として幅員４m以上の道路に２m以上接していなくてはならないというルールのことです。

この接道義務が課される道路は、建築基準法42条に列挙されています。具体的には、ⓐ道路法で定める道路（国道、県道、市区町村道）、ⓑ都市計画法等による道路、ⓒ建築基準法の規定が適用されるに至った基準時に存在していて行政庁から指定を受けた道路（２項道路）、ⓓ都市計画法等による事業計画のある道路で、２年以内に事業執行予定のものとして特定行政庁（市町村長あるいは都道府県知事）による指定を受けたもの、ⓔ特定行政庁から位置の指定を受けた位置指定道路などに接道義務が課されます。

接道する具体的な広さについては、地方公共団体の条例で定められています。なお、地方自治体は、この接道義務について、必要に応じてさらに制限を加えることができますが、制限を緩和することはできません。

もっとも、幅が４mに満たない２項道路に建築物が立ち並んでいる状況が多々あります。

そこで、幅員４m未満の２項道路に面する土地上に建物を建築する場合には、道路中心線から２m後退して建物を建てなければならないとされています（次ページ）。

接道義務

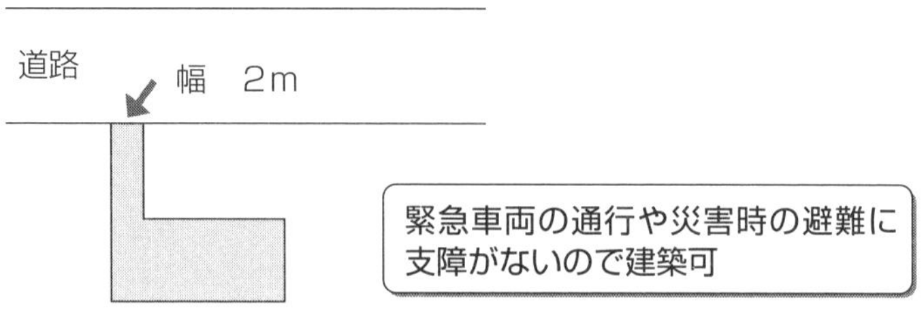

5 建築基準法と道路の関係②

中心線から２ｍは建物を建てられない

セットバックとは

建築基準法42条２項で規定されている「都市計画の策定時から存在して、建築物が立ち並んでいる、幅員が（1.8m以上）４ｍ未満の道路」というのは、専門用語で２項道路（みなし道路ともいいます）と呼ばれる道路です。この２項道路には、原則としてセットバック義務と呼ばれる道路中心線から２ｍ敷地を後退させる義務が課されます。セットバックとは、道路の幅員を確保するために敷地の一部を道路部分として負担する場合の当該負担部分のことで、より簡単にいえば、道路の境界線を後退させることです。

「建物が立ち並んでいる」の意味については解釈運用上の争いがあり、ⓐ道に接して建築物が２個以上あればよいと考えて緩やかに解する見解と、ⓑ建築物が寄り集まって市街の一画を形成するなど機能的な重要性を必要とする見解があります。敷地に面している道路が２項道路かどうかについては事前に行政窓口での調査が不可欠です。セットバックについては例外もありますので、あわせて確認しておくとよいでしょう。

２項道路の指定について不服がある場合は、行政不服審査法による不服申立てや、訴訟を提起することが考えられます。

なお、都市計画区域（23ページ）内における建築物の敷地が前述したいずれの道路にも接道がない場合であっても、建築許可を受けることができる場合があります。この許可基準や許可基準への適合性などについても、行政窓口に早めに確認しておくことが大切です。

セットバック

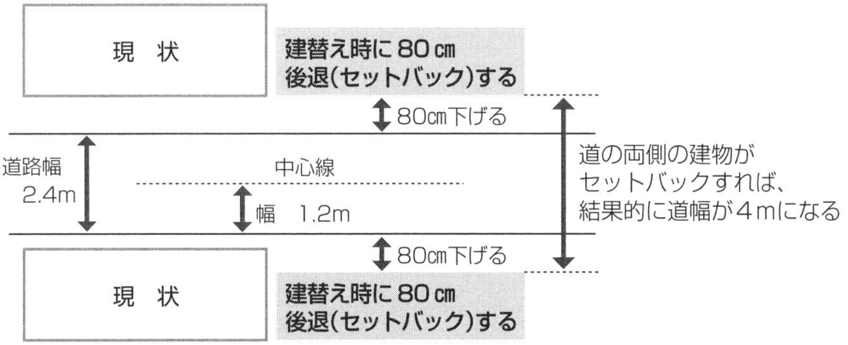

6 私道の通行権

さまざまな通行権が認められている

私道の通行権とは

私道は、本来その所有者の承諾がなければ使うことはできません。

そこで、その私道を通行したい場合は、通行権を得ることが必要になります。通行権には、以下のようなものがあります。

袋地通行権（囲繞地通行権）

他人の土地に囲まれた土地で公道に通じていない土地（袋地）の所有者は、他人の土地（囲繞地《いにょうち》）を通らなければ公道に出ることができず、土地を十分に利用することができません。そこで民法は、袋地の所有者に囲繞地を通行して公道へ出る権利（袋地通行権）を認めています。

袋地通行権は、法律上当然に発生しますが、その通行は、囲繞地所有者にとって最も損害が少ない場所・方法を選ばなければなりません。また、通行に使用する土地の面積に応じて通行料を払わなければなりませんが、袋地が土地の分割や一部の譲渡によって生じたものである場合は、通行料を支払う必要はありません。

通行地役権

通行地役権とは、他人の土地を通行するために、当事者間の契約によって設定される権利です。通行地役権の設定は、要役地（他人の土地を通行しようとする土地）の所有者と承役地（要役地所有者に通行させようとする土地）の所有者との間で通行地役権設定契約を結ぶことによって行います。なお、通行地役権を契約ではなく時効によって取得できる場合もあります。

通行地役権が設定されると、承役地の所有者は、通行を妨げるような行為をしてはいけません。通行地役権者は、通行を妨げる者に対して妨害排除

通行地役権

通行地役権	通行のために他人の土地を通行できる権利の設定 ⇒契約・時効・相続により設定可能
効　力	他人の土地を通行できる ⇒通行の妨害に対しては、妨害排除請求・妨害予防請求が可能
通行料	支払いは要件ではない（無償も可能）

や妨害予防請求をすることができますが、他人の通行を排除することはできません。また、契約で、通行地役権の対価を設定することができますが、対価を設定することなく、無償で通行を認めることも可能です。通行地役権は、物権ですので、原則として登記がなければ第三者に主張することができないため、通行地役権を設定した場合には、登記をすべきです。

◎賃貸借・使用貸借などの契約に基づく通行

私道の通行を認めてもらう方法として、私道の所有者と賃貸借契約または使用貸借契約を締結することも考えられます。通行の対価としての賃料を支払う場合が賃貸借で、対価を支払わない場合が使用貸借となります。

◎慣習上の通行権

事実上、他人の土地を継続的に通行している場合、慣習上の通行権のようなものが認められるとする考えもあります。ただし、裁判所はまだこれを認めていません。

◎通行の自由権

通行の自由権とは、建築基準法の適用を受ける私道に認められる通行権で、判例で認められた権利です。建築基準法の道路位置の指定や２項道路の指定を受けた私道は、その私道の所有者の意思にかかわらず、公道と同じく、一般人が自由に通行することができることになります。

◎権利濫用の法理による事実上の通行権

以上のような通行権が認められない場合であっても、指導の所有者が、損害を受けるわけでもなく、合理的な理由もないにもかかわらずその指導の通行を拒否することは権利の濫用にあたる場合があります。その場合、私道所有者は通行を拒否できず、結果として、私道を通行する権利が認められることになります。

袋地所有者に認められる通行権

7 位置指定道路の指定

指定を受けた私道は利用に制限が生じる

◎位置指定道路の指定とは

位置指定道路とは、建築基準法の要件を満たす私道のことです。位置指定道路の指定を受けるには申請を行う必要があります。申請の時期は道路の整備後でもかまいませんが、完成した道路が位置指定道路の指定を受けるための基準を満たさない可能性もあるので、事前に行う方が無難だといえるでしょう。

申請の際には申請書に見取図や地積図、土地などの権利者の同意書を添付します。

位置指定道路の指定を受けた場合には、その道路は、一般人の通行にも利用されることになります。

このように、私道であっても、位置指定道路の指定を受けると一定の公共性をもつことになるため、道路での建築が制限されるなど、利用が制限されます。また、廃止や変更も自由にできなくなるなどの効果が発生します。

◎位置指定道路と車の出入り

位置指定道路に敷地所有者（私道の所有者）の障害物があるために、車で出入りするのに不都合が生じた場合、障害物の撤去を要求することはできるのでしょうか。

建築基準法による位置指定道路の指定があると、その私道は一般の人も利用できる位置指定道路となるので、障害物がある場合、私道の利用者は障害物の撤去を要求できます。また、裁判例では、そこを通行することが日常生活で必要不可欠な場合は、通行の自由権に基づき妨害予防や妨害排除請求ができるとしています。

このように、この通行権は強い権利として認められています。しかし、他方で、所有者の権利を制限することにかわりはありません。そのため、道路の維持管理の面から、必要性が認められないような一定の事情がある場合には、妨害排除請求が認められないこともあります。

裁判例では、他の道路を使って通行ができる事情や通行者の利用状態・通行の必要性などを判断材料として、排除請求を否定したものもあります。

逆に、敷地所有者が被る不利益と、通行者の通行によって得られる利益の大きさを比較して、敷地所有者が著しい損害を受けるような特段の事情がない限り妨害予防や妨害排除請求ができるとしたものもあります。

このように、個別の事情によって裁判所の判断が異なります。

8 私道に関するトラブル

不法占拠者には損害賠償請求ができる

私道の不法占拠

私道が不法占拠されて通行が妨害された場合に、その不法占拠をやめさせるための妨害排除請求や、損害の賠償請求などをすることはできるのでしょうか。

道路は、公共性の高いものである上に、所有者であっても自由に利用できないことがあります。たとえば、囲繞地通行権（162ページ）が認められることもあります。

しかし、これらの所有者に対する制限は、公共性や近隣所有者との権利の調整のためですから、不法占拠や、通行妨害をする者に対しては、妨害排除や損害賠償の請求ができることになります。

損害賠償請求について、損害額がどの程度になるのかについては個別具体的なケースによって異なります。たとえば、私道が不法占拠された場合は、私道の賃料相当額を損害額とした例があります。通行権が侵害されると、日常生活などで精神的にも苦痛を与えられますから、慰謝料請求ができるとした例もあります。ただし、その金額の算定では、妨害の程度や態様を綿密に検討されますので、過度な請求は損害算定額にマイナスに働くこともあります。

なお、妨害排除請求や損害賠償請求をしても相手が応じない場合は訴訟を提起することになりますが、基本的に、訴訟費用や弁護士費用も損害額として相手方に請求することができます。

私道の閉鎖

囲繞地通行権や通行地役権などが設定されておらず、建築基準法による位置指定道路の指定などを受けていない私道については、所有者によって通行することが許されている人がいても、その私道を原則として自由に変更・廃止することができます。

しかし、権利の濫用にあたらないかどうか、という点は注意しなければなりません。私道を廃止することで他人を困らせることだけを目的にしている場合などは権利の濫用であり、認められません。これに対し、その私道を通行していた人に多少の不便が生じても、私道の変更や廃止に正当な目的があり、その目的を達成するために私道の変更や廃止が必要である場合は、権利の濫用にあたらないと考えられています。たとえば、私道がスーパーへの近道で、廃止されると近隣住民に不便が生じるとしても、それだけでは私道の廃止を権利の濫用とはいえないでしょう。

9 境界

境界には2つの意味があり境界の決定方法が異なる

境界の争い

境界には、2つの意味があります。まず、境界には、登記制度に反映されている地番と地番の境という意味があります。この境界のことを公法上の境界（筆界）といいます。公法上の境界は、国が決めるべき事柄であって、境界が問題となっている土地の所有者間で決定できる性質のものではありません。したがって、隣接する土地の所有者間で取り決めをしても、それによって、境界線が決められるわけではありません。

境界について争いがある場合には、境界確定訴訟（筆界確定訴訟）という訴訟を提起する必要があります。

この境界確定訴訟（筆界確定訴訟）とは、隣接する土地を挟む境界が不明な場合に、裁判所が公法上の境界を確定させる訴訟のことです。

もうひとつは、私法上の境界と呼ばれるものです。これは、土地の所有権の範囲を問題とするものです。隣接地の所有権との境目を意味します。これは、隣接する土地の所有者間の合意によって決定することができます。

通常、「公法上の境界」と「私法上の境界」は一致しています。

しかし、他人の土地の一部について、時効により所有権を取得した場合のように、公法上の境界と私法上の境界が一致していないこともあります。境界の紛争というと、所有権の範囲を争う「私法上の境界」を問題にしている場合が多いようです。

なお、公法上の境界の位置がはっきりした際には、それをお互いに確認する意味で筆界確認書を作成しておくのがよいでしょう。

筆界確認書には、一般に、筆界を確認した土地の表示と筆界の状況を記載します。筆界の状況は、筆界確認書には「別紙測量図に記載」と記載し、筆界確認書とは別に測量図を作成することになります。

また、土地の売買の際には、公法上の境界とは別にお互いの土地の所有権の範囲などを明らかにするために、隣地所有者との間で境界の位置について合意をしておくのもひとつの方法です。合意の際には、当事者間で境界合意書を作成し、署名押印して保管しておきます。

境界合意書には、当事者が境界について合意をした旨と境界の画定などの合意内容を記載し、別紙として土地の地番を示した物件目録を作成します。

10 境界の決め方

協議が調わない場合には筆界確定訴訟を提起する

境界標の有無で異なる

土地の境界線は、目に見えるものではありません。そこで、境界を示す手段として、自然の道などの地形や、境目に石材を埋め込むなどの方法が利用されています。この境界を表すための標識のことを「境界標」といいます。

このような境界標がない場合は、測量図や登記所にある地積図・公図などを利用して、境界線を判断していくことになります。そして、その資料を基に、隣接地所有者と協議して境界を確定するのが普通です。

もっとも、その合意による境界は絶対的なものではありません。地番と地番の境界は、公法上すでに決められているものだからです。協議により決められた境界と、真の境界とが異なる場合、合意による境界は無効となります。

また、公図は絶対的な証拠となるものではないことに注意しなければなりません。公図は、測量技術が未熟な時代に作成されたもので、土地が正確に表記されていないこともあるからです。

以上のような方法によっても境界が定まらない場合は、筆界特定制度（170ページ）を利用するか、筆界確定訴訟を提起することになります。

筆界確定訴訟とは、裁判所の判決を通じて境界を確定させる訴訟です。筆界確定訴訟は、通常の訴訟とは性質が異なり、裁判所は、訴訟当事者の主張に拘束されることなく、あらゆる資料を参照して客観的に境界を定めます。

公図

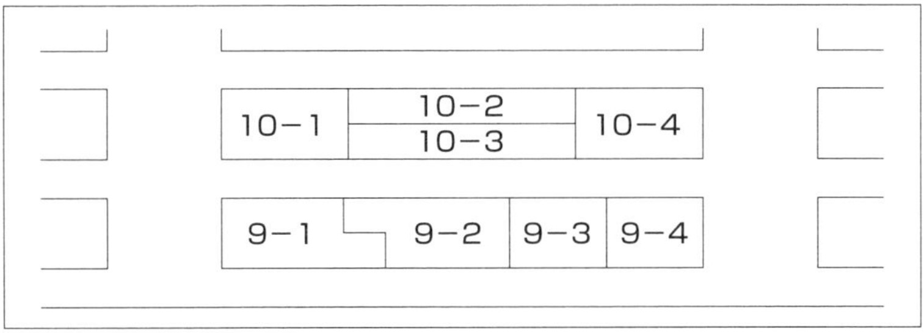

11 境界に関するトラブル

取得時効の完成に注意する

時効取得した土地の場合

他人の所有地であっても、10年または20年間、継続して占有した場合は、その占有していた土地の所有権を時効によって取得することができる場合があります。占有し続けた土地が、一筆の土地の一部である場合、その部分についてのみ所有権を時効取得することになります。

時効により所有権を取得した場合、その所有権を登記をする手続きを行います。一筆の土地の一部について所有権を時効取得した場合は、まず分筆する必要があります。そうしなければ、登記できないからです。しかし、分筆するには、従前の所有者の協力が必要になります。協力が得られない場合は、裁判所に訴訟を提起します。分筆後は、その境界に境界標を設置することになります。

隣地の建物が越境している場合

土地の所有権は、土地上の空間にも及びます。そのため、隣接地の建物の庇《ひさし》などが境界を越えて建築されようとしている場合は、建築の完成後はその除去を求めることが難しいことから、その建築工事が行われているうちに、工事の中止を求める必要があります。自主的に建築工事を中止してもらえない場合、裁判所に建築工事禁止の仮処分命令の申立てができます。建築が完成してしまうと、その除去を求めることが難しくなるからです。

そして、その後に、所有権の侵害を理由として、妨害排除請求訴訟を提起することになります。ただし、妨害排除請求が認められないこともあります。越境部分が少なく、所有権侵害の程度が小さいのに対し、その取壊しを認めることによる損害が大きいと考えられる場合です。

そのような場合は、越境部分の取壊しを請求することが権利の濫用にあたると考えられるのです。この場合は、損害賠償を受けることで満足するしかありません。

越境による時効取得を阻止する

越境部分が小さいといって放置しておくと、その部分の所有権を失うおそれがあるので、注意しなければなりません。越境している建物の所有者が、越境部分の所有権を時効取得することが考えられるからです。建物の一部が越境した場合、越境によって他人の土地を占有することになります。そのため、そのまま10年または20年という一定の期間が経過すると、時効取得が完成することがあります。このような越境による時効取得を阻止する必要があります。

越境による時効取得を阻止するための具体的な方法としては、①訴訟を提起して越境部分の撤去を求めること、②建築工事の中止の仮処分の申立てをすること、③越境建物の所有者に越境しているという事実を認めさせること、などがあります。一般には、訴訟提起という手段を利用する場合が多いでしょう。また、建築後であっても、改築する際には越境部分を取り除くなどの念書を取得しておけば、時効取得を阻止することができます。

◎枝や根が越境している場合

民法は、木の根が境界線を越えている場合について、越境してきた木の根は、その所有者の承諾を得ることなく、勝手に切り取ってもよいと規定しています。

これに対し、従来の民法では、木の枝が境界線を越えている場合については、木の所有者の承諾なくして勝手にその枝を切除できるとは規定しておらず、その木の所有者に対して、その枝を切除するよう求めることができると規定していました。しかし、これでは、所有者が木の枝を切除しない場合は、裁判所にその切除を求めて訴えを提起するしか方法がなく、不便でした。そこで改正民法では、①所有者に対し木の枝を切除するよう催告したが、相当の期間内に切除しないとき、②所有者を知ることができず、又はその所在を知ることができないとき、③急迫の事情があるとき、のいずれかに該当するときは、土地所有者は自らその枝を切り取ることができるとするルールが設けられました（民法233条３項）。また、越境した木を切除するのに必要な範囲内で隣地への立ち入りも認められ（民法209条）、切除に要した費用の請求も可能と考えられています。

トラブルの類型

時効取得した土地の境界	時効により所有権を取得した場合も登記をしておく
隣りの建物の越境	越境部分が少なく、所有権への侵害が小さいと、越境部分の取壊しが認められないことがある
越境建物の放置	時効取得されることがあるので時効の更新（旧民法の時効の中断）をする必要がある
枝や根の越境	木の根は勝手に切ることができるが、木の枝は所有者に切除してもらう必要があるが、一定の場合は自ら切り取ることができる。

12 筆界特定制度

裁判所を利用せずに簡易迅速に境界を確定する手続き

境界確定のための行政上の制度

土地の境界は、公で使われる境界線なので、私人間で勝手に決めてしまうことはできません。そのため、土地の所有者と隣地の所有者との間で境界について争いがある場合は、裁判所に「筆界（境界）確定訴訟」を提起して、判決によって境界を確定することができます。

しかし、訴訟手続は時間も費用もかかるので、より迅速かつ簡易な方法で境界を確定したい場合に活用できるのが筆界特定制度です。

筆界特定制度では、行政である法務局の登記官が筆界の位置を特定します。

① 申請

申請は、土地の所有者として登記されている人やその相続人などが、対象となる土地の所在地を管轄する法務局または地方法務局の筆界特定登記官に対して行います。

申請の際には、申請人の住所・氏名の他、対象となる土地に関する情報（筆界特定申請情報）を示すことになります。また、申請には手数料も必要です。申請手数料は、対象となる土地の価額によって決まっています。たとえば、対象となる土地（２筆）の合計額が4,000万円の場合、申請手数料は8,000円になります。詳細は最寄りの法務局または地方法務局に問い合わせてみましょう。申請があると、筆界特定登記官は、その申請に手続上の不備がないかを審査します。

② 関係人への通知

筆界特定は申請人だけの問題ではなく、隣接した土地の所有者などの利害関係人の問題でもあります。そのため、筆界特定申請があれば、筆界特定登記官はなるべく早く、申請があったことを公告（広く一般に知らせること）します。また、申請人以外で、対象となっている土地の所有権登記名義人などの関係人には、個別に通知をします。

③ 筆界調査委員とは

土地の境界といっても公法上のものなので、特殊な専門的知識が必要になります。そこで、申請後に公告・通知が行われると、法務局（地方法務局）の長は、弁護士・司法書士・土地家屋調査士の中から筆界調査委員を任命します。筆界調査委員は、専門的な知識を駆使して、筆界特定をサポートしていきます。

④ 資料の収集

筆界の特定にあたっては、詳細な資料を収集しなければなりません。そのため、公告から特定までの間に、申請人や関係人は、対象土地の筆界について、意見を述べたり資料を提出することができ、筆界特定登記官は、そのための機会を与えなければなりません。

また、法務局（地方法務局）の長は、筆界特定のために必要があるときには、関係する行政機関の長・地方公共団体の長・公私の団体に対して、資料の提出その他必要な協力を求めることができます。

⑤　**筆界の特定**

以上の手続きに従って必要な調査が終了したら、筆界調査委員は、なるべく早く、筆界特定についての意見を筆界特定登記官に提出します。この意見をふまえ、筆界特定登記官は、資料その他の各種事情を総合的に考慮して、筆界を特定します。

なお、結論と理由の要旨は「筆界特定書」という書面に記載されます。筆界を特定したら、筆界特定登記官は、なるべく早く、筆界特定書の写しを申請人に交付し、公告もします。さらに、関係人に対しても通知をすることになります。

筆界確定訴訟が提起されたら

同じ土地について筆界特定手続きと共に筆界確定訴訟が提起されていた場合は、次のような扱いとなります。

まず、先に筆界確定訴訟の判決が下っていたら、その判断が優先されます。次に、筆界特定が先の場合には、その記録が訴訟の場に提出されます。裁判所を拘束はしませんが、証拠としてかなり尊重されます。

筆界特定手続きの流れ

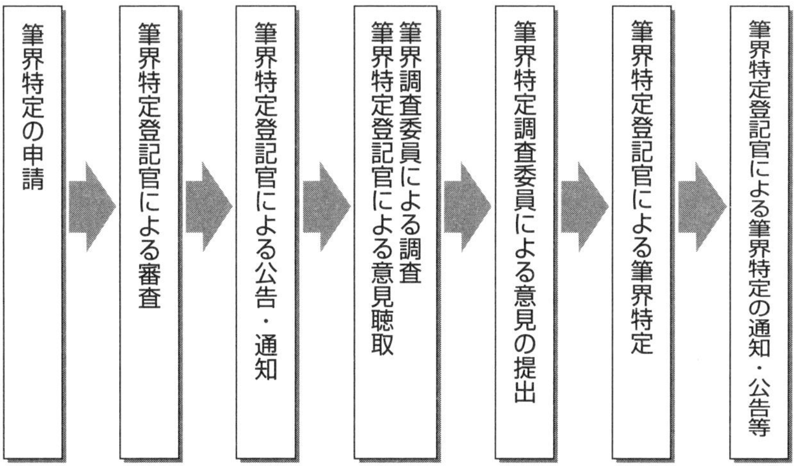

13 塀の設置

塀の設置費用や管理費用は隣家と折半できる

塀を作るには

２棟の建物が別々の所有者に属し、それらの建物間に空地があるときは、各建物の所有者は、他の所有者と共同の費用で境界上に塀や柵（これを囲障といいます）を設置できる権利を持っています。この権利のことを囲障設置権といいます。囲障設置権は、建物所有者に認められている権利なので、土地の賃借人であっても、その土地上に建物を建てて所有している場合には、囲繞地設置権が認められます。

新しく塀を設置しようとする場合、まず、隣家の建物所有者と協議を行うことになります。合意が成立しない場合は、裁判手続きによって隣家所有者に協力を求めることになります。隣家が費用を出し渋っているからといって、塀の位置や費用を全部自ら負担する必要はありません。その塀の設置費用や管理費用は、隣家と折半にすることができます。その場合、塀の所有権は、隣人との共有と推定されます。裁判では、塀の設置場所、材質、高さ、費用の分担などが指定されます。判決が下されても、隣人が、囲障の設置に応じない場合は、とりあえず塀を設置した上で、その費用を隣人から取り立てることになります。

もっとも、嫌がらせ目的である場合のように、プライバシー保護や建物内の安全保護とは無関係に塀を設置しようとする場合は、隣人に協力義務はありません。

なお、前述したことは、すべて塀の中心線が、隣地との境界線と一致することを前提とした話です。既存の塀の中心線が実際の隣地との境界線と一致しない場合は、その中心線を隣地の境界線と一致させた上で塀を設置しなければなりません。

また、隣地にまたがることなく、自己の土地内に塀を設置するのであれば、隣人の承諾なく勝手に塀を設置することも許されますが、塀の中心線上に塀を設置する場合は、勝手に塀を設置すると、違法行為となる可能性があります。

どんな塀が設置できるのか

隣人と共同して設置する場合は、塀の高さや材質などについて、協議することになります。しかし、必ずしも隣人との意見が一致するとは限りません。意見が一致しない限り、塀を設置できないというのでは困ります。そこで、民法は、協議が整わないときは、「高さ２ｍの板または竹垣の塀」を設置すると規定しています。自治体の条例や慣習などで別の定めがある場合は、その規定に従った塀の設置の協力を求めることができます。したがって、市区町村の条例で塀は生垣にしなければならないと規定されていれば拘束されます。

◎隣人との協議が整うかどうか

隣人との間で、塀を設置すること自体には合意が成立したものの、設置する塀の高さや素材などについて合意が成立しない場合があります。このような場合には、民法や条例、慣習に従って、設置する塀の内容を決めることになります。隣人との合意が成立しなければ、板塀または竹垣の堀を設置することになります。

しかし、隣人との協議が整わない限り、板塀以外の塀を設置することができないというわけではありません。民法や条例・慣習などで規定しているよりも高級な塀を設置することは可能です。たとえば、板ではなく、石堀の材料としてよく利用される大谷石で塀を作ることも可能なのです。もっとも、大谷石にすることによって余分にかかる費用を隣人にも負担させるのは公平ではありません。そこで、その余分にかかる費用は、大谷石で塀を設置することを望んでいる者が、負担することになります。

この場合でも、プライバシー保護や建物内の安全確保という目的から外れた塀を設置することは許されません。たとえば、隣家の日照や通風、眺望を著しく害するような高さの塀を設置することなどです。

高価な塀を作るには

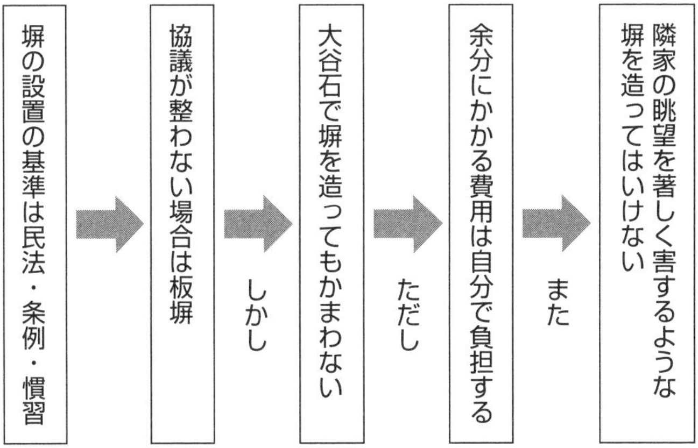

14 塀に関する費用負担

費用負担について合意がなければ隣人との平等負担になる

◎塀の設置費用は誰が負担するのか

実際に家と家の間に塀を造ることになった場合、塀を設置するための費用を誰が負担するのかという点が問題となります。

民法では、塀の設置費用は、隣人と平等の割合で負担すると規定されています。ただし、これは、隣家との間で設置費用について特に合意が成立していない場合を前提としています。そのため、隣家との間で費用負担について別段の合意がなされているのであれば、その内容が平等負担でなくても、その合意に従った費用負担となります。

なお、民法は設置した塀の所有権についても規定を置いており、設置された塀に関しては、相隣者の共有物と推定されると規定されています。

◎自分の土地に塀を作るときは

中心線が境界線上となる塀を設置する場合は、塀が隣地にまたがることになるので、勝手に設置することはできず、隣家と協議し、合意した上で設置する必要があります。これに対し、すべてが自己の土地上に収まる塀を設置する場合は、隣家と協議・合意する必要はありません。この場合は、自己の費用で、自由に塀を設置することができます。

もっとも、この場合でも、隣家の日照や通風、眺望を害するような塀の設置は許されません。隣家の日照や通風を侵害する場合は、不法行為が成立し、隣家から損害賠償を請求されるおそれがあります。また、塀の高さを低くすることなど、設置した塀の変更を請求されることも考えられます。

◎塀の修繕費用は誰が負担するのか

塀の修繕費用についても、設置費用の場合と同じように考えることができます。つまり、塀の設置費用を隣家と平等で負担した場合は、その修繕費用も隣家との平等負担になるといえます。

また、高価な塀を設置した場合は、設置に余分にかかった費用を負担した者が、余分にかかる修繕費用を負担すべきといえます。もっとも、修繕費用については、設置費用の負担とは異なる内容の合意をすることができます。

隣家が塀の修繕に協力しない場合は、まずは、自ら費用を負担した上で修繕をし、その後、隣家に負担分を請求していくことになります。

◎塀が倒れて事故が起きたら

塀は、土地の上に設置されるもので

すから、土地の工作物です。民法では、この土地工作物を実際に占有している者（占有者）や所有者に一定の責任を負わせています。つまり、土地工作物の設置または保存について欠陥があり、それによって他人に損害が生じた場合は、第一次的には占有者が、占有者が責任を負わない場合には第二次的に所有者が、損害を受けた人に対して損害を賠償しなければなりません。

隣家と共同して塀を設置した場合、塀は隣家との共有物となるので、隣家の所有者も事故の被害者に対して責任を負います。

もっとも、被害者は二重に支払ってもらえるというわけではではありません。どちらかが被害者に賠償すれば、他方の賠償責任は消滅し、損害を賠償した者は、他方の者に対して相当の負担額を請求することができます。

◎土留工事の費用負担

境界線が傾斜面にあることがあります。その場合、塀を設置するには、土留工事をしなければなりません。そこで、その土留工事の費用を誰が負担するのかが問題となりますが、これは場合を分けて考える必要があります。

斜面の所有者は、自由に土留工事をすることができます。自分の敷地内のことだからです。もっとも、その場合、工事費用の分担を隣地所有者に請求することはできません。

これに対し、斜面の所有者でない隣地所有者は、基本的に土留工事はできません。

しかし、土砂崩れなどにより自己の所有地に危険が及ぶと認められるときは、斜面の所有者に対して、土留工事をするように請求することができます。その場合の工事費用は、斜面の所有者が負担します。

塀について生じる問題

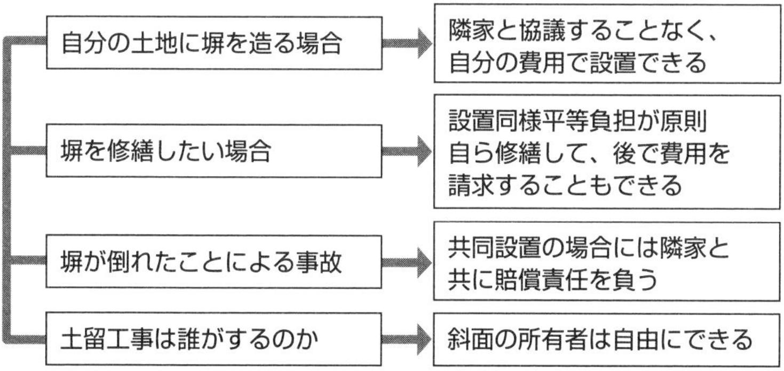

15 建築工事と隣家

隣家との間に一定の距離を置かなければならない

◎境界線からどのくらい離すのか

境界線にあまり接近したところに建物を建てると、日照や通風に支障が出ます。そこで、民法では、建物を建てる場合には、境界線から50cm以上離さなければならない旨を規定しています。ただし、この規定による間隔は隣地の所有者との間で合意すれば、狭くすることもできます。

一方、建築基準法では、防火地域または準防火地域内にある建築物で、外壁が耐火構造のものについては、その外壁を隣地境界線に接して設けることができる旨の規定があり、民法の定める「50cm」よりも狭い間隔での建築を許容しています。この場合、どちらの規定に従うべきかが問題となりますが、最高裁の判例によれば、建築基準法の規定が民法に優先するとしています。

◎違法な建築工事に対する対抗手段

建物を建築するにあたってこのような距離の規制がなされていても、その違反に対する対抗手段がなければ、隣地の所有者は泣き寝入りすることになってしまいます。

そこで、民法の規定に反して建物を建てようとする者がいるときは、隣地の所有者は、その建築を中止させ、または設計を変更させることができます。

さらに、このような中止や設計変更の要求を無視して建築工事が進められた場合には、建築工事の中止や設計の変更を裁判所に申し立てることができます。ただし、建築工事に着手してから1年以上たったとき、またはその建築工事が完了して建物が完成してしまったときは、建築工事の中止や設計の変更を求めることはできません。この場合は、損害賠償の請求しかできないことになります。なお、この期間制限の間に建築工事の中止を請求しておけば、その後、建物が完成した場合でも、改めて建物の一部の撤去を請求する訴えを提起することができます。

◎建築工事のための隣地の使用

隣地との境界線近くに建物を建築する場合、足場を組み立てるなどのために、隣地への立入りが必要になることがあります。このような場合があることを考慮して、民法では、建物の建築や修繕などをするために必要な範囲内で、隣地を使用することができると規定しています。この権利を隣地使用権といいます。

ただし、隣地に人が住んでいる場合には、その居住者のプライバシーや平穏な生活を守るために、その居住者の承諾がなければ、隣地に立ち入ることはできません。

隣地使用権によって隣地を使用する人は、あらかじめ、その使用目的、使用日時、使用する場所および使用方法を、隣地の所有者および他の隣地使用者に通知をしなければなりません。ただし、隣地所有者や他の隣地使用者が不明であるなど、あらかじめ通知することが困難な場合には、隣地を使用した後に、すぐに通知をすれば足ります。

目隠しを作る場合

境界線に関する民法の距離規制を遵守した上で建物を建築した場合であっても、建築された建物の中から隣家が丸見えになってしまうと、隣家のプライバシーが侵害されてしまいます。そこで、民法は、境界線から１m未満のところに他人の宅地を見通すことができる窓や縁側、ベランダを作る場合には、目隠しをつけなければならないと定めています。もっとも、市街地のように建物が密集している地域などで、目隠しを不要とする慣習がある場合は、その慣習に従い、目隠しをつける必要はありません。

建築協定による制限がある場合

建築協定とは、ある一定の区域の住民が、住宅地としての環境や商店街としての利便などを高度に維持増進することを目的として、建築物の構造や用途などについて、一定の制限を定めることをいいます。この建築協定には、私的なものと建築基準法に基づくものとがあります。そのうち私的な建築協定は、その合意をした者だけを拘束し、協定成立後に土地を購入した者には拘束力は及びません。

これに対して、建築基準法に基づく建築協定は、市区町村長あるいは都道府県知事の認可を得て公告されると、協定成立後に土地を購入した者に対しても、その拘束力が及びます。

境界付近に建物を建築する場合

建物と建物の間の距離	原則として50cm離す。ただし一定の建物については接境建築も許される
距離規制に違反して建物の建築工事が行われた場合	建築工事の中止・設計変更などを求めることが可能
建築工事の際の隣地への立ち入り	必要な範囲内で隣地への立ち入りが可能
建築協定の拘束力	建築基準法上の建築協定は、協定成立後の土地取得者にも拘束力が及ぶ

16 空家対策の推進に関する特別措置法

特定空家等に指定されると、土地所有者は取壊し・修繕に応じる必要がある

空家対策は社会問題化している

近年、管理の行き届かない空家が増加しています。空家が増加する原因として、地方やニュータウンなどの過疎化による人口の流出、新築住宅の供給過剰、空家を解体して更地にすると固定資産税が高くなるので放置することなどが指摘されています。その中でも空家が増加する原因として、固定資産税の住宅用地特例が挙げられます。

空家を解体すると、数百万円程度の費用負担が必要になるだけでなく、住宅用地特例を受けることができなくなる場合があるため、固定資産税の支払いの面において費用負担が増大することになります。つまり、更地にするよりも空家にしておく方が税金が少ないので、空家が放置されたまま増加する原因のひとつになっています。

また、空家は景観を損なうのみではなく、崩れ落ちた柱などで通行人がケガをしたり、放火や空き巣などといった犯罪被害を招いたりする場合もあり、大きな社会問題となっています。

空家の活用法として、他人に賃貸・売買する、空家を取り壊して更地にして賃貸駐車場にする、などが考えられます。たとえば、空家の売買・賃貸の情報を提供する「空家バンク」が主に市町村によって運営されています。

しかし、わが国では中古住宅の人気が薄く、空家の立地も条件のよいところではないため、売買も賃貸もできない状況に陥っている空家が増え続けています。また、解体費用を捻出できずにあきらめたり、相続などで空家の権利関係が複雑になって解体が進まない事態も生じています。

どんなことを規制しているのか

この空家問題への対応策として、平成27年に「空家等対策の推進に関する特別措置法」が施行されました。この法律では、居住などの使用がなされていない建築物など及びその敷地のことを「空家等」と定義しています。市町村長は、空家等への調査や、所有者等を把握するために固定資産税情報を利用することができます。

またこの法律では、倒壊のおそれのある危険な状態、著しく衛生上有害な状態、著しく景観を損なっている状態などにある空家等のことを「特定空家等」と定義しています。特定空家等については、その所有者等に対し、取壊しや修繕などの必要な措置をとるよう市町村長が助言・指導し、助言・指導に従わないときは勧告をすることがで

きます。勧告に従わない場合は、必要な措置をとるよう命令がなされ、それでも従わなければ、代執行（行政代執行）の手続きによって強制的に特定空家等の取壊しが行われる場合があります。なお、代執行の費用は特定空家等の所有者等が最終的に負担しなければなりません（下図）。

所有する不動産を空家状態で置いておくのであれば、定期的に清掃や修繕を施すなどして、管理を怠らないようにする必要があります。とりわけ特定空家等に指定されると強制的に空家が取り壊される可能性が生じるので、特に注意が必要です。

住宅用地に対する固定資産税

住宅用地の場合、小規模住宅用地（200㎡までの部分）は固定資産税評価額の６分の１、一般住宅用地（200㎡を超える部分）は固定資産税評価額の３分の１と、住宅用地特例により固定資産税が軽減されています。しかし、「空家等対策の推進に関する特別措置法」に基づく市区町村長の勧告の対象となった特定空家等に関する敷地（土地）は、住宅用地特例の対象から除外されています。空家を残せば当然に固定資産税額が安く抑えられるとは限らないため、空家を放置するメリットは少なくなりつつあります。

なお、令和５年（2023年）６月に放置すれば特定空家等になるおそれのある空家等（管理不全空家等）として勧告を受けた場合も、住宅用地特例の対象から除外されるとする改正法が国会で成立しました（253ページ）。

空家の管理が難しい場合

諸事情により空家の管理が難しい場合は、市町村に相談してみるのもひとつの方法です。市町村によっては、空家の管理や活用方法についての相談窓口を設けている場合もあります。

特定空家等の取壊しまでの手続き

◎法律：「特定空家等の推進に関する特別措置法」

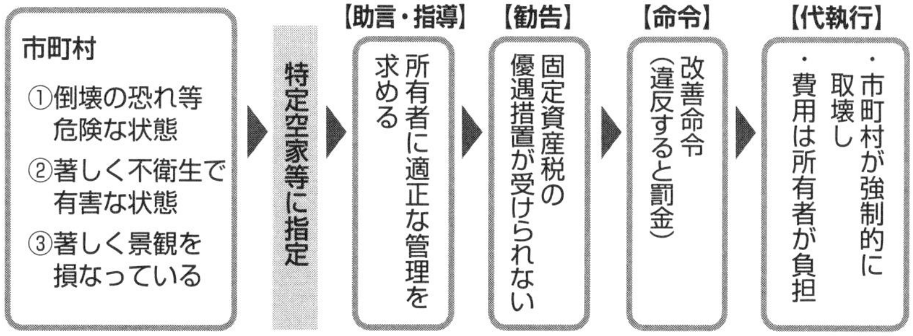

Column

民泊と住宅宿泊事業法

「民泊」とは、自分が居住用に使用している家や別荘、投資目的で所有している部屋などを、主にインターネットを通じて観光客などに紹介し、宿泊施設として有料で貸し出すサービスです。現在、民泊営業には、旅館業法上の民泊（簡易宿所）、特区民泊（国家戦略特別区域法に基づく旅館業法の特例制度を活用した特区民泊）、住宅宿泊事業法上の民泊があります。

従来からあった国家戦略特区の設定や旅館業法施行令の一部改正だけでは民泊を普及させるには至っていないという実情があり、これを解消するために住宅宿泊事業法（民泊新法）が制定され、平成30年（2018年）６月に施行されました。この法律に基づき、ホスト（住宅宿泊事業者）、運営管理代行業者（住宅宿泊管理業者）、民泊仲介サイト（住宅宿泊仲介業者）が届出や登録をすることで、旅館業法の許可を得ることなく民泊を行うことができます。また、従来禁止されていた住宅地での民泊も可能となり、民泊ビジネス参入へのハードルが低くなっています。

さらに、民泊新法では、家主は宿泊させたくない客の受入れを拒否することができます（旅館業法では原則として宿泊客の受入れを拒否できません）。したがって、近隣トラブルなどの発生リスクを最小限度にとどめることができます。

ただし、旅館業法の許可を得て営業している旅館やホテルへの配慮から、年間180日という営業できる日数の上限が設けられています。制限日数を超えて営業を行う場合は、旅館業法上の簡易宿所などの許可が必要です。

なお、マンション一室のみを民泊ビジネスに活用することは、建物の用途変更（200㎡以上の床面積を一定の事業などに供する際に必要な建築基準法上の手続き）、消防設備、管理規約（たとえば、賃貸禁止の定めがある場合）などの課題があり、適法に行うのはハードルが高いといえます。

第6章

不動産登記のしくみと手続き

1 登記制度

不動産の権利関係を明確にするためのもの

登記とは何か

「不動産の登記」という言葉くらいは聞いたことがある人も多いと思います。では、「登記って、いつ、どこで、誰が、何のために、どうやってやるの？」と聞かれたらどうでしょう。

不動産の取引をした場合、登記をすることになるのですが、たいていは専門家まかせで、その手続きや役割を詳しく知る機会はありません。そのくらい、日常生活にはなじみのない「登記」という制度ですが、法律的にはとても重要な制度です。

不動産登記とは、不動産に関する権利義務について、法務局という国の機関に備えている公簿（登記簿）に記載することをいいます。子どもが生まれると出生届を出すのと同様に、新しい建物を建てた場合に登記をします。結婚すると婚姻届、転居すると転居届を出して、戸籍簿などに記録を残していくように、不動産の所有者が変われば所有権を移転する登記を行います。

なぜ登記が必要なのか

たとえば、他人の所有している土地や建物を買う場合、または抵当権（210ページ）を設定する場合に、本当にその土地や建物が取引相手のものなのか、他の誰かの権利・義務が関わっていないのかを確認する必要があります。そのようなとき、相手に確認するだけではなく、国家機関を通じて確認できれば、安心して取引ができます。

そこで、不動産をめぐる権利義務の関係を国家機関が備えている登記簿に記載して、特定の場所で誰もがそれを閲覧できる制度が設けられています。これが登記制度です。また、不動産について所有権をはじめとする権利をもっている人は、その権利を登記することによって、第三者に対して自分の権利を主張できるようになる、という場合もあります。このように、登記制

登記の役割

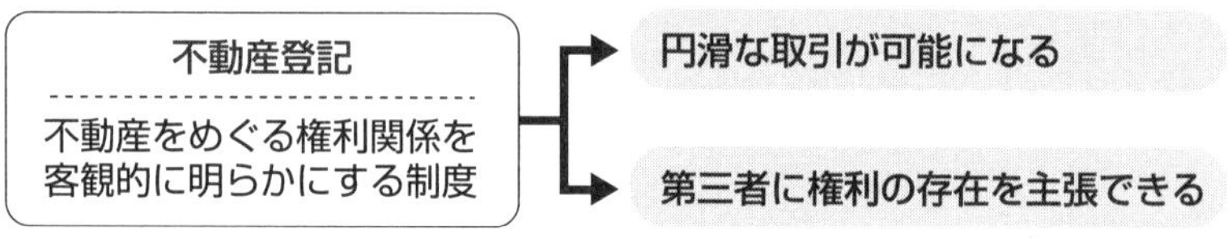

度は、不動産をめぐる自己の権利を守るための手段にもなります。

登記の対象となる不動産とは

不動産登記において「不動産」とは、①土地、②建物の２つを指し、一個の不動産ごとに登記簿が作成されます。

土地

いわゆる地面です。海は基本的には登記の対象にはなりませんが、人工島のように海上を埋め立てたり、地殻変動で水没していた場所が隆起してきたなど、個人所有が認められる状態になった場合は登記が可能になります。登記をする際の土地の単位は「筆」です。一筆ごとに登記記録（登記内容を記録したもの）が作られます。

筆は土地の単位で、一個の土地のことを一筆の土地といいます。一つの登記記録に、一筆の土地または一個の建物についての権利関係が記録されます。

建物

一個の建物ごとに登記記録が作られますが、建築物が登記の対象となる「建物」であるかどうかは、土地への定着性、外気との分断性、用途性、取引性で判断されます。たとえば庭の物置のように、それだけを不動産として取引対象としない建築物は登記対象外となります。

付属建物

一個の主要な建物に付属して建てられたもの（母屋に対する離れなど）を付属建物といいます。付属建物は同じ土地上に、同じ所有者が、同じ目的のために建てている場合が多いので、主要な建物とまとめて一個の建物として扱い、同じ登記記録に記録されます。

区分建物

一個の建物の中を、複数の人が一室や一フロアというように区画を分けて所有することを認められた建物です。分譲マンションが区分建物の代表的な例です。区画ごとの所有者は、それぞれ登記をすることができます。

不動産とは

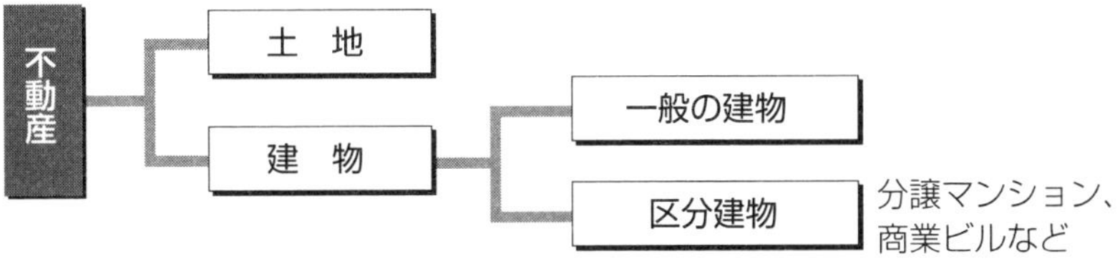

2 登記事項証明書

郵送で請求することもできる

交付申請

登記記録に記録されている事項の摘要を記載した登記事項要約書の他に、登記記録に記録されている事項の全部または一部を証する書面として「登記事項証明書」の交付を受けることができます。

登記事項証明書の交付を受けたい場合には、登記事項証明書交付申請書に必要事項を記入して提出します。書面で登記事項証明書の交付請求をする場合、１通につき600円の登記手数料の納付が必要です。

不動産登記情報交換サービス

調べたい不動産の管轄法務局が遠い場所にある場合、法務省の「不動産登記情報交換サービス」を利用することで、自宅や勤務先などの近くの法務局で遠隔地にある不動産の登記事項証明書を取得することができます。

手続きは、登記事項証明書交付申請書に必要事項を記入し、収入印紙を貼付して、最寄りの法務局の証明書交付窓口に提出します。郵送の場合は、交付申請書と切手を貼った返信用の封筒を同封して、管轄法務局または最寄りの法務局に郵送します。収入印紙は郵便局や法務局などで購入できます。

申請書には、地番や家屋番号を記入しなければなりません。しかし、地番や家屋番号と住居表示（住所の表記）と異なることもあるので、これらが不明だと申請できません。また、窓口で交付請求した場合は即日交付されますが、郵送請求の場合は返送されるまで１週間程度かかることがあります。

なお、登記事項要約書は、登記情報交換システムを利用して遠隔地の法務局で取得したり、郵送で交付請求することはできません。登記事項要約書の交付は、閲覧制度に代わるものであり、登記簿の閲覧は管轄法務局でしかできないものだからです。

インターネット登記情報提供サービス

このサービスは「登記事項証明書」と内容的には同じですが、証明書にはなりません。サービスの提供を希望する場合は、一般財団法人民事法務協会が運営する「登記情報提供サービス」（http://www1.touki.or.jp/）にアクセスしてみてください。

なお、登記事項証明書は、インターネット上の「登記・供託オンライン申請システム」を利用して請求することもできます（証明書は、法務局に行くか郵送で受け取る必要があります）。

登記事項証明書サンプル

表　題　部(土地の表示)		調製	余白	不動産番号	0000000000000
地図番号	余白	筆界特定	余白		
所　在	新宿区○○町一丁目			余白	
①地　番	②地　目	③地　積　m²		原因及びその日付〔登記の日付〕	
1番12	宅　地	100	00	○○ 〔平成○○年○月○日〕	
所　有　者	○○区○○町○丁目○番○号　○○○○				

権　利　部(甲区)(所有権に関する事項)			
順位番号	登記の目的	受付年月日・受付番号	権利者その他の事項
1	所有権保存	平成○○年○月○日 第○○○号	所有者　○○区○○町○丁目○番○ ○○○○
2	所有権移転	令和○年○月○日 第○○○号	原因　令和○年○月○日売買 所有者　○○区○○町○丁目○番○ ○○○○

権　利　部(乙区)(所有権以外の権利に関する事項)			
順位番号	登記の目的	受付年月日・受付番号	権利者その他の事項
1	抵当権設定	令和○年○月○日 第○○○号	原因　令和○年○月○日 金銭消費貸借同日設定 債権額　金○○○万円 利息　年○% 損害金　年○% 債務者　○○区○○町○丁目○番○号 ○○○○ 抵当権者　○○区○○町○丁目○番○号 株式会社○○銀行(○○支店)

共　同　担　保　目　録			
記号及び番号	㈠第○○○○号	調製	令和○年○○月○○日
番　号	担保の目的である権利の表示	順位番号	予　備
1	○○区○○町○丁目　○○番の土地	1	余白
2	○○区○○町○丁目　○○番地　家屋番号 ○○○番の建物	1	余白

これは登記記録に記録されている事項の全部を証明した書面である。

令和○年○○月○○日
東京法務局○○出張所　　登記官　○　○　○　○

※　下線のあるものは抹消事項であることを示す。　　整理番号　○○○○＿(1／1)　(1／1)

3 表示に関する登記

2つの機能がある

表示に関する登記

不動産登記は土地や建物の権利関係についての情報を提供するだけではなく、その不動産がどのような物理的・外形的な状況にあるかについての情報も提供します。つまり、不動産の住所や建物の構造についての情報を提供します。不動産の物理的・外形的な状況については、登記記録のうち「表題部」と呼ばれる部分に記録されます。これを「表示に関する登記」といいます。

土地の表示に関する登記

埋め立てや国有地の払い下げによって土地を取得した場合、その土地の表示に関する登記がないので「表題登記」という登記を申請する必要があります。土地の表示に関する登記には、次のような事項が登記されます。

① **所在**

その土地がどこに所在しているかを示しているのが「所在」です。土地の所在する市、区、郡、町、村及び字が記録されます。

② **地番**

その土地と別の土地を区別するためにつけられているゼッケンともいえる番号が「地番」に記録されています。地番は一定の区域ごとに一番、二番、三番…というように順次、一筆の土地単位でつけられていきます。

③ **地目**

その土地が何のために利用されているのか、その用途を示すのが「地目」です。地番もそうですが、地目も所有者が勝手に決められるものではありません。登記簿に記録される地目は全部で21種類あります。

④ **地積**

土地の面積を「地積」といいます。ただ、登記簿に記載されている地積は正確な面積を表しているとは限りません。土地を売買するときに面積を基準にして代金を決定する場合、登記簿の面積を基準にすると後々トラブルに発展する可能性がありますので、実際に測量した方がよいでしょう。

⑤ **その他**

表題部には、所有者の住所・氏名（共有の場合は持分も）や登記の原因と日付、登記の年月日も記録されています。

建物の表示に関する登記

建物の場合、新築から１か月以内に「表題登記」を申請しなければなりません。また、表題登記をした後で、増改築などによってその状況が変更された場合は、表題部の変更の登記を申請します。建物を取り壊したり、火災によって焼失した場合などには、１か月以内に「滅失の登記」を申請しなければなりません。

① **所在**

土地の場合と異なり、建物の場合は、「所在」に市、区、郡、町、村及び字に加えて、土地の地番まで記録されています。時に、「○番地先」という表示がなされていることがあります。これは、その建物の建っている土地に地番がないことを意味しています。そのため、同じ地番区域で敷地と隣接している土地の地番（○番地）を使用して所在を表しているのです。

② **家屋番号**

建物の表題部には、「家屋番号」が記録されています。一筆の土地に複数の建物が建っていることもあり、その建物と他の建物を区別するために家屋番号が必要となるわけです（建物がひとつしかなくても家屋番号はつけられます。現在、一棟の建物しかなくても、将来、別の建物が建たないとは限らないからです）。

③ **種類**

これは建物の用途を示すものです。居宅、共同住宅、事務所、店舗、工場、作業場などの種類があり、かなり細かく分類されています。

④ **構造**

建物の主要な構成材料と屋根の種類、階数が「構造」として記録されています。たとえば「木造瓦葺２階建」などです。

⑤ **床面積**

床面積を平方メートルで表示しています。複数階ある場合には、階ごとに表示されます。

⑥ **その他**

土地の表題部と同様に、所有者の住所・氏名や登記の原因と日付、登記の年月日なども記録されています。また、車庫や物置のように主たる建物に付属した建築物が「附属建物」として記録されている場合もあります。

表題部サンプル（土地の場合）

表　題　部（土地の表示）			調製　平成○年○月○日　地図番号	余 白
【不動産番号】	12341234			
【所在】	大阪府岸和田市○○町○○		余 白	
【①地番】	【②地番】	【③地積】　㎡	【原因及びその日付】	【登記の日付】
221番3	宅地	98 : 00	221番1から分筆	平成○年○月○日

4 甲区

所有権に関する権利関係が記録されている

◎権利部は甲区と乙区に分かれている

表題部とは異なり不動産に関する権利関係を記録しているのが、表題部に続く権利部であり、権利部は「甲区」と「乙区」に分かれています。このうち、甲区にはその不動産の所有権に関する記録がなされています。また、乙区にはその不動産の所有権以外の権利に関する記録がなされています。ここでは、甲区において記録されている事項について、どのように理解すべきかを紹介することにします。

◎甲区の各欄の読み方

不動産登記記録の甲区には以下の事項が記載されます。

・甲区

登記事項証明書の表題部の下に、甲区であることを示すためのタイトルとして「【権利部（甲区）】（所有権に関する事項)」と記録されています。

・順位番号

登記事項証明書の「順位番号」欄に記載されているのは、「１」「２」といった数字であり、これは登記された順番、厳密にいえば登記の申請が受け付けられた順番を示しています。つまり、前述したように順位番号１の登記の申請の方が順位番号２の登記の申請よりも早く受け付けられたことになります。

なお、甲区の場合、所有者の住所や氏名が変更された場合など、すでに主登記として記録されている内容に変更が生じた場合などに、主登記と同じ順位を維持したまま付記登記がなされます。付記登記は独立した順位で登記されるのではなく、主登記と一体のものとして扱われます。付記登記の内容については、登記事項証明書の「権利者その他の事項」欄に記載されます。

また、仮登記が行われた場合、条件が整って本登記に改めると、仮登記がなされたときの順番で登記がなされたことになります。

・登記の目的

所有権についてどのような目的で登記がなされたかが記録されているのが「登記の目的」の欄です。建物が新築された場合の「所有権保存」、売買や相続による「所有権移転」などの記録がなされます。

・受付年月日・受付番号

受付年月日は、その登記を受け付けた年月日です。また、登記の申請が受け付けられると、受け付けた順番に従って１件ごとに受付番号が付けられます。受付番号は、受付年月日と共にこの欄に記録されます。

・権利者その他の事項

甲区は不動産の所有権に関する記録がなされ、「権利者その他の事項」欄には、通常、所有者の住所や氏名（会社の場合は、本店・商号、その他法人の場合は、主たる事務所・名称）が記録されます。これによって、登記を受けた権利者を特定することができます。

また、登記の原因となった法律行為や事実も、日付と共に記録されます。登記の目的欄に掲げられた権利変動が、いつ、どのような原因で生じたのかを明らかにするものです。

所有権が移転するたびに新しい所有者の住所や氏名を記録します。

通常、甲区の最後に記録されている者が現在の所有者ということになります。甲区の「権利者その他の事項」欄には、権利者（所有者）の表示がなされるだけで、その他の事項が記録されることがないのが原則です。この欄と乙区の「権利者その他の事項」欄に権利者として記録されている者のことを「登記名義人」といいます。

所有権は物を全面的に支配できる権利ですから、誰が不動産の所有者であるかということは、とても重要になります。登記記録を調べるときは、よく注意する必要があります。

なお、不動産の所有の形態としては単独所有だけではなく、共有の場合もあります。たとえば、死亡したAの所有する土地を妻Bと子Cが法定の相続分に従って相続した場合は、BとCが「共有者」として記録されて、それぞれ2分の1の持分をもっていることが氏名の部分に記録されます。

不動産の共有

【権利部（甲区）】（所有権に関する事項）			
順位番号	登記の目的	受付年月日・受付番号	権利者その他の事項
2	所有権移転	平成○○年 ○日○月○日 第○○○号	原因　平成○○年○日○月○日売買 所有者　○○市○○町○番○号 A
3	所有権移転	令和○年 ○日○月○日 第○○○号	原因　令和○年○日○月○日相続 共有者　○○市○○町○番○号 持分2分の1　B ○○市○○町○番○号 2分の1　C

5 乙区

所有権以外の権利関係について記録されている

乙区の各欄の読み方など

権利部の乙区には所有権以外の権利に関する記録がなされます。不動産は利用価値が高い財産なので、所有権以外にもさまざまな権利が設定されたり発生したりしますが、大きく分けて、担保権と用益権に分類されます。

・担保権

担保権は債務が支払われないときに、不動産を競売にかけてその代金から債務の返済をしてもらうことができる権利です。ポピュラーなものは抵当権や根抵当権ですが、他には質権、先取特権などがあります。不動産に抵当権などが設定されている場合には、債務者が期限までに債務を支払わないと担保権が実行されて、不動産の所有者はその所有権を失うことがあります。

・用益権

用益権は他人が所有する不動産を使用することができる権利です。賃借権、地上権、地役権などがあります。用益権が設定されていて登記もなされていると、その不動産の所有権を手に入れても自由に使用することはできません。不動産取引に入る前には登記記録の乙区に担保権だけではなく、用益権が登記されていないかについても十分に注意する必要があります。

以下で登記事項証明書の乙区に記載された事項の意味を簡単に見ていきましょう。

①　乙区

タイトルとして「【権利部（乙区）】(所有権以外の権利に関する事項)」と記録されています。これにより、表題部や甲区との区別ができるようになっています。

②　順位番号

権利関係の優劣を決めるために、甲区と同じように順位番号が振られています。「１」「２」といった数字で記録されます。なお、同じ順位の場合は「１（あ)」「１（い)」と記録されます。

③　登記の目的

その登記がなされた目的が記録されています。たとえば、「抵当権設定」「賃借権設定」、などといった表記がされます。

④　受付年月日・受付番号

登記が申請されて受け付けられた年月日と受付番号が記録されています。

⑤　権利者その他の事項

乙区には何種類もの権利が記録されるので、その内容について記録しなければなりません。

抵当権などの担保権であれば、債務者が誰であって、担保される債権額・

利息・損害金がいくらになるのかなどの情報が記録されています。賃借権などの利用権であれば、月々の賃料や利用できる期間などが記録されることになります。

また、登記がなされるにいたった原因も記録されています。担保権の場合は債務を担保するために設定されるので、その債務の発生原因が記録されることになります。たとえば、「令和○年○月○日金銭消費貸借令和○年○月○日設定」のように記録されます。

共同担保目録

抵当権または根抵当権の記録の末尾に「共同担保目録」という表示がなされていることがあります。これは、同じ債務を担保するために他の不動産にも担保権が設定されていることを示しています。つまり、１つの債務を担保するために１つの不動産では不十分なことがあるため、同時に複数の不動産に担保権が設定されることがよくあります。その場合に、各々の不動産の登記記録だけを見たのでは、他にどの不動産に担保権が設定されているのかが明らかになりません。そこで、法務局では共同担保目録を備えていて、他にどの不動産に担保権が設定されているのかが調べられるようになっています。

順位変更

抵当権や根抵当権といった担保権の場合、その権利がどの順位で登記されているかが非常に重要です。この順位を担保権者同士の話し合いで入れ替えることもでき、その場合には、順位変更の登記がなされます。順位変更の場合、当事者同士の合意だけではその効果は発生せず、順位変更の登記をして初めて効力が発生します。

共同担保目録のしくみ

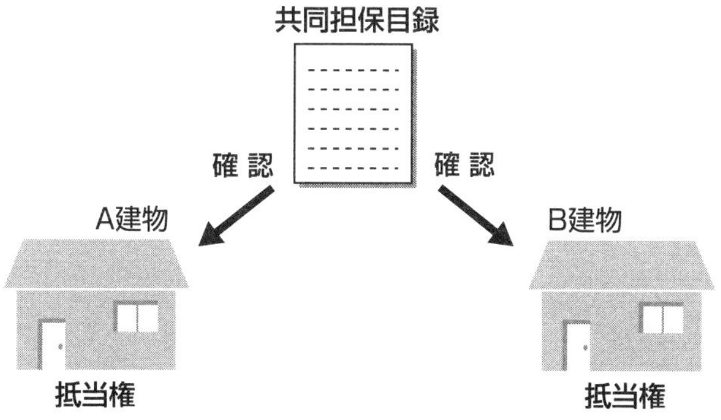

6 登記の順位

順位番号が優劣の判断の際に重要になる

登記の順位

不動産をめぐる権利関係がどのような優劣関係になっているのかは、「登記の順位」によって決まります。登記の順位は以下のようになります。まず、甲区の中では「順位番号」の若い方が先の順位となります。同様に乙区の中でも順位番号の若い方が先の順位となります。そして、甲区と乙区の間では、受付の日付が早い方または同じ日付の場合は「受付番号」の若い方が先の順位となります。

甲区の順位

甲区にも順位番号はあります。ただ、甲区ではこの順位番号が問題になることはあまりありません。後述するように、乙区では各種の担保権（抵当権や不動産質権）、用益権（賃借権や地上権）が登記され、複数の登記がなされているときに、それぞれの登記の優劣を判断するのに順位番号が非常に重要です。甲区の場合、たとえば、順位番号１番でＡの所有権保存登記がなされ、２番でＡからＢへの売買を原因とする所有権移転登記がなされ、甲区の記録はそれだけであるとします。この場合、登記記録上の所有権者はあくまでも２番の登記の所有権者Ｂであり、１番で登記されたＡがＢに優先するというようなことはないからです。

ただし、仮登記（194ページ）や差押えの登記（競売などで差押えをされたときにされる登記）がされているときは、その順位番号が重要な意味を持つ場合があります。

通常、順位番号は「１」「２」といった数字で表現されます。こうした数字で順位が表示されている登記は「主登記」と呼ばれるものです。登記は主登記でなされるのが原則です。

これに対し、登記事項証明書の順位番号欄に「付記１号」などと記載されている登記があります。

たとえば、順位番号１番でＡの所有権保存登記がされ、そのすぐ下に「付記１号」などと書かれているわけです。

このような順位番号が付けられている登記を「付記登記」といいます。甲区の場合、所有者の住所や氏名が変更された場合など、すでに主登記として記録されている内容に変更が生じた場合などに、主登記と同じ順位を維持したまま付記登記がなされます。つまり、付記登記は独立した順位で登記されるのではなく、主登記と一体のものとして扱われるのです。

乙区の順位

甲区と比較して、乙区の場合、順位番号は非常に重要です。たとえば、順位番号１番でＡを抵当権者とする抵当権、２番でＢを抵当権者とする抵当権が設定されている場合、それぞれの抵当権が消滅などしていなければ、債務者が債務を履行できず、抵当権が実行される、つまり不動産が競売などにかけられたときには、まずＡが優先的に自分の債権を回収し、その残りからＢが自分の債権を回収することになります。

この順位は甲区と同じように受付の順番で決まります。抵当権者Ａが抵当権者Ｂより少しでも早く抵当権設定の登記を申請すると、Ａの順位が上になり、ＡがＢに優先するというわけです。

乙区の順位に関しては、原則として、順位番号１番が２番に、２番が３番に優先する、と理解しておけばよいのですが、たとえば順位変更の登記がなされていたり、また順位の譲渡の登記がなされていたりすると、その優先順位は変わってきます。

乙区の順位番号欄にも甲区と同様、「付記○号」という記載がされている場合があります。これも甲区の場合と同様に、付記登記であることを示すものです。乙区の付記登記は、甲区の場合と同様に抵当権者などの住所、氏名などに変更が生じた場合の他、抵当権が移転した場合にも行われます。つまり、順位番号１番のＡの抵当権がＣに移転した場合、１番の「付記登記１号」でＣへの移転登記がなされます。この場合、Ｃの抵当権は、あくまでも第１順位を保ったままなのです。

登記記録の記載と登記の順位

権　利　部（甲区）（所有権に関する事項）			
順位番号	登記の目的	受付年月日・受付番号	権利者その他の事項
1	所有権保存	平成○○年○月○日 第○○○号	所有者　○○区○○町○丁目○番○ ○○○○
2	所有権移転	平成○○年○月○日 第○○○号 ※	原因　平成○○年○月○日売買 所有者　○○区○○町○丁目○番○ ○○○○
付記 1号	買戻特約	平成○○年○月○日 第○○○号 ※	原因　平成○○年○月○日特約 売買代金　金○○○万円 契約費用　金○万円 買戻期間　平成○○年○月○日から５年間 買戻権者　○○区○○町○丁目○番○ ○○○○
3	所有権移転	令和○年○月○日 第○○○号	原因　令和○年○月○日売買 所有者　○○区○○町○丁目○番○ ○○○○

※　買戻特約の登記申請は、所有権移転登記と同時にすることを要するため、同じ受付番号が付される

7 仮登記

とりあえず登記の順番を確保する

仮登記の効力

通常の登記は一般には本登記と呼ばれます。本登記にはさまざまな効力がありますが、その中でも最も重要な効力は対抗力です。権利関係の変動を登記しておけば、当事者だけでなく広く第三者に対してもその権利関係の変動を主張することができます。このことを「対抗することができる」といい、登記のもつこのような効力を「対抗力」といいます。

典型的な例ですと、土地の所有者AがBと売買契約を結んで、その後にAがCにもその土地を売却してしまったとします。まだ、所有権の登記名義がAのままだと、BもCもお互いにAから所有権を譲られたことを主張（対抗）することはできません。土地の所有権を対抗できるのは、先にAから所有権移転の登記を受けた者です。

このことは抵当権などの担保権や賃借権などの用益権を登記する場合にもあてはまります。結局、登記の世界では先に登記された方が優先するのが原則なのです。そのため、不動産登記を申請する人は、対象となる不動産について他の誰よりも先に登記をしようとするのです。

ただ、場合によってはどうしてもすぐに登記を申請することができないこともあります。登記申請に添付すべき情報がそろわない場合や契約上の条件がまだ満たされず、当事者の間でも所有権が移転していないという状態もありえます。このように手続的または実体的に登記を申請するための要件が整っていないと、登記の順番を少しでも早くしようと心を砕いていても実際の申請はできません。

そこで、登記法ではそのような場合でもとりあえず順番だけは確保しておくことができるように仮登記という制度を設けました。入手の困難なコンサートのチケットを買おうと並んでいる時に、順番を整理するために整理券が配られる場合をイメージしてもらえればよいと思います。

仮登記の申請がなされると登記記録にその記録がなされます。そして、その後に手続的または実体的に不足していた要件が整った時点で本登記とする申請をすると、登記記録の仮登記が本登記に改められます。この時、仮登記の申請がなされた時の順番が確保されていて、仮登記の後に誰かが権利の登記をしていたとしても、その人に優先することができるのです。

たとえば、Aが所有する土地を条件

つきでＢに売買してその仮登記がなされた後に、ＡがＣにも同じ土地を売却してその本登記がなされたとします。その後に、ＡＢ間の条件が整ったために仮登記を本登記にする申請がなされると、本登記はＣの方が先でもＢの順番が確保されているため、Ｂは土地の所有権をＣに主張（対抗）することができるわけです。

ただ、仮登記それ自体には対抗力は認められていません。この例ですと、Ｂの仮登記が本登記に改められるまでは、Ｃの本登記に対抗力があることになります。Ａが土地をさらにＤに売却した場合、Ｂの登記が仮登記である間はＤに対して土地の所有権を主張（対抗）できるのはＣということになるのです。

仮登記を本登記にするとき

仮登記してある権利について手続的・実体的な条件が整うと本登記に改めるための申請ができます。申請の手続は概ね本登記の申請の場合と同様ですが、登記の原因は仮登記の原因に対応していなければなりません。

なお、仮登記の申請に際して気をつけるべき点は、仮登記から本登記に改められることによって不利益を受ける人がいる場合、その人の実印を押した「承諾書」と「印鑑証明書」を添付しなければならないということです（書面申請の場合）。

仮登記が本登記に改められると、その本登記とは相容れない仮登記の後の登記は抹消されてしまいます。前述した例でいうと、ＢがＡとの売買による所有権移転の仮登記を本登記に改めると、Ｃの本登記は登記官によって抹消されてしまいます。Ｂ名義の所有権移転登記とＣ名義の所有権移転登記が矛盾するからです。ですから、この場合はＣが不利益を受ける者であって、仮登記を本登記に改めるための申請をするときには、Ｃの承諾書と印鑑証明書を添付することになります。Ｃの承諾が得られない場合には、Ｃに勝訴した裁判の謄本を添付することになります。

仮登記の効力

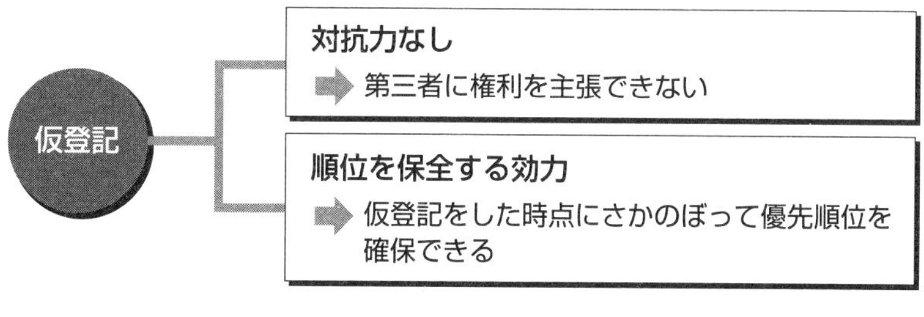

8 登記申請書の記載内容

一般的な記載事項をおさえておく

登記の記載内容は正確に

権利に関する登記申請では、登記官に申請書に記載された内容が真実であるかどうかを調べる権限がありません。申請人が希望する登記の内容は申請書とその添付書類によって登記官に伝達され、その記載内容通りに登記記録に記録されます。申請書は登記官に正しく登記内容が伝わるように、正確に記載しなければなりません。

記載事項

法務局では受け付けた申請書の内容通りに登記記録への記録がなされます。ですから、申請書に記載する内容は、登記をするために必要な事項ということになります。

登記にはさまざまな種類があるので、記載事項もその登記によって異なります。一般的な記載事項としては、次のようなものがあります。

① 登記の目的

売買で所有権を取得した場合の「所有権移転」や債務の担保として抵当権を設定した場合の「抵当権設定」のように、登記をする目的を記載します。

② 登記の原因

登記の目的として掲げた物権変動は、売買や贈与、抵当権設定などの法律行為、または相続、時効、弁済といった法律事実を原因として生じることになります。そこで、そのような登記をする原因となった法律行為または法律事実を記載します。

「令和○年○月○日売買」というように、原因が生じた年月日も記載します。もっとも、登記によっては、所有権の更正登記のように原因日付のない場合や、所有権の保存登記のように原因そのものがない場合もあります。

③ 申請人

登記を申請する人の住所、氏名（法人の場合は本店所在地と商号、代表者の資格及び氏名、会社法人等番号）を記載します。

共同申請の場合は、登記権利者と登記義務者の区別をします。登記権利者とは登記によって利益を受ける者のことであり、登記義務者とは登記によって不利益を受ける者のことです。

申請人自身で申請するときは、氏名の後に押印することを忘れないようにしましょう。申請人の電話番号などの連絡先も記載します。

④ 添付書類

登記識別情報、登記済証、登記原因証明情報、印鑑証明書など、申請書に添付する書類の名称を記載します。

⑤　**申請日と法務局**

登記申請の年月日を記載します。また、申請書を提出する管轄法務局の名称を記載します。

⑥　**代理人**

本人ではなく司法書士などの代理人が登記申請を行うときは、その代理人の住所と氏名、連絡先を記載し、氏名の後に代理人が押印します。この場合、申請人の押印は必要ありません。

⑦　**課税価格**

不動産の価格（固定資産税評価額）や抵当権の債権額などを基準として登録免許税を計算する場合に記載します。1,000円未満は切り捨てます。

⑧　**登録免許税**

課税価格を基準として登録免許税の額を計算し、金額を記載します。100円未満は切り捨てます。たとえば、土地の売買において、その土地の価格が2,000万円であった場合、登録免許税を算出する基準の課税価格は2,000万円になります。売買を原因として土地の所有権移転登記をする場合の登録免許税は課税価格の1000分の20（令和８年３月31日までに登記を受ける場合は1000分の15に軽減されます）ですから、登録免許税額は40万円（30万円）になります。

⑨　**不動産の表示**

登記の対象となる不動産を記載します。土地の場合は、所在、地番、地目、地積で特定します。建物の場合、一戸建ては、所在、家屋番号、種類、構造、床面積で特定し、マンションなどの区分所有建物は、一棟の建物の所在、建物の名称、専有部分の建物の家屋番号、種類、構造、床面積、敷地権の目的となる土地の情報で特定します。

登記申請書に記載する一般的な事項

登記申請書

①―― 登記の目的　所有権移転
②―― 原因　令和○年○月○日売買
③┬ 権利者　住所・氏名
　└ 義務者　住所・氏名
④―― 添付情報　登記識別情報・登記原因証明情報など
⑤―― 令和○年○月○日申請○○法務局○○支局（出張所）
⑥―― 代理人　住所・氏名
⑦―― 課税価格　金○○○○円
⑧―― 登録免許税　金○○○○円
⑨―― 不動産の表示

9 添付情報・添付書類

オンライン申請では電子化された情報を提供する

添付情報とは

申請書と共に添付情報を提供する必要があります。オンライン申請の場合は、申請情報と共に電子的データとしての添付情報を送信します。書面申請の場合は、添付情報を記載（記録）した書面または磁気ディスクで提供することになります。

以下で書面申請の場合の基本的な添付情報を見ていきましょう。

・登記原因証明情報

権利の登記を申請する場合は、ごく一部の例外を除いて、すべての登記に登記原因証明情報の提供が必要です。

・登記識別情報または登記済証

共同申請の場合における登記義務者は、登記識別情報を提供します。登記識別情報という重要な情報を提供させることによって、登記義務者に間違いなく登記を申請する意思があることを確認するためです。

ただ、管轄法務局のオンライン化前から登記名義人である場合（登記識別情報が交付されていない場合）は、登記済証（権利証）を添付します。

・事前通知制度

登記識別情報や登記済証の提供もなく申請がなされた場合、申請者が本人であることを確認するための制度です。売主など登記義務者に対して、登記の申請があった旨、申請に間違いないときはその旨の申出をするべき旨が通知されます。通知を受けとった登記義務者がこれに署名し印鑑（申請書または委任状に押印したのと同じ印鑑）を押し、申請が本物である旨の申出をします。この事前通知は本人が確実に受け取る必要があるため、本人限定受取郵便により行われます。

主な書面申請の添付書類

書　類	備　考
登記原因証明情報	登記すべき原因となる法律関係や事実を証明する情報。売買契約書や遺産分割協議書など
登記識別情報	登記識別情報の代わりに、登記済証・資格者代理人による本人確認情報の添付、事前通知制度を利用することもある
印鑑証明書	売買による所有権移転、抵当権設定などの登記義務者の印鑑証明書を添付する
その他	会社法人等番号（資格証明書）、許可証、承諾書、住民票の写し

10 その他の添付書類・添付情報

住所証明書は省略できる場合がある

印鑑証明書

所有権の登記名義人が登記義務者となって登記申請をする場合、印鑑証明書（作成後３か月以内のもの）を添付しなければなりません。登記義務者が個人の場合は、市区町村発行の印鑑証明書、登記義務者が会社など法人の場合は、法務局発行の代表者の印鑑証明書（会社法人等番号の提供で添付を省略可能）を添付します。

住所証明書

実際には存在しない人物や法人の名義で登記申請がなされることを防止するために、登記権利者の住所証明書を添付します。

①　個人の場合

個人の場合は、住所証明書は住民票や戸籍の附票の写しまたは印鑑証明書です。住民票の写しは住所地の市区町村役場、戸籍の附票の写しは本籍地の市区町村役場で交付されます。なお、個人の住所証明書は、申請書に住民票コードを記載した場合は、添付を省略することができます。

②　法人の場合

法人の場合、住所は本店（本社）などの主たる事務所の所在地であって、商業登記の登記事項証明書によって証明します。また、会社法人等番号を提供（記載）することによって省略可能となります。

オンライン申請の場合

オンライン申請はすべて電子化された情報の提供によって行われます。たとえば印鑑証明書を提出する代わりに、電子署名した文書を提供することになります。また、公的個人認証に基づく電子証明書により電子署名をした場合には、住所証明情報の提供を省略できます。

住所を証する情報の提供

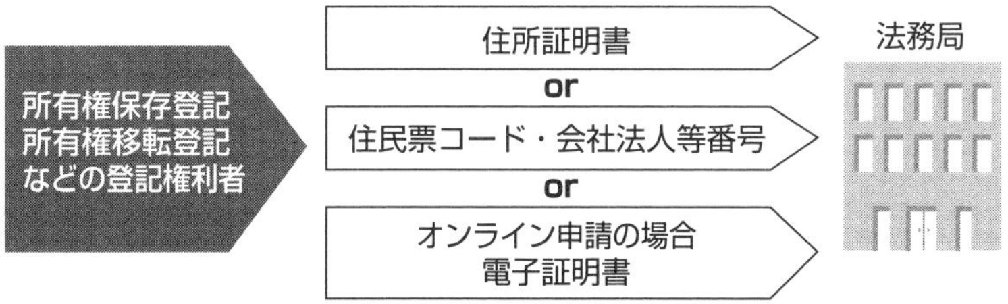

11 登録免許税

登録免許税は不動産登記などを行うときに課される国税である

登録免許税とは

登録免許税は、不動産、船舶、会社、人の資格などについて、公にその証明をするために必要な登記、登録、特許、免許、許可、認可、指定及び技能証明を行うときに課税される国税です。不動産を購入して登記をする場合には、登録免許税がかかります。また、融資を受ける場合には、不動産を担保に提供して抵当権の設定登記を行いますが、そのときにも登録免許税が課税されます。

登録免許税を納めなければならないのは、登記や登録等を受ける人です。納付は、原則として銀行などの金融機関に現金納付して、その領収証書（領収証）を登記等の申請書に貼り付けて提出します。ただし、税額が３万円以下の場合には、申請書に収入印紙を貼付して納めることができます。実務上は３万円を超えるものについても収入印紙を貼付する運用がなされています。

不動産の登録免許税の金額は、課税標準額（税額を算定する上で基準とする金額）に、税率を掛けて算出します。

課税標準額は、新築による建物の所有権の保存登記や、売買や贈与等による土地・建物の所有権の移転登記では、登記される土地・建物の固定資産税評価額になります。抵当権の設定登記の課税標準額は債権金額の総額です。

適用される税率は、以下の通りです。

① 新築した建物の所有権の保存登記は0.4％
② 売買、贈与、交換、収用、競売等による土地・建物の所有権の移転登記は2.0％
③ 相続や、法人の合併による土地・建物の所有権の移転登記は0.4％
④ 共有物の分割による土地の所有権の移転登記は2.0％。ただし一定の要件を満たす場合は0.4％
⑤ 抵当権の設定登記は0.4％

なお、売買による土地の所有権移転登記にかかる登録免許税の税率は、令和５年度税制改正により令和８年３月31日までの間に登記を受ける場合、1.5％に据え置かれています。

また、自分の居住用の床面積50㎡以上の家屋についても要件を満たせば、所有権の保存登記、所有権の移転登記、抵当権の設定登記にかかる登録免許税の税率は、令和６年３月31日までの間に登記を受ける場合、所有権保存登記が0.15％、所有権の移転登記（売買と競売のみ）が0.3％、抵当権設定登記が0.1％と軽減されています。

12 書面申請

郵送でも申請できる

書面申請の流れ

書面によって登記申請を行う場合は、まず申請内容に合わせた登記申請書（申請情報を記載した書面）を作るところから作業を始めなければなりません。

申請書の作成に際しては、記入もれや誤記入が生じないよう、正確な記入を心がけるようにしましょう。申請書の作成は、法務局の申請書様式の利用やQRコード（二次元バーコード）付き書面申請の場合は申請用総合ソフトを利用して作成することができます。

申請書の他に、申請内容を確認するために必要な情報（添付情報）を提供しなければならない場合は、それらが記載されている書面も忘れずに用意します。登記申請の際に必要となる添付書類として、登記識別情報（登記済証）、登記原因証明情報、印鑑証明書、住所証明書などを挙げることができます。

書類の準備ができたら、不動産の所在地を管轄する法務局へ提出します。登記申請の受付は、平日の午前８時30分から午後５時15分までとなっています。

申請書の提出と登記の完了

法務局へ行ったら、申請書の内容に間違いがないことを確認してから、窓口に提出します。申請書の提出は、窓口で提出または返信用封筒を同封して郵送で提出することも可能です。

登記内容に不備があった場合には補正が必要です。申請内容に問題がなければ、申請時にわかる完了予定日（補正日）に、登記が完了することになります。

登記手続きの流れ

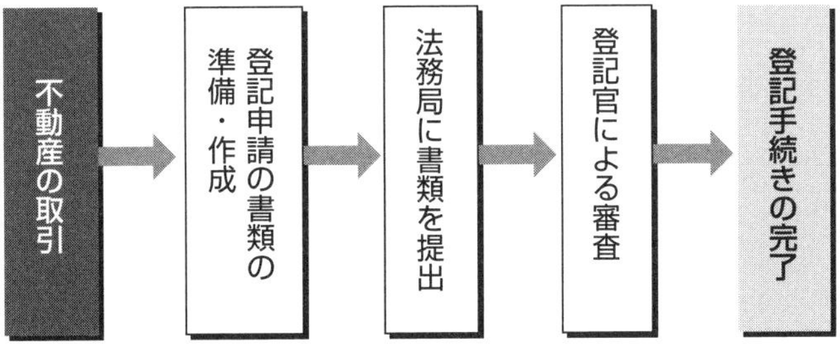

13 原本還付

提出した書類の一部を返してもらう手続き

原本還付とは

添付書類の中には、公的機関や銀行などで別途手続きをする際に必要になってくるものもあるでしょう。そこで、「原本還付」という手続きが設けられています。

原本還付を請求できるのは、登記原因証明情報、代理権限証書（一部例外あり）、住所証明書などの書類です。

これに対し、印鑑証明書（遺産分割協議書に添付したものなどは還付されます）、その登記申請のためだけに作成された委任状、報告形式の登記原因証明情報などの書面については原本還付請求ができません。

原本還付の手続きは、まず、原本をコピーします。そのコピーに法務局の受付に置いてある「原本還付」の判を押すか、自分で赤い字で「原本還付」と書いた上で、「右は原本と相違ありません」と申請人が記入して、記名押印します。原本ではなく、コピーの方を申請書に添付して法務局に提出することになります。

なお、相続による所有権移転登記の申請の場合、戸籍謄本や除籍謄本を登記原因証明情報として提供することになりますが、これらをコピーして申請書に添付しなくても、相続関係説明図を添付することで、戸籍謄本や除籍謄本の原本還付を受けることができます。

一方、遺産分割協議書や特別受益証明書などに添付した印鑑証明書、住民票の写しについて原本還付を受けるためには、別途それらのコピーを添付することが求められています。

原本還付のしくみ

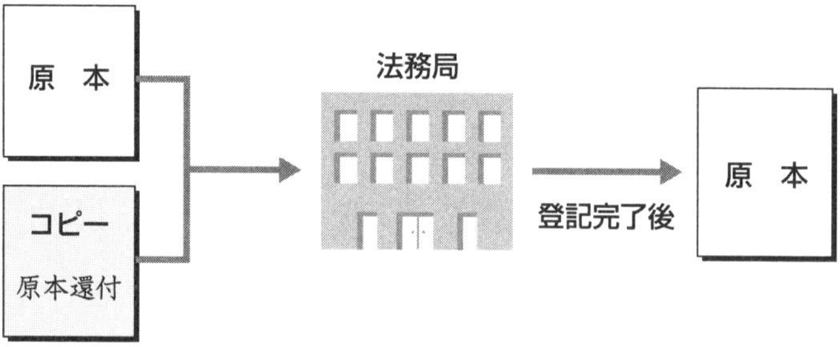

14 補正

申請書の不備を訂正するための手続き

補正とは

登記申請書に何の不備もなければ、申請内容が登記簿に記載されます。もし、申請書に不備が見つかった場合でも、不備を補正できる場合には、登記官は申請を却下せずに、申請人に対して補正（不備の訂正）を指示します。

なお、補正しない場合、申請は却下されますが、実務では、不備を説明した上で、申請人に取下げを促している場合も多いようです。申請を取り下げた場合、すでに納付した登録免許税も還付されるからです。

また、取り下げる際に、取下書と共に再使用申出書を提出すると、領収書または消印済の収入印紙に再使用ができるという判が押印されて返ってきます。再申請時には、それをそのまま使用することができます。

補正は次のような方法・手順で行われます。

書面申請の場合

書面申請の場合、登記申請書に申請人の電話番号などの連絡先を記載することになっています。申請書、添付書類などに不備があり、そのままでは登記の実行ができない場合、いついつまでに補正を行うよう法務局から電話がかかってきます。そこで、補正の要請があった場合には、定められた補正期限内に法務局に行き、補正をすることになります。なお、登記官には、補正の必要がある場合に、必ず申請人に連絡をしなければならない義務があるわけではありませんが、通常、そのままでは登記できない不備がある場合には、連絡があるといえるでしょう。

郵送で書面申請を行った場合、郵送で補正をすることができます。郵送で補正をする場合は、訂正後の申請書または添付書類を郵送するか、正誤を明らかにした補正書を郵送します。なお、郵送で申請を行った場合であっても、直接法務局に行って補正してもかまいません。

オンライン申請の場合

オンライン申請の場合には、補正もオンラインで行わなければなりません。

補正の必要がある場合、補正を要する事項、補正期限の年月日、補正期限内に補正がなされなければ申請を却下する旨、補正の方法、管轄法務局の電話番号が登記・供託オンライン申請システムに掲示する方法によって告知されますので、指示に従って補正をすることになります。

15 登記・供託オンライン申請

インターネットを利用して不動産登記申請をすることができる

◎利用可能な手続きは２種類ある

登記・供託オンライン申請システムは、申請や請求についてインターネットを利用して行うシステムです。登記・供託オンライン申請システムには「申請用総合ソフト」と「かんたん証明書請求・供託かんたん申請」という２つのしくみがあり、利用できる手続が異なります。

①　申請用総合ソフトで行う手続き

申請用総合ソフトは、登記・供託オンライン申請システムで取り扱う手続のすべてを行うことができるソフトウェアです。パソコンにインストールして利用します。

不動産登記については、以下の手続きを行うことができます。

・不動産登記の申請又は嘱託
・登記識別情報に関する証明請求
・登記識別情報の失効の申出
・登記事項や地図・図面証明書の交付請求

②　かんたん証明書請求で行う手続き

かんたん証明書請求とは、Webブラウザを利用して、電子署名や添付ファイルを必要とせずに証明書の請求をすることができるしくみです。不動産登記については、かんたん証明書請求では、登記事項証明書、地図・図面証明書の交付請求をすることができます。

◎利用上の注意点

登記・供託オンライン申請システムは誰でも利用することができ、利用するにあたっては、申請者情報登録を行い、申請者ID及びパスワードを取得することが必要になります。

利用料は必要ありませんが、手続によって、別途手数料などが定められているものがありますので、利用前によく確認することが必要です。

◎電子証明書とは

オンライン申請をするには、申請人や代理人などが申請書や委任状に電子署名をし、登記官が電子署名が正しく申請人などによって行われたものであることを確認するために、電子証明書を送信しなければなりません。不動産登記のオンライン申請に使用可能な電子証明書は、現在のところ、公的個人認証サービスによる電子証明書、電子認証登記所電子証明書、特定認証業務電子証明書などです。

注意したいのは、オンライン申請では、登記権利者の電子署名、電子証明書も必要になることです。書面による登記申請では、実印を押印し、印鑑証明書を添付しなければならないのは登記義務者や承諾書の作成名義人などに限られていますが、オンライン申請では、これらの者に加えて、登記権利者や単独申請の申請人も申請書などに電子署名をし、電子証明書を送信しなければなりません。

半ライン申請とは

オンライン申請をするには、添付情報のすべてが電子情報になっている必要があります。ただ、実際のところ、添付情報のすべてが電子情報になっているわけではありません。

1つでも電子化されていない添付情報がある場合にはオンライン申請をすることができないとなると、オンライン申請の普及は難しくなります。そこで、不動産登記のオンライン申請をする場合において、添付情報（登記識別情報を除く）が書面に記載されているときは、この添付情報が記載された書面を登記所に提出する方法により不動産登記の申請をすることができるようになっています。

具体的には、登記原因証明情報（売買契約書など）が記載されている書面をPDF化して（登記の原因を明らかにする部分のみPDF化すれば足ります）、申請情報と共に送信し、申請の受付日から2日以内に登記原因証明情報の原本及び他の添付書類を法務局に持参するか、レターパック等で郵送します。この方式を特例方式といいますが、一部の申請をオンラインにより行うことから、半ライン申請とも呼ばれています。

オンライン申請のしくみ

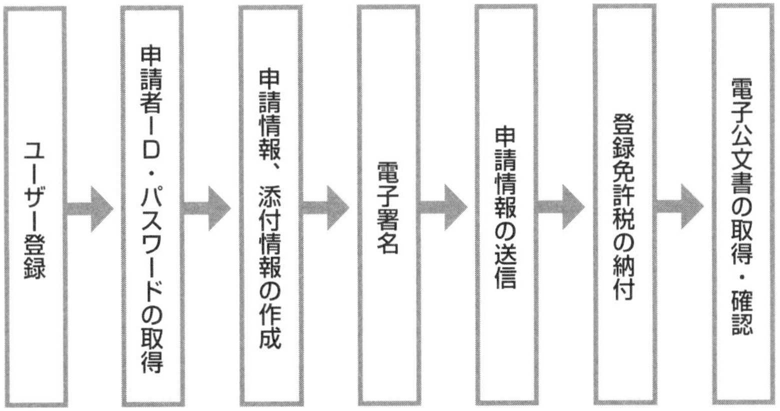

16 不動産売買の登記申請①

代金と書類のやりとりが重要

対象となる不動産をよく調査する

不動産を購入する場合、大多数の人は、宅地建物取引業者の仲介で不動産を見つけ、業者が作成した契約書に署名・押印をし、登記の申請は司法書士にまかせると言ってよいでしょう。その意味で、不動産の売買契約やその登記についての知識がまったくなかったとしても、家を買い、登記をすること自体は可能です。しかし、ある程度の知識をもっていれば、よりスムーズに手続を進めていくことができますし、より自分の希望に沿った取引を実現させることもできるのではないでしょうか。

ここでは主に買主の視点から、不動産売買の契約から登記の完了にいたるまでの流れを見てみましょう。

不動産の売買をする場合、買主としてはまず慎重にその不動産について調べることが必要でしょう。通常は業者からいろいろと資料を提供されたり、現地で説明を受けたりします。これにとどまらず、自分たちだけで現地に行って物件を見たり、環境を調べたり、また業者から登記事項証明書を渡されていたとしても、改めて自分で登記事項証明書を取得したり、法務局で公図、建物図面などを閲覧するなど、より念を入れた調査をするとよいでしょう。

契約書を作成し、署名・押印する

物件をよく調べ、問題がないとなれば、売主と売買契約を締結することになります。法律的には売買契約は口頭での合意だけでも成立しますが、不動産のような高価な物の取引に際しては、契約内容を明確にするために契約書を作成するのが一般的です。そして、契約書に記載された対象の不動産や売買代金、特約など、合意した内容を確認して当事者が契約成立を互いに保証するために署名・押印を行います。売主・買主の他、立会人などが署名・押印する場合もあります。契約書は２通作成し、売主、買主の双方が１通ずつ保管します。

手付金の受け渡しと必要な書類の取得

宅地建物取引業者が仲介する不動産の売買の場合、契約時に売買代金の全額を支払うことはありません。それは不動産を購入するのにローンを利用する人が多いからです。不動産購入のためのローンを組むためには、対象不動産が決まっていなければなりません。売買契約を締結することで、対象となる不動産が決定し、それと同時にローンを申し込んだとしても、申込みから融資の実行まで早くても１週間程度、場合によっては数週間かかります。そこで契約の時点では買主は売買代金の一部として手付金を売主に支払います。

残代金の決済

買主がローンの審査に通り、融資が実行されることが決まると、いよいよ残代金を支払い、同時に売買による所有権移転登記の申請に必要な書類のやりとりなどが行われることになります。残代金の決済の場には、司法書士が立ち会います。これは次のような理由によります。

不動産の売買代金は通常数千万円にのぼります。買主が売主に代金を渡したものの、買主名義の登記がなされなかったということになると、これは一大事です。買主がその不動産の所有権を確実に手に入れたといえるのは、買主名義の所有権の登記が完了したときだからです。そこで登記と同時に買主が売主に残代金を支払うという方式をとればよいのですが、通常、登記は申請してから完了するまで早くて数日間、場合によっては１週間から十数日間かかることがありますので、これは不可能です。

その代替策として、登記の専門家である司法書士が残代金決済の場で、登記に必要な売主と買主双方の書類をチェックします。そして、問題がない場合には、これで確実に登記ができる旨を宣言し、その代わりに買主は売主に残代金を支払うという方式がとられています。

なお、実際には、決済の場で金融機関から融資が実行されて、そのお金が売主に渡ることになります。また、この場合には、売買される不動産を担保にする抵当権設定の登記もなされることになります。通常は、残代金の決済に立ち会った司法書士が抵当権設定の登記も行い、売買による所有権移転登記を１件目、抵当権設定登記を２件目とする連件申請をします。

不動産購入の際の注意点

①不動産売買契約を結ぶ	・契約書の内容を確認する ・購入代金の支払方法を決める ・引渡時期と移転登記について確認する
②金融機関などに 住宅ローンを申し込む	・融資条件を確認する ・書類をそろえて申し込む
③不動産の引渡と登記を 受ける	・代金と引換えに不動産の引渡しを受ける ・所有権移転登記をする

17 不動産売買の登記申請②

売買契約書などが添付書類となる

目的物の引渡し

残代金の決済の場では、目的物の引渡しも行われます。とはいえ、決済は通常、対象不動産から離れた銀行の応接室で行われますので、現地に行って売主が買主に不動産を引き渡すことはなく、住宅の場合には鍵を渡すことが目的物の引渡しとなります。この他、決済の場では固定資産税の精算なども行われます。

不動産売買の登記に必要な添付書類

不動産の売買をしたときの登記、つまり売買を原因とする所有権移転登記の申請の際に、登記申請書に添付する書類として必要なものは、一般的には次の通りです。

① 登記原因証明情報

登記原因証明情報として必要な事項が記載された不動産の売買契約書あるいは報告形式の登記原因証明情報などです。

② 住所証明書

登記権利者（買主）が実在することを証明するためのものであり、住民票の写しなどが該当します。住民票コードを申請書に記載することにより、添付を省略できます。

③ 登記識別情報または登記済証

申請人の意思に基づく申請である証明のため、登記済証または登記識別情報を添付します。登記識別情報は書面申請のときは封筒に入れて提出します。

④ 印鑑証明書

登記義務者の印鑑証明書です。登記義務者が個人の場合には市区町村役場で取得し、登記義務者が会社など法人の場合は、法務局で代表者の印鑑証明書を取得します。発行から３か月以内のものでなければならないという制限があります。なお、会社の印鑑証明書は会社法人等番号を記載して添付を省略することができます。

⑤ 資格証明書（資格証明情報）

登記権利者または登記義務者が会社など法人である場合、会社法人等番号を記載することで添付する必要はありませんが、会社法人等番号を記載しない場合は、代表者の資格を証する書面として代表者事項証明書、現在事項全部証明書などを添付します。

⑥ 委任状

司法書士などを代理人として申請する場合には、申請人が司法書士などに委任したことを証する委任状を添付しなければなりません。登記義務者の委任状には実印が押印されていなければなりません。

⑦　固定資産税評価証明書

課税価格の計算の基準を証明するために添付します。

登記識別情報・登記済証を提供できない場合

登記識別情報（または登記済証）を紛失した場合など、登記義務者がこれらの書類を提出できないことについて正当な理由がある場合は、事前通知制度や資格者代理人による本人確認制度、あるいは公証人による登記申請者が登記義務者本人であるとの認証によって登記を申請することになります。司法書士が登記申請の代理人となる場合には、資格者代理人による本人確認情報を提供することが多いでしょう。この方が手続がスムーズに進むからです。

登記事項証明書で内容をチェックする

通常、司法書士は残代金の決済日当日に登記の申請を行います。それから数日から十数日程度たって登記が完了し、買主が実際にそれを確認して初めて不動産取引が完全に終了したということができるでしょう。

登記が終わると司法書士から手渡しまたは郵送で、登記識別情報通知書、その他、登記事項証明書や原本還付された書類などを受け取ることになります。登記識別情報については不通知を選択することも可能です。

登記事項証明書を受けとった際には、きちんと自分名義の登記がなされていることを確認しましょう。万一、誤った登記がなされていたり、住所や名前の文字が間違っていたときは、訂正のための手続きを司法書士に相談するとよいでしょう。

売買による所有権移転の登記

権　利　部（甲区）（所有権に関する事項）			
順位番号	登　記　の　目　的	受付年月日・受付番号	権　利　者　そ　の　他　の　事　項
1	所有権保存	令和○年○月○日 第○○○号	所有者　○○区○○町○丁目○番○ A
2	所有権移転	令和○年○月○日 第○○○号	原因　令和○年○月○日売買 所有者　○○区○○町○丁目○番○ B
3	所有権移転	令和○年○月○日 第○○○号	原因　令和○年○月○日売買 所有者　○○区○○町○丁目○番○ C

①　売買により、不動産の所有権がBに移転している（順位番号２番の登記）

②　売買により、不動産の所有権がCに移転している（順位番号３番の登記）

18 抵当権の登記①

債権が移転すれば抵当権も移転する

抵当権と登記

抵当権は、不動産に設定される担保権の中で最も多く利用されています。抵当権を設定しても不動産の現状は変わらず、設定した所有者はその不動産を自分で利用したり第三者に賃貸することで収益を上げることができます。さらに、不動産をそのまま第三者に譲渡してもかまいません。

抵当権が設定されているかどうかは不動産を見てもわかりませんので、抵当権の存在を知るためには登記簿を調査することが必要です。

抵当権設定の登記

抵当権は当事者との契約によって設定されます。仮に、債権者Ａと債務者Ｂとの間でＢ所有の建物について抵当権設定契約が結ばれた場合、たとえそれが登記されなくても抵当権は有効に成立します。しかし、その後に建物がＣに売却されて所有権移転の登記もなされてしまうと、ＡはＣに対して抵当権があることを主張する（対抗する）ことはできません。ですから、抵当権の登記は必ずしておかなければならないのです。

抵当権設定の登記では、原因、債権額、利息、損害金、債務者、抵当権者などが登記事項として記載されます。

抵当権設定登記の申請に必要な添付書類は、登記原因証明情報（抵当権設定契約書、報告形式の登記原因証明情報など）、登記識別情報または登記済証、登記義務者の印鑑証明書、会社法人等番号または資格証明書（登記権利者または登記義務者が法人の場合）、委任状（司法書士などに登記申請を依頼する場合）です。

抵当権移転の登記

抵当権をはじめ担保権は債権を担保してこそ、その存在意義があります。よって、担保されている債権が移転すればそれに伴って担保権である抵当権も当然に移転することになります。前の例で、ＡのＢに対する債権がＡからＤに譲り渡されて、債権者がＤ、債務者がＢになったとします。すると、ＡのＢに対する抵当権もＤに移転して今度は抵当権者がＤとなるわけです。抵当権のもつこの性質を「随伴性」といいます。

ただ、この場合も登記をしておかないと、Ｂから建物を買って登記をしたＣに対してＤも抵当権を主張（対抗）することができなくなります。

19 抵当権の登記②

債権が消滅すれば抵当権も消滅する

抵当権処分の登記

抵当権は、それ自体が財産として高い価値をもっていますから、抵当権自体を一つの財産として処分する方法がいくつか認められています。たとえば、抵当権の順位を変更したり、抵当権そのものに対してさらに抵当権を設定したりする処分です（これを「転抵当」といいます）。

抵当権の順位変更とは、１つの不動産に抵当権が複数付けられている場合に、各抵当権者の合意によってその順位を変更することです。抵当権は登記の申請順によって、１番抵当権、２番抵当権というように優先順位が決まりますが、当事者の合意があれば、自由にその順位を変更できるのです。ただ、順位変更の登記をしなければ効力を生じません。

転抵当とは、たとえば、Ｂの建物に抵当権の設定を受けているＡが、自分の債権者であるＨのために抵当権をさらに設定する場合です。建物に設定されている抵当権が実行されて競売が行われると、ＨはＡに優先して配当を受けることになります。この他、抵当権だけを譲渡・放棄したり、抵当権の順位を譲渡・放棄するといった処分も認められています。

抵当権の抹消登記

ローンを無事に完済したとしても、それだけで安心してはいけません。設定していた抵当権の抹消登記をする必要があるからです。

抵当権は、債権の担保として設定されたものであり、債務が完済されれば消滅します。しかし、抵当権の登記は、原則として抵当権者と設定者が共同して抹消しなければ、いつまでも登記簿に残ったままです。この場合、放っておくと後で抹消するのが難しくなることもありますから、早めに抹消しておく必要があるといえるでしょう。

抵当権の設定から抹消まで

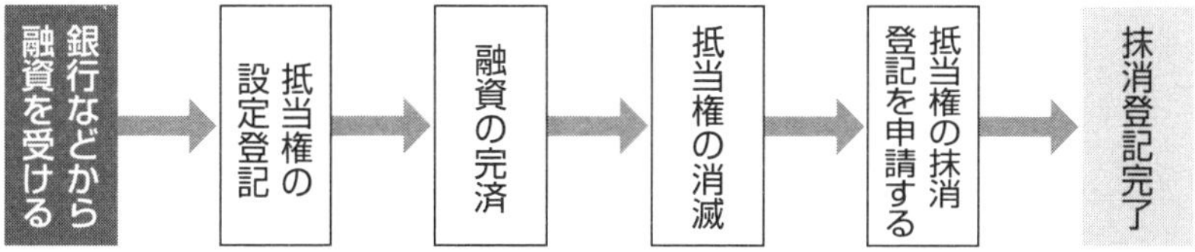

20 根抵当権の登記

極度額、債権の範囲なども登記する

根抵当権の登記

抵当権は特定の債務を担保するものであって、その債務が完済されると役割を終えて消滅します。しかし、企業と金融機関の間で継続して行われる融資を担保したり、企業同士の間で継続して行われる取引から生じる債権を担保したりする場合に、いちいち設定のための手続をし直すのは不便です。

そこで、継続して債権・債務の関係がある当事者のために設けられているのが「根抵当権」という制度です。根抵当権は、特定当事者の間で生じる一定の範囲内の債権を担保するもので、1つの債権が返済されても抵当権と異なり消滅しません。さらに、根抵当権が設定された後に発生した債権であっても、あらかじめ決められた範囲内の債権であれば担保されます。

ただ、当事者の間で生じる債権をいつまでも無限に担保するわけではありません。「極度額」といって担保される金額の最高限度額は決まっています。また、「元本確定期日」という日を決めておいて、その日が到来した時点で存在する債権に限って担保されるようにすることもできます。

根抵当権設定の登記

根抵当権の登記では極度額、債権の範囲が根抵当権者や債務者と並んで登記事項とされています。また、元本確定期日を登記することもできます。課税価格として、極度額を記載します（1,000円未満の端数があるときは、その端数は切り捨てます）。登録免許税は、課税価格（極度額）に1000分の４をかけた金額です（100円未満の端数があるときは、その端数は切り捨てます）。

根抵当権変更の登記

根抵当権は、その設定の原因となっている取引関係に変更が生じたときには、それに沿った形で根抵当権の内容を変更することもできます。具体的には、極度額・債権の範囲・債務者などが変更できます。内容の変更にともなって、いったんなされた登記についても変更する必要性があります。

ただ、根抵当権の変更の内容によっては、後順位の担保権者が利害関係人となるため、登記申請の際、その者の承諾が必要となる場合があります。

元本確定の登記

根抵当権を設定した不動産が競売のために差し押さえられるなど一定の事

由によって、根抵当権が担保する債権が具体的に特定されてしまうことがあります。これを元本の確定といいます。元本が確定すると、債権の範囲に属する債権が発生しても、もはや根抵当権によって担保されなくなります。

「元本確定の登記」とは、文字どおり、元本が確定した場合にするものです。ただ、元本が確定した場合に常にこの登記をしなければならないわけではありません。

根抵当権の登記の中には、元本確定後でなければすることができない登記があります。たとえば、根抵当権の被担保債権を弁済した場合の根抵当権の抹消登記です。こうした場合に、その前提として、元本確定の登記をしなければならないことがあります。

元本確定後でなければすることができない登記をする場合であっても、前提としての元本確定登記が不要なケースもあります。それは登記簿上、元本の確定が明らかな場合です。たとえば、根抵当権ではあらかじめいつ元本が確定するかを決めておき、これを「確定期日」として登記できますが、確定期日が登記されていて、この日が到来しているのであれば、わざわざ元本確定の登記をする必要はありません。

根抵当権処分の登記

根抵当権も通常の抵当権のように各種の処分をすることができます。ただ、根抵当権の特殊性から、処分が制限されています。たとえば、根抵当権の順位変更や転根抵当は、通常の抵当権と同じように自由にできますが、根抵当権だけの譲渡・放棄や根抵当権の順位の譲渡・放棄などは、元本確定の前には認められません。

根抵当権抹消の登記

根抵当権も通常の抵当権と同様に解除などを登記原因として抹消登記をします。

主な根抵当権の変更

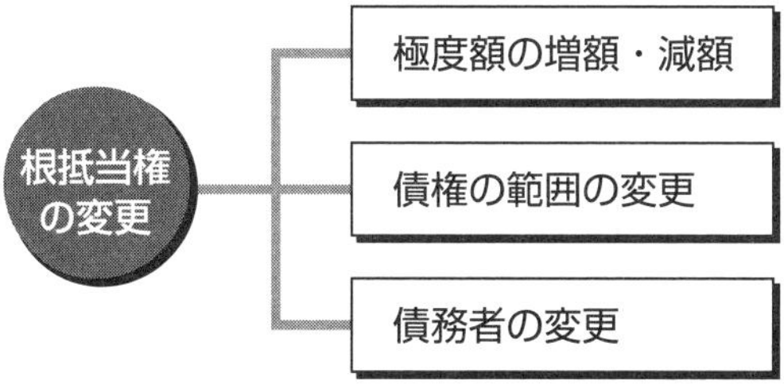

21 相続手続きと相続登記の義務化

相続登記と住所氏名変更登記が義務化された

相続登記はなされないことが多い

相続とは、簡単に言えば「死亡した人の遺産（財産）を相続人がもらうこと」です（民法896条）。不動産の所有者が亡くなった場合、相続が発生して相続人へと不動産の所有権が承継されます。ただ、従来、相続登記（相続人への不動産の名義変更）の申請は義務ではなく、これを行うには申請書や戸籍謄本などのさまざまな書類を提出する必要があります。提出書類を調べて集めていくことは時間や手間がかかりますし、登録免許税の負担や、司法書士などの専門家に依頼した場合には費用もかかることから、預金や保険金などの手続きだけ済ませて相続登記の申請が行われないケースも多くありました。

こうして相続登記が行われないまま何年も経過して、当初相続人だった人が亡くなって相続が繰り返されると、相続人の地位にある人が数十人に膨れあがります。そうなると、相続登記の手続きを進めようとしても、協力してもらえない人や所在がわからない人などが出てしまい、遺産分割協議をまとめることが困難となり、さらに相続登記は放置されてしまいます。

放置された不動産は所有者がわからないため、売買などができずに凍結状態となり、公共事業や復旧・復興事業、民間取引などに支障をきたします。

このような所有者が不明となってしまう問題の解決策を長年検討されてきましたが、「民法等の一部を改正する法律」及び「相続等により取得した土地所有権の国庫への帰属に関する法律」が令和３年４月に成立し、公布されました。不動産登記法の改正もこの改正法に含まれています。これらの法律は、主として所有者不明土地の発生を予防する方策と、すでに発生している所有者不明土地の利用の円滑化の方策から構成され、所有者不明土地の発生予防の方策として、令和６年４月１日から従来申請の義務がなかった相続登記が義務化されます。

なお、相続登記と同様の観点から、住所等の変更登記についても２年以内に行うことを義務化する法改正が行われています（令和８年４月までに施行）。

相続登記の義務化の具体的な内容

不動産の所有者に相続の開始があったときは、相続人は、相続の開始と所有権の取得を知った日から３年以内に所有権の移転登記を申請しなければなりません。これは、遺言や遺産分割で決められた相続人への相続登記または遺産分割前の法定相続分での相続登記をすることで義務を履行したことになります。

さらに、法定相続分による相続登記をした後に遺産分割で法定相続分を超える所有権を取得することになった相続人は、遺産分割の日から３年以内に所有権の移転登記を申請しなければなりません。この登記申請を正当な理由がなく怠った場合は10万円以下の過料の罰則があります。

しかし、いったん法定相続分で登記申請する場合は別として、遺産分割をする予定が容易に協議がまとまらないなどが理由で、期限内に申請義務を履行するのが難しい場合があります。

そのような場合には、新たに創設される「相続人申告登記」を利用できるようになります。これは、相続人が単独で登記簿上の所有者に相続が発生したこと、自身が相続人であることを申し出た相続人は、申請義務の履行を行ったとみなされる制度です。この申出を受けた法務局は職権でその旨（報告的な内容）を登記します。申出は登記申請よりも簡易な手続きとなりますが、申告した人がその後の遺産分割により所有権を取得した場合は、遺産分割の日から３年以内に所有権の移転登記を申請しなければなりません。

この他、新たな方策として相続人に対する遺贈による所有権の移転登記などは、単独で申請することができるようになります。また、相続登記を義務化する際に、相続人の負担を考慮して申請時に必要となる登録免許税の負担を軽減することが予定されています。

相続登記・住所氏名変更登記の義務化

	相続登記	住所氏名変更登記
期 限	相続があったこと・所有権の取得を知った日から３年以内	住所・氏名（名称）の変更の日から２年以内
罰 則	正当な理由なく申請しない場合は10万円以下の過料	正当な理由なく申請しない場合は５万円以下の過料
関連する制度	・相続人申告登記制度 ・所有不動産記録証明制度 ・遺贈や法定相続分での相続登記がされた場合の登記手続の簡略化 ・登録免許税の軽減	登記官による登記名義人の住所・氏名（名称）の変更情報を不動産登記に反映させる制度
施行日	令和６年４月１日	令和８年４月までに施行

※施行日について、住所変更登記義務化関係の改正については公布後５年以内の政令で定める日とされています（公布日は令和３年４月28日）。

22 相続登記のしくみ

相続の登記は相続人間の話し合いがついたら早めに行う

土地や建物を相続した場合

親や配偶者などが死亡して土地などの不動産を相続した場合、不動産を相続人名義にするため相続による所有権移転登記を行います。

現在、相続による所有権移転登記をすることは義務ではありませんが、名義変更が未了のため所有者が不明となる問題の解決のため、令和３年成立の法改正により今後（令和６年頃）相続登記は３年以内に行うことが義務化されています。

相続関係を証明する書類が必要

相続による所有権移転登記を申請する場合、準備として一番重要なことは相続関係を明確にしてそれを証明する書類を集めることです。

相続関係を証明するためには、被相続人の現在の戸籍謄本を提出するだけでは足りません。被相続人の現在の戸籍謄本には、相続人が全員記載されているとは限らないからです。被相続人の現在から過去へと戸籍をさかのぼらなければなりません。つまり、被相続人の出生時（または12～13歳頃）から死亡までの戸籍謄本や除籍謄本、改製原戸籍謄本などを準備することになります。また、これに加えて相続人全員の戸籍謄本が必要になります。

相続人の戸籍をさかのぼるとき、現在の戸籍に記載されている転籍や改製の記録を頼りに順次、現在から過去へと調査していくことになります。

相続登記が必要となるケース

相続登記をするのは、次のような場合です。

① 相続財産のうち、土地や建物などの不動産の所有権について共同相続人が法定相続分の通り相続することになった場合

② 共同相続人同士で遺産分割の協議をした結果、あるいは被相続人が残した遺言書の内容に従って、特定の不動産の所有権を特定の相続人が相続したり、法定相続分とは異なる割合で相続することになった場合

遺産分割協議による登記

相続が発生した場合、法定相続分で登記するか、遺産分割協議や遺言書に従って、特定の相続人が特定の不動産を相続するという内容などで登記することになります。

遺産分割協議とは、相続人の間で相続財産を誰がどのように相続するかを決める話し合いのことです。どうして

も相続人間での話し合いがつかず、遺産分割協議が暗礁に乗り上げたときは、家庭裁判所に遺産分割の調停を申し立てることができます。調停とは、家庭裁判所が間に入って柔軟に協議をとりまとめるための制度です。調停で話がつかなければ訴訟で決着をつける他ないでしょう。遺産分割協議についても、法改正により10年以内に行わない場合、特別受益等を適用しないことになります。

遺産分割協議後に相続登記を申請する場合、まず、民法の規定どおりの相続分に従って相続の登記を行い、その後、相続人間の遺産分割協議の結果に沿った、分割後の持分移転による登記をするというのが、本来の順序です。ただ、通常は直接、遺産分割協議の結果どおりに相続による所有権移転登記を申請する方法がとられています。

遺産分割協議の内容に従って相続登記をする場合は、戸籍謄本などをそろえる以外に、遺産分割協議の結果を記載した遺産分割協議書を作成する必要があります。遺産分割協議書には、被相続人や相続人の表示、協議の内容などを記載して、相続人全員が署名（記名）し、実印を押します。これに印鑑証明書を添付して、戸籍謄本などと一緒に提出することになります。遺産分割協議が成立した場合、第三者に主張できるようにするため、速やかに登記申請をすませましょう。

相続登記の登録免許税

相続による所有権移転登記の登録免許税は、課税価格（固定資産評価額、1,000円未満は切捨て）に1000分の４の税率を乗じて算出します。算出した金額について100円未満の端数がある場合には、その端数を切り捨てた金額が登録免許税となります（下図参照）。

相続登記の税率1000分の４を乗じて1,000円に満たないときの登録免許税は1,000円とするものとされています。

登録免許税の例

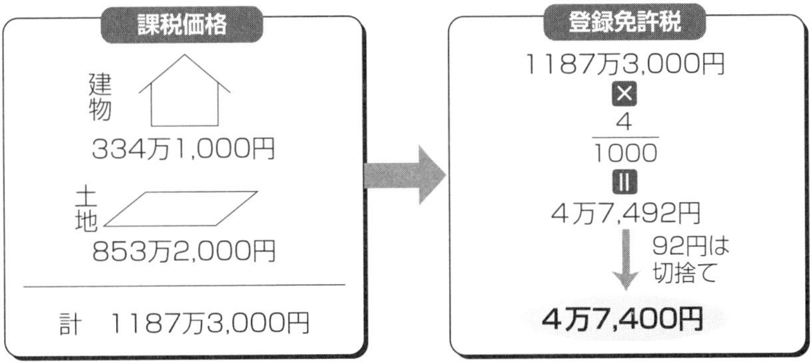

23 不動産贈与の登記

贈与は書面で行うこと

贈与は親族間でなされることが多い

売買の他に、不動産の所有権が移転する場合としては「贈与」があります。贈与は「あげます」「もらいます」というお互いの合意の上に成立する契約です。他人同士の贈与よりも、親族間での贈与が多い傾向があります。たとえば、婚姻期間が20年を過ぎた夫婦の場合、夫婦間の贈与では贈与税が軽減されることがあり、この制度を利用して夫が妻に居住用の不動産を贈与する例がときに見られます。

贈与については民法の規定によって、書面によらない場合は解除できることになっています。ですから、贈与といっても念のために書面にしておくべきでしょう。ただ、書面によらない贈与でも、所有権移転の登記や不動産の引渡など、履行がなされた後は解除できません。

なお、贈与と区別すべき用語として遺贈と死因贈与があります。遺贈とは、遺言による財産の贈与のことで、財産を与える相手方の同意を得ないで行うことができます。これに対して、贈与する人の死亡という条件がついた贈与を死因贈与といいます。死因贈与も贈与者の死によって有効になりますが、相手方との合意が必要です。

登記申請前に登記記録を確認する

登記を申請する前に贈与される不動産について登記記録にどのように記録されているかを確認しておきます。登記記録の内容とは矛盾する登記の申請をしても却下されるおそれがあります。

登記記録を調べる前提として、土地であれば所在と地番を、建物であれば所在と家屋番号を確認しましょう。地番や家屋番号は登記識別情報や登記済証、固定資産税評価証明書、固定資産税の納付書を参照すればわかります。

次に、法務局に行って登記事項証明書の交付申請をします。登記事項証明書を見て、土地であれば所在・地番・地目・地積（面積）が登記識別情報の内容と一致しているか、建物であれば所在・家屋番号・種類・構造・床面積について確認してみてください。

引越しなどによって所有権の登記名義人の住所が変わっているときは、登記名義人住所変更登記を申請する必要があります。登記記録上の登記義務者の住所と印鑑証明書などの添付書類に記載されている住所とが一致していなければならないからです。

登記申請書の記載

登記記録の内容を確認し、問題がな

ければ申請書を作成します。

・登記の目的

所有権移転と記入します。

・原因

贈与の行われた年月日、及び登記原因である「贈与」を記載します。

・権利者

受贈者つまり贈与を受ける者の住所と氏名を記載し、名前の後に押印します。住所は添付書類に記載されたものと一致しているように気をつけてください。司法書士など代理人が申請する場合は、この押印は不要です。

・義務者

贈与者の住所と氏名を記載し、名前の後に押印します。印鑑は印鑑登録された実印を使用します。司法書士などの代理人が申請する場合は、この押印は不要です。

・課税価格

固定資産税評価証明書に記載されている評価額の1,000円未満を切り捨てた金額を記入します。

・登録免許税

課税価格に1000分の20を乗じて100円未満を切り捨てた金額になります。

添付書類をそろえる

贈与による所有権移転登記の添付書類は次の通りです。

・登記原因証明情報

贈与契約書または報告形式の登記原因証明情報です。

・登記識別情報または登記済証・印鑑証明書

贈与者の登記識別情報または登記済証と印鑑証明書を添付します。印鑑証明書は発行から３か月以内のものを使用してください。

・住所証明書

受贈者の住民票の写しを添付します。戸籍の附票の写しや印鑑証明書を住所証明書とすることもできます。

・固定資産税評価証明書

課税価格の計算の基準を証明するために添付します。

相続・遺言・死因贈与・生前贈与

	内容	相続人・受遺者	課せられる税
相続	被相続人の死亡によって財産が移転	一定の身分関係の人が相続人になる	相続税
遺贈	遺言書による財産の贈与	遺言者が指定した受遺者	相続税
死因贈与	人の死亡を条件とする贈与	贈与者が指定した受贈者	相続税
生前贈与	生前に財産を無償で他人に譲渡	贈与者が指定した受贈者	贈与税

資料　不動産登記についての主な登録免許税

登記の原因		税率・税額
所有権保存		不動産価額の４／1000
所有権移転	相続 （相続人に対する遺贈を含む）	不動産価額の４／1000
	合併	同上
	共有物の分割	不動産価額の20／1000 （事例によっては４／1000）
	その他の原因によるもの （売買、代物弁済など）	20／1000 ただし、令和８年３月31日までに土地の売買による所有権の移転の登記をする場合は15／1000
賃借権の設定		不動産価額の10／1000
地役権の設定		承役地の不動産の個数一個につき1,500円
抵当権の設定		債権額の４／1000
根抵当権の設定		極度額の４／1000
先取特権・質権・抵当権の移転		債権金額の２／1000
相続・合併を原因とする抵当権の移転		債権額の1／1000
所有権の信託の登記		不動産価額の４／1000 ただし、令和８年３月31日までに土地の所有権の信託の登記をする場合は3／1000
仮登記	所有権移転仮登記	不動産価額の10／1000
	所有権移転請求権の移転登記	不動産一個につき1,000円
登記の抹消		不動産一個につき1,000円
所有権登記名義人の氏名等の変更・更正登記		不動産一個につき1,000円

※　個人が、自己の居住のため、住宅用家屋を新築・取得した場合については、登録免許税の軽減措置が設けられている。たとえば、個人が、令和６年３月 31 日までの間に、自己の居住のため、住宅用家屋（条件あり）を新築した場合の保存登記の登録免許税は、1000 分の 1.5（建物によっては1000分の 1）に軽減される。

なお、書面申請でもオンライン申請でも登録免許税の税率・税額は同一である。

第7章

裁判・執行・保全・担保権実行の知識

1 法的手段の種類

適切な解決方法を探る

法的手段にもいろいろある

不動産をめぐるトラブルが発生した場合、最終的には訴訟を提起することになりますが、いきなり訴訟を提起するのではなく、まずはその他の法的手段を検討するのがよいでしょう。

たとえば、家賃の支払いが滞っている場合は、賃借人に内容証明郵便を送るのもよいでしょう。

また、できる限り話し合いで紛争を解決したいと考えたときは、借地非訟や民事調停（宅地建物調停）を利用すると、裁判所に間に入ってもらうことができます。しかし、債務者の協力が得られないときには、仮差押や支払督促が必要になります。

このような法的手段を検討しても解決の糸口が見えない場合は、いよいよ訴訟の提起となります。ただ、訴訟は費用や時間がかかるので、それなりの覚悟が必要です。必要に応じて和解をすることも視野に入れましょう。

さまざまな法的手段

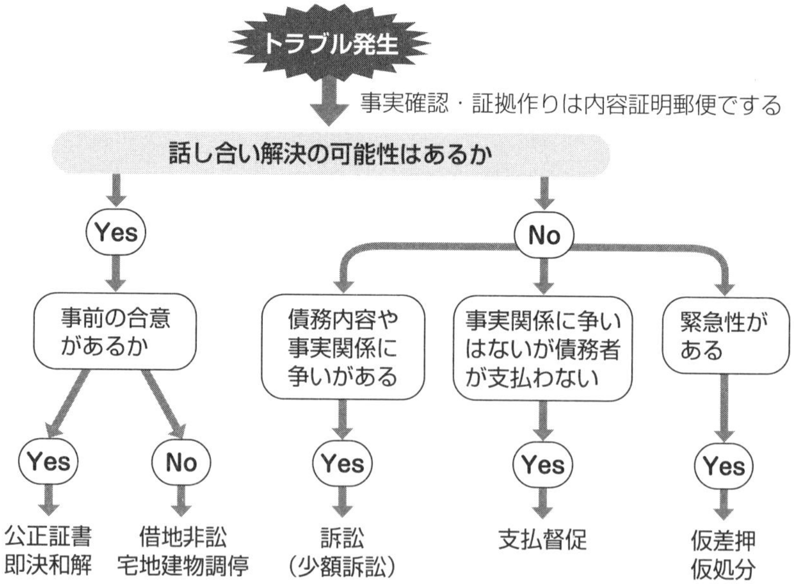

2 内容証明郵便①

心理的プレッシャーを与えることができる

内容証明郵便とは

内容証明郵便は、誰が・いつ・どんな内容の郵便を・誰に送ったのか、を郵便局が証明する特殊な郵便です。

一般の郵便では、後々になって「そんな郵便は受け取っていない」「確かに郵便を送った」といったトラブルが生じないとも限りませんが、内容証明郵便を利用しておくと、そうした事態は避けられます。内容証明郵便を利用すれば、郵便を発信した事実から、その内容、さらには相手に配達されたことまで証明してもらえます。訴訟になった場合に強力な武器となるでしょう。

ただ、内容証明郵便それ自体には、債務者に支払いを強制させるといった特別な法的効力が付与されているわけではありません。また、内容証明郵便を一度送ってしまうと、訂正はできません。誤った事実や内容を記載してしまうと、訴訟になった場合に主張や請求の根拠について疑いを持たれてしまう危険性があります。そのため、記載内容を慎重に選ぶことが大切です。

家賃滞納による契約解除の通知書（内容証明郵便）

通知書

私は貴殿に対し、後記の通りの条件で、当方所有の後記の建物を賃貸しておりますが、貴殿は、令和○○年○月分から令和○○年○月分までの賃料3か月分、合計金○○万円の支払いを怠っております。つきましては、本書面到達後7日間以内に滞納額全額をお支払いくださいますよう、ご請求申し上げます。

もし、右期間内にお支払いのない場合には、改めて契約解除の通知をなすことなく、右期間の経過をもって、貴殿との間の本件建物賃貸借契約を解除いたします。

記

1 賃貸物件
東京都○○区○○1丁目1番1号
家屋番号5番
木造瓦葺2階建居宅兼店舗
床面積
1階 50平方メートル
2階 40平方メートル

2 家賃 1か月金○○万円

3 家賃支払期日 翌月分を毎月末日限り支払う

（以下、日付、差出人・受取人の住所・氏名省略）

3 内容証明郵便②

記載方法には制限がある

字数などの制限がある

内容証明郵便で１枚の用紙に書ける文字数には制約があります。縦書きの場合には、１行20字以内、用紙１枚26行以内に収めます。横書きの場合には、①１行20字以内、用紙１枚26行以内、②１行13字以内、用紙１枚40行以内、③１行26字以内、用紙１枚20行以内の３つのパターンの書き方があります。

文字は日本語のみで、かな（ひらがな、カタカナ）、漢字、数字（漢数字）、かっこ、句読点は使用できますが、外国語は不可（ただし固有名詞に限り英字の使用可）です。

令和５年（2023年）５月現在、料金は文書１枚につき440円で、これに加えて、郵送料（84円）、書留料（435円）、配達証明料（差出時320円）を加算すると1,279円となります。文書は１枚増えるごとに260円を加算します。

同文の書面３通と、差出人・受取人の住所氏名を書いた封筒を受取人の数だけ持って、郵便局の窓口へ持参します。郵便局は、近隣のうち集配を行う郵便局と地方郵便局長の指定した無集配郵便局を選びます。

内容証明郵便を書く際の注意事項

・**句読点**
「、」や「。」は１文字扱い

・**□の扱い**
文字を□で囲うこともできるが、□を１文字としてカウントする。たとえば、「角角」という記載については３文字として扱う

・**下線つきの文字**
下線をつけた文字については下線と文字を含めて１文字として扱う。たとえば「3か月以内」は５文字扱い

・**記号の文字数**
「%」は１文字として扱う
「㎡」は２文字として扱う

・**１字下げをした場合**
文頭など、字下げをした場合、空いたスペースは１字とは扱わない

4 民事調停

裁判所に間に入ってもらい話し合いで解決する

民事調停とは

調停は、第三者である調停機関が紛争の当事者双方の合意が得られるように説得しながら、和解が成立するために努力する手続きです。特に宅地や建物の賃貸や利用（賃料未払い、建物明渡しなど）に関する調停を宅地建物調停といいます。調停が成立すると調停調書が作成されます。この調停調書は確定判決と同一の効力をもちます。

調停は、双方が互いに譲歩し、納得し合いながら、ソフトな解決策を探るのに適した方法です。したがって、当事者の対立が激しく、ほとんど歩み寄りの余地がない場合には適しません。

また、調停を申し立てても、相手方が調停期日に出席しなかったり、出席したとしても合意が得られなければ、調停は不調に終わります。

民事調停の手続き

民事調停の申立ては、簡易裁判所に申立書を提出して行います。話し合いは、当事者と調停委員がテーブルを囲んで比較的和やかな雰囲気で行われます。非公開の調停室で進められますから、個人のプライバシーが外部に漏れる心配はありません。裁判官は手続の要所要所に出席するだけで、主に２人の調停委員が当事者から事情を聞いて、紛争の要点を把握していきます。

調停委員は双方から言い分を聞き、相手方の言い分を伝え合って、合意の糸口を探り出します。また、必要があれば証拠の取調べや職権による調査も行います。やがて妥協案が提示されますが、たとえば、金銭の支払請求事件では、債権者には支払期限の猶予や債権の一部免除・分割払いなどの条件変更を迫ったり、債務者には新たな担保の積み増しを提案して、当事者の説得や勧告を行うのが進行の大筋です。

民事調停が成立すると、調停調書には確定判決と同一の効力が与えられますので、もし相手方が約束を履行しない場合は、強制執行に踏み切ることもできます。調停が合意にいたらないで終わっても、２週間以内に訴えを起こせば、最初から民事訴訟を起こしたのと同じことになります。また、調停が合意にいたらない場合でも、当事者間にまだ歩み寄る余地があるとみれば、裁判所は調停に代わる決定を出すこともあります。この決定も訴訟による確定判決と同じ効力を持ちますが、決定の日から２週間以内に異議が申し立てられれば、決定の効力が失われます。

5 借地非訟

借地に関するすべての紛争に利用できるわけではない

どんなトラブルに利用されるのか

借地に関するトラブルについては、借地非訟という特別な手続きが用意されています。裁判所が間に入り紛争の解決をサポートする手続きです。審理は公開されず、裁判所の判断も判決ではなく決定という形がとられます。

もっとも、借地非訟の手続きは、借地に関する紛争のすべてに利用できるわけではありません。借地契約の解除や賃料（地代）の増減をめぐる紛争などには利用できません。利用できる紛争（事件）は以下の通りです。

① 借地条件変更申立事件（建物の種類・構造・規模・用途に関する借地条件の変更の申立て）

② 増改築許可申立事件

③ 更新後の建物再築許可申立事件

④ 土地の賃借権譲渡または転貸の許可申立事件

⑤ 競売また公売に伴う土地賃借権譲受許可申立事件

⑥ 借地権設定者の建物および土地賃借権譲受申立事件

借地非訟は、借地権の目的である土地の所在地を管轄する地方裁判所に申し立てますが、当事者の合意がある場合は、その土地の所在地を管轄する簡易裁判所への申立てができます。申立書には、当事者の表示、申立ての趣旨と理由、借地権の目的である土地や借地契約の内容などを記載します。

申立てが受理されると、地代の推移や契約期間などについての意見を上申書にまとめて提出します。一方、相手方は、答弁書を作成し、申立ての却下を求めることになるでしょう。手続きがさらに進行すれば、借地人と地主はそれぞれ訴訟と同様に証拠資料や準備書面を提出しなければなりません。

裁判所は、当事者の主張を整理・検討しつつ、さらに鑑定委員会（不動産価格の算定や借地関係について専門的知識をもつ弁護士や不動産鑑定士などで構成される）の意見を聴いた上で、最終的な紛争解決のための基準を作成していきます。鑑定委員の意見書を参考にしながら、場合によっては和解を促したり、民事調停に移すなどの処置をとります。

しかし、これらの手続きをとることが難しい場合は、最終的な判断を示します。たとえば、借地条件の変更を借主が求めている場合であれば、それを認めるのかどうか、また認める場合には、どのような条件を課すのかなどを定めます。

6 支払督促

費用も安く利用しやすいので金銭債権の回収に最適

支払督促とは

支払督促とは、金銭その他の代替物または有価証券の一定数量の給付を目的とした請求に限って、利用することができる手続きです。土地の引渡しや建物の明渡しの請求には、支払督促を利用することができません。実務上支払督促の利用は金銭の請求がほとんどで、売買代金や賃料の支払いが滞っているときに、債権回収を図るため支払督促がよく利用されています。

また、支払督促で請求する金額に上限はありません。支払督促では、債権額がいくらであろうと窓口は簡易裁判所です。申立手数料は、請求する金額に応じて決まりますが、通常訴訟の手数料の２分の１となっています。

支払督促は、申立てがあっても、債権の実体的な内容面の審査は行いません。申立人の言い分が一応正しいという前提で手続が進行していきます。

しかし、何でも申し立てればよいわけではありません。申立てを受けると、簡易裁判所の書記官が書面を形式的に審査し、支払督促に必要な要件を充たしているかを確認します。この段階で要件を満たしていないと申立ては却下されます。事前の準備を十分にした上で簡易裁判所に行くべきでしょう。

仮執行宣言とは

通常の訴訟では、債権者が勝訴判決を得てそれが確定すると、確定判決に執行力が生じます。執行力とは、債務者が金銭の支払いを命じる確定判決などの判決内容を実現しない場合、裁判所によって強制的にその内容を実現することができる効力です。執行力に基づいて、強制的に債権を実現する手続を強制執行といいます。

執行力は、通常の訴訟の場合だけでなく、支払督促の場合も発生します。しかも、支払督促が確定する前でも、裁判所が仮の執行力を与えることがあります。それが「仮執行宣言」です。仮執行宣言は、債権者が迅速に手続を進めて債権の実現を図るための制度です。支払督促に仮執行宣言がつけられると、債権者は強制執行の申立てができるようになります。

仮執行宣言付支払督促が発付されると、裁判所に保管されている支払督促の原本に仮執行の宣言文がつけられます。この時点で、支払督促に執行力が生じることになります。

7 訴訟手続き

訴え→口頭弁論→判決という流れになる

第一審の手続き

当事者間の話し合いや調停といった手段を尽くしても問題が解決しない場合は、いよいよ訴訟です。訴訟は下図のような流れで進行します。

民事訴訟は、原告（当事者の一方）が裁判所に訴状を提出することで始まります。その後、被告（他方の当事者）が答弁書を提出して、争点整理手続きや口頭弁論期日における主張や証拠調べを経て、争いがある事実につき、いずれの主張が正しいかを裁判所が審理します。審理の結果、訴状の内容の当否を裁判所が判断できるようになると口頭弁論は終結し、判決に至ります。

少額訴訟という制度もある

60万円以下の金銭支払請求については簡易裁判所に申し立てる少額訴訟制度を利用できます（不動産の明渡しを請求する訴えなどの場合には、利用できません）。

少額訴訟では、原則として１回の期日で双方の言い分を聞いたり証拠を調べたりして、直ちに判決が言い渡されます。通常の民事訴訟とは違い、少額訴訟では証拠はすぐに取り調べができるものに限られています。

通常の民事訴訟と違い、少額訴訟は一審限りで終結し、判決に対して控訴することは認められていません。不服がある場合、原告または被告は判決をした簡易裁判所に異議を申し立てることができるしくみになっています。異議が認められると、通常の民事訴訟の手続きに移行します。

民事訴訟のしくみ

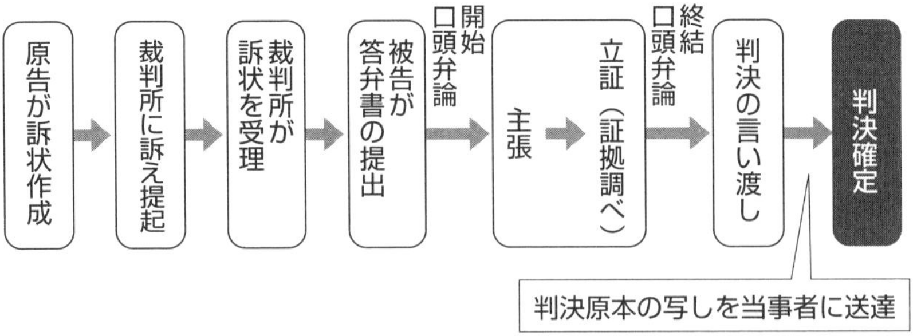

8 保全手続き

裁判所を通した債権の保全手続を理解しておく

保全手続とは

保全手続は、債権者が強制執行をかける場合に備えて、債務者の財産をあらかじめ確保しておく制度をいいます。

保全手続は大きく仮差押と仮処分の２つに分けられます。

① 仮差押

金銭の支払いを目的とする債権（金銭債権）のための保全手続で、金銭の債務者が所有する特定の財産について現状を維持させる保全手続です。

たとえば、ＡがＢに対して金銭債権を持っているとします。この場合に、ＡがＢの土地を仮差押したときには、Ｂは自分の土地でも、その土地を売却するなどの処分について制限が加えられます。

② 仮処分

仮処分は、仮差押と異なり金銭債権以外の権利を保全するために必要になります。仮処分は、「係争物に関する仮処分」と「仮の地位を定める仮処分」の２つに分類できます。

たとえば、ＡがＢから建物を購入したものの、Ｂがいつまでたっても登記手続きに協力しないという場合、ＡはＢに対して、登記手続きに協力することを求めて、訴えを提起することになります。このとき、勝訴が確定する前に、Ｂが建物を他の人に転売することを防ぐため、「処分禁止の仮処分」を申し立てておくという方法があります。これにより、Ａの登記請求権は保全されることになります。

民事保全の全体像

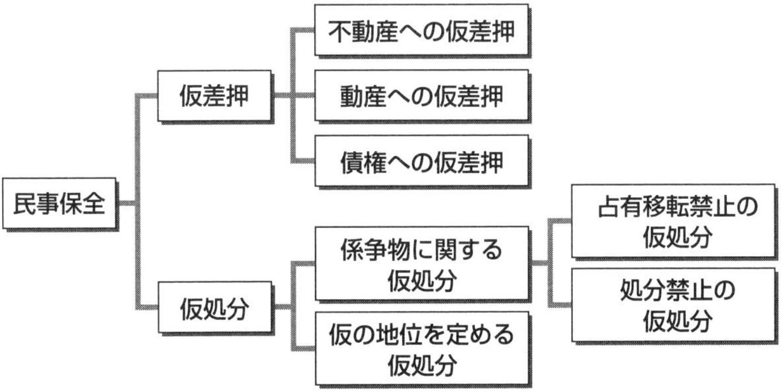

9 強制執行

執行裁判所へ申立てを行う

権利実現の手段

債務の履行をしない債務者に対して、粘り強く交渉をしたり、訴訟を起こして、首尾良く債務者と交渉が成立したり、勝訴して判決を得たとしても、それだけで債権の回収が実現できるかというと、そうではないのです。和解や調停にしても支払督促にしても、また債務者に履行を命じる給付判決にしても、そこで定められている内容を具体的に実現するには債権者は、最終的には民事執行という手段をとらなければならないことになっています。

民事執行とは、国家権力による民事上の強制手段で、強制執行・担保権の実行としての競売（担保執行）などの総称です。

強制執行は、任意に義務が履行されない場合に、国家権力によって強制を加えて、履行があったのと同じ状態を作り出す手続きです。

担保執行は、抵当権・質権などに基づいて、その目的財産を競売その他の方法で強制的に換価（売却）して、被担保債権の回収を図る手続です。

両者は、その性質も対象も異なる点がありますが、いずれも債務者の財産を強制的にとり上げて、債権者の回収を実現するための制度です。

強制執行で最も頻繁に行われるのは、不動産執行・動産執行・債権執行です。

強制執行をするには、裁判所に申立てを行わなければなりません。強制執行手続きに関与する裁判所を、特に執行裁判所と呼んでいます。

執行裁判所となるのは、原則として地方裁判所です。具体的にどこの地方裁判所に申立てをするかは、金銭執行の対象となる財産によって異なります。債権者は債権の回収を実現するために、不動産執行・動産執行・債権執行のどの申立てをすることも、またすべての申立をすることもできます。

債務名義が必要

不動産執行をする場合には、その不動産の所在地を管轄する地方裁判所に申立てをします。動産執行をする場合には、目的動産の所在地を管轄する地方裁判所に所属する執行官に対して申立てを行います。

このように、不動産執行と動産執行では申立先が異なりますから、注意が必要です。

強制執行には各種の手続がありますが、その申立てを行うには、①債務名義、②執行文、③送達証明書の３点セットが必要になります。

債務名義とは、強制執行することによって実現される請求権（債権）が、たしかに存在するということを公に証明する文書で、執行力、つまり強制執行してもよいという効力を認めたものです。債務名義には、証書の形式やそれを作成する機関などの違いに応じて、さまざまなものがあります。具体的には、確定判決、和解調書、調停調書などがあります。

債務名義には、少額訴訟の確定判決、仮執行宣言付少額訴訟判決、仮執行宣言付支払督促を除いて、さらに、執行文をつけてもらうことが必要です。執行文というのは、債務名義に記載されている請求権が、ある特定の債務者に対して、現在執行できるものであることを公に証明する文言です。裁判所書記官や公証人に申し立て、債務名義正本の末尾に付記してもらいます。執行文は、いわば、その債務名義に基づいて強制執行してもいいよ、というお墨つきというわけです。

この２つがそろって、債権者はやっと執行力のある債務名義の正本、つまり執行正本を手にしたことになるのです。執行正本があることは、強制執行の絶対的条件です。

最後に、強制執行を開始するにあたっては、債務者に債務名義が送達されていることが必要です。これは、債務者にどのような内容の強制執行がなされたのかを知らせ、強制執行に違法な点があった場合に備えて防御の機会を与えるためです。

また、「債務者が自分の意思で債務を履行をする最後の機会を与える」という意味もあります。

強制執行と担保権実行の関係

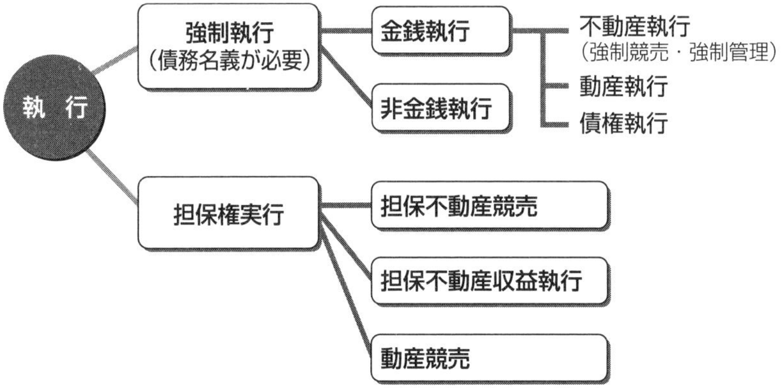

10 担保の特徴

人的担保と物的担保の違いを知っておく

担保とは何か

銀行などの金融機関が多額の融資をする場合は、相手方から確実に代金を回収できるようにするため、融資に際して何らかの担保をとるのが取引社会の常識です。

仮に、相手方が倒産などした場合には、「一般債権者」（担保をとっていない債権者のこと）よりも、抵当権（210ページ）などをもつ担保権者が優先して債権を回収できるからです。

このように契約の相手方が倒産するなどして、返済が困難になった場合のリスクを回避する手段として、担保制度が活用されるのです。なお、担保をつけられた債権のことを被担保債権と呼びます。被担保債権は、売買代金・請負報酬・貸金債権などの金銭債権であるのが通常です。

保証とは

貸金などを担保するための制度として、「保証」があります。

たとえば、金を貸している債権者は、債務者本人の財産に加えて、保証人という第三者の財産も引き当てとすることができます。債務者の資力に不安がある場合に、資力がある人を保証人とすることで、債権の回収を確実にします。

保証は、保証人という「人」の財産を担保とする制度であることから、人的担保と呼ばれています。

物的担保とは

債務者以外の第三者（保証人）の財産が担保となる保証に対して、債務者本人または第三者のもつ特定の財産を担保とする制度があります。代表的なのは、土地や建物を担保とする抵当権です。その他に、質権や譲渡担保、仮登記担保などがあります。

これらは、債務者または第三者の「特定の財産」つまり物を担保とすることから、物的担保と呼ばれます。

物の価値はある程度一定していますので、担保としては確実性・堅実性があるといえます。

物的担保は、留置権や先取特権のように法律上当然に発生する「法定担保物権」と、抵当権や質権のように当事者間の合意（契約）によって担保権が発生する「約定担保物権」に分けられます。さらに、譲渡担保など法律に規定のない「非典型担保物権」もあります。

人的担保（保証）の長所と短所

人的担保は、物的担保と比べると簡単に設定できるため、債権者としては、主たる債務者の資力に不安がある場合は保証人を複数人立てさせることにより、債権回収を確実にすることができます。

もっとも、保証人に資力があるかどうかによって確実に債権を回収できるかどうかが決まることから、物的担保と比べて担保としては不確実であるというデメリットがあります。

物的担保の長所と短所

物的担保の長所は、他の債権者に優先して債権の回収を実現できるという点にあります。

たとえば、抵当権が土地に設定されている場合、他に一般債権者が多数存在したとしても、抵当権者が優先して配当を受け、一般債権者はその残額から債権額に応じて配当を受けることになります。

ただ、物的担保を主張するためには、原則としてその存在を登記などで世間一般に公示する必要があります。

また、強制執行（国家が債権者の権利を強制的に実現する手続）の場面においても、差押え・競売などの法的な手続きが要求されます。

このように、物的担保は強い効力がある反面、煩雑な手続きが要求されており、これが短所といえます。もっとも、手続きさえ踏んでいれば一般債権者に優先する効力が得られるのですから、債権者としては債権回収を確実に図るためには物的担保を設定することが望ましいといえるでしょう。

物的担保と人的担保

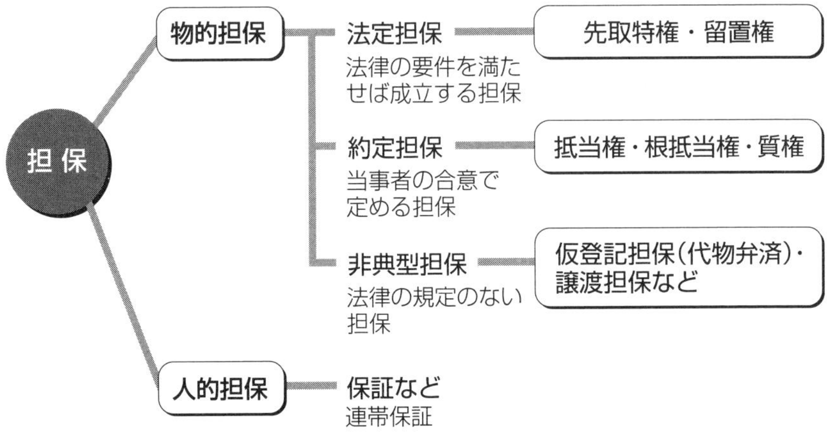

11 代物弁済予約と仮登記担保

比較的簡単な債権回収法

代物弁済の活用

代物弁済とは、50万円の借金がある場合に、現金がないから代わりに店舗の中の商品を代金の支払いにあてるような場合をいいます。

代物弁済は債権回収の手段として活用されることがあります。たとえば、融資を受けた商店が倒産しそうなケースで、債権者が店にかけつけて商品を融資金の支払いに代えて持ち出すといったような場合です。

代物弁済予約とは

あらかじめ借金を支払えなかった場合は債務者の土地を代物弁済としてもらい受けるというような約束（これを代物弁済予約と呼びます）を事前に当事者間で結んでおく方法もあります。

代物弁済予約は、仮登記という方法で行うため、競売のような面倒な手続きをすることなく債権の回収ができる便利な制度ですが、債務者の立場からすれば借金の額と不釣合いな土地などの財産を債権者に丸取りされるという問題点もあります。そこで、法律（仮登記担保法）は債権者による丸取りを防止するために、債権者に清算の義務を課しています。

仮登記担保とは

仮登記担保とは、金銭債務を担保するために、その不履行があったときには、債務者または第三者に属する所有権その他の権利を移転させることを約束し、これに基づいて仮登記などをすることをいいます。

たとえば、債務者が債務を履行できなくなった場合には、代わりに所有不動産の所有権を移転するというような取り決めがなされることがあります。

これらの取り決めにも、以下のようないくつかの型があります。

① 期限までに債務が履行されない場合には、債務の履行に代えて、目的財産を代物弁済する旨の停止条件付代物弁済

② 債務が履行されない場合には、債権者は目的財産を代物弁済として取得できる旨の代物弁済の予約

これらの担保方法は、金銭債務を担保するための契約でなければなりません。また、仮登記などができる権利の移転または設定を目的としてなされた契約でなければなりません。

仮登記担保の実行方法

債務者が、返済を怠った場合には、債権者は、仮登記を本登記にすること

で、仮登記担保の目的とした不動産などを取得することができます。

本登記を備えることにより、代物弁済がなされたことになり、担保不動産の所有権を取得したことを第三者に主張することができるようになります。本登記にするだけですから、競売を行わなければならない抵当権などの実行に比べ、簡単な回収方法といえます。

しかし、仮登記担保の実行は、法律上の執行手続を使わない任意の回収手段であり、私的実行です。

そのような任意の処分では、債権額に比べて価値の大きい不動産を債権者が取得してしまうという弊害も生じ得ます。そのために、仮登記担保法は実行方法について清算手続きなど、以下のような制限を定めています。

① 清算金の見積額の通知

仮登記担保を実行する場合には、必ず債務者に清算金の見積額の通知をします。その目的は仮登記担保の目的不動産について適正な評価額を示し、同時に残債務金額と清算金の見積額を明確にすることにあります。

② 清算期間（受戻期間）

清算期間とは、債務者が債務を弁済して担保目的不動産の所有権を取戻すこと（受戻権）が可能な期間で、法律上２か月となっています。

この清算期間の経過によって不動産の所有権が債権者に移転するので、それまでは本登記（第三者に権利の変動を主張できるという効力が認められる登記）をすることが認められません。

仮登記担保

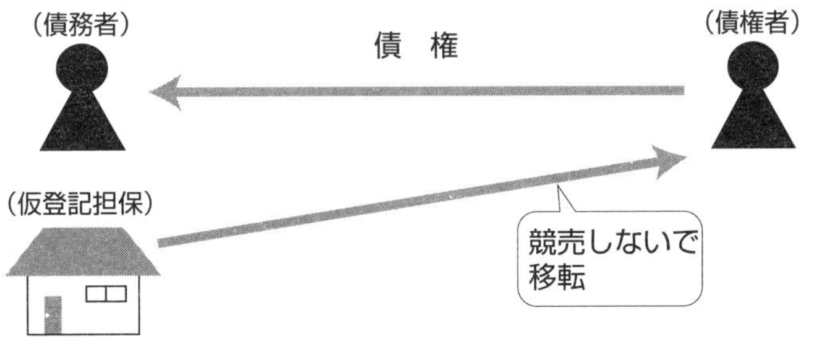

・債務者が借金を返済できない場合に不動産の所有権を移転することを約束し、仮登記しておく

・返済を怠った場合に仮登記を本登記にすることで債権者は不動産を取得することができる

12 担保不動産競売

裁判所に担保不動産競売申立書を提出するところから始まる

不動産競売とは

強制執行に基づく競売でも、担保権の実行による競売でも、競売手続の中心は不動産競売です。不動産は価値が高く競売をすれば、通常は高額の売却代金を得られ、債権者に配当できるからです。両者の違いは、担保不動産競売が抵当権などの担保権に基づいて競売を実施するのに対し、強制執行による競売では担保権を持たない債権者が債務名義を得て実施する点にありますが、競売手続きに特に異なる点はありません。

まず、担保権者が裁判所に対して担保不動産競売申立書と共に、担保権が設定された登記事項証明書や、担保権の存在を証明する書面（確定判決や公正証書の謄本）を提供します。担保権の実行による競売を申し立てるには、担保権が設定されていること、被担保債権が存在すること等が要件とされているからです。それを受けて、裁判所は競売開始決定をします。それと同時に、不動産については、差押えの登記がなされます。その後、実際に競売が実施され、競落人が確定します。

そして、競落人が売却代金を支払うと、債権者への配当がなされ、債権の回収が図られることになります。

担保権を実行するための要件

担保権を実行するための要件として、以下のものが挙げられます。

①　担保権が有効に存在すること

当然のことですが、担保権の実行としての不動産競売には、担保権が有効に存在していなければなりません。

第一に、担保権は債権を担保するためにこそ存在する権利なので、前提として、被担保債権が存在していることが必要不可欠です。たとえば、存在しない債権を担保するためとして抵当権設定契約が結ばれていたとしても、その抵当権は無効です。また、いったん債権が成立していたとしても、その後に弁済されるなどにより、債権が消滅した場合には、抵当権も消滅します。

もし、被担保債権が存在していないにもかかわらず、担保権の実行が申し立てられると、債務者（不動産の所有者）から異議が申し立てられて、競売開始決定が取り消されます。

また、被担保債権が有効に存在していても、抵当権自体が有効に成立していなければ、抵当権の実行は許されません。抵当権設定契約が詐欺や強迫などによって締結されていた場合には、設定契約は取り消されます。

そして、担保権の実行の申立てをす

る際に、担保権の存在を証明する書類を提出しなければなりません。通常は、担保権の設定に伴い登記がされているはずなので、不動産の登記事項証明書を提出します。

担保権の設定について、登記はあくまでも第三者に対して権利を主張するための対抗要件にすぎないので、登記がなくても担保権の実行を申し立てることはできます。

しかし、未登記あるいは仮登記の担保権については、より強い証明力のある証明書の提出が要求されています。つまり、確定判決（控訴や上告ができなくなった判決）の謄本または公正証書の謄本の提出が必要なのです。

② 被担保債権が履行遅滞にあること

被担保債権については、有効に存在していればよいというだけではなく、債務者が履行遅滞（履行期に債務を払わないこと）に陥っていることも必要とされます。履行遅滞は、単に債務者が期限を守っていないだけではなく、それが違法であることが必要です。

また、債務が分割払いの形式をとっている場合には、期限の利益喪失約款が問題となります。期限の利益喪失約款とは、債務者が分割払いを怠ると、残金全額について弁済の期限が到来するという規定です。

この約款によって債務者に全額支払義務が生じるには、債権者による意思表示が必要とされている場合と、意思表示は必要なく自動的に生じる場合とがあります。期限の利益喪失により債務者が履行遅滞に陥っている場合には、その旨も申立書に記載して明確にしなければなりません。

なお、根抵当権（一定の範囲に属する不特定の債権について、極度額の上限まで担保する形式の抵当権）は、債権者と債務者間に発生する一定種類の複数の債権を、まとめて担保する機能をもっています。この被担保債権のうちの1つが履行遅滞になったときには、他の被担保債権すべてについて履行遅滞となります。根抵当権は、かなり強い効力を有しているのです。

担保不動産の競売手続

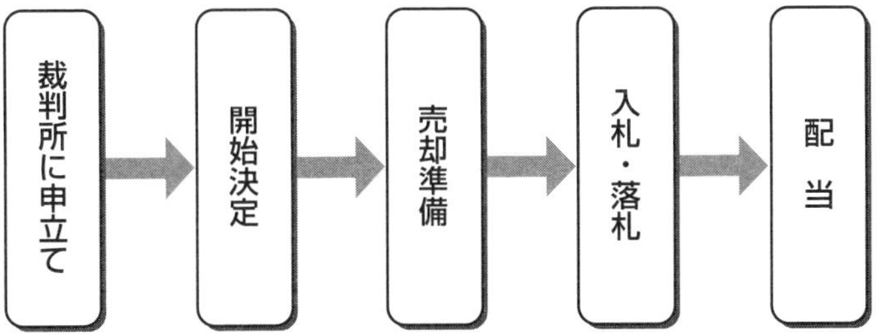

13 強制管理による強制執行

売却するよりも、管理権を得て賃料から回収を図る

強制競売だけではない

不動産に対する執行には、強制競売と強制管理の２つの方法があります。これらの手続は差押えの段階までは同じですが、その後が違ってきます。

強制競売は、不動産を差し押さえて換価して、その売却代金を債権者に交付する方法です。これに対し、強制管理は、管理人を選任して不動産を管理させ、そこから上がる賃料などの収益を債務の返済にあてる方法です。債権者はどちらかを選ぶことができますし、場合によっては、両方を併用することもできます。仮に併用した場合には、債務者が強制競売によって所有権を失うまでは、強制管理がなされます。

強制管理とは

債務者が貸しビルなどを所有している場合には、売却するよりも確実に債権を回収できる方法があります。バブル崩壊によって不動産価格が下落し、以前ほどは高い値段で売却できなくなっています。しかし、オフィスや店舗用に賃貸している貸しビルなどでは、定期的に得ることができる賃料収益があります。そこで、賃貸不動産の管理権を債務者から奪って、賃貸料から債権の回収を図る強制執行が考案されました。これが強制管理です。

強制管理は、強制競売と同様に、債権者からの申立てにより開始されます。申立てがなされ、裁判所の不動産強制管理開始決定が下されると、対象不動産が差し押さえられます。そして、不動産を管理する管理人が選任されます。

管理人は債務者の占有を解いて自ら不動産を占有することができます。この管理人には、信託会社や銀行などの法人もなることができますが、多くの場合、弁護士もしくは執行官が就任しているようです。

裁判所は、債務者に対して不動産の収益処分を禁止し、給付義務を負う第三者（賃借人）に対しては、以後収益（賃料）を管理人に給付するように命じます。つまり、賃貸物件の所有者である債務者は賃料を得ることができずに、賃借人は管理人に対して賃料を支払うことになるわけです。

このようにして裁判所の監督の下、管理人が収益を確保し、それを定期的に債権者に配当していくのです。

担保権がある場合

同じような背景から、担保権が設定されている不動産についても、強制管理と同じような制度が設けられていま

す。これを担保不動産収益執行といいます。担保不動産収益執行では、手続的には強制管理に関する規定が準用されているため、担保権者は担保不動産について強制管理と同様のことを行うことができます。

なお、抵当権が設定されている不動産からの収益（賃料）については、民法上の物上代位を利用することもできます。物上代位は、賃料や保険金など担保目的物の価値代替物について、担保権者が優先的に弁済を受ける制度で、債権差押えの手続きを経て行われるものです。また、物上代位が担保不動産収益執行と競合する場合は、担保不動産収益執行の手続きに吸収して行われることになります。

強制管理の申立てをする

強制管理は、債権者からの申立てによって始まります。申立ては強制管理申立書に必要書類を添付して提出します。強制管理申立書の記載内容は、基本的には、不動産強制競売申立書の記載内容と同様です。申立書本文に加えて、当事者目録、請求債権目録、物件目録を作成、添付するところも同じです。

ただし、管理人が選任されるので、弁護士など管理人として推薦したい者がいる場合には、その旨を記載します。また、「不動産の収益を給付すべき第三者」として、強制管理の対象となる不動産の賃借人の住所（法人の場合は主たる事務所の所在地）・氏名（名称）を記載します。さらに、その第三者が負担している給付義務の内容（1か月あたりの賃料額）などを記載します。

ただ、給付義務の内容を、債権者が正確に把握することは困難なケースが多いようです。強制管理の申立ては、債務者に察知されないように始めなければ実効性が薄いため、債務者や賃借人に問い合わせをしにくいことが強制管理を利用するネックとなっています。

強制管理

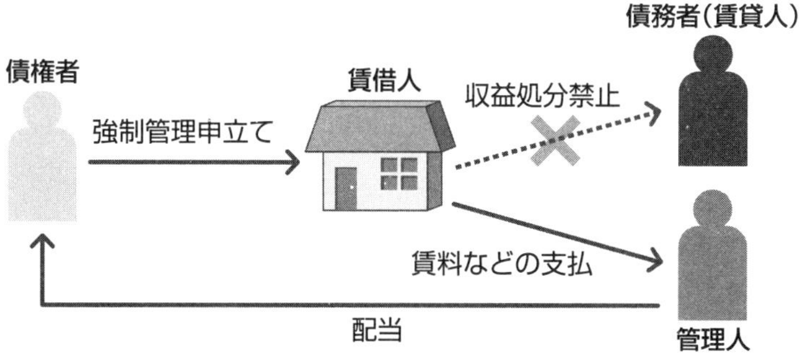

14 物上代位としての賃料の差押え

物上代位権の行使は債権差押命令の申立てによる

物上代位とは

債務者の債務不履行があったときに、抵当権や根抵当権に基づいて競売にかけ、競売代金から優先的に弁済を受けることができるのは、これらの担保権が目的不動産の交換価値を把握しているからです。では、目的不動産が別の価値物に姿を変えたらどうなるのでしょうか。

目的物が売却されたり、滅失や毀損することで金銭などに姿を変えたときには、抵当権者・根抵当権者は、その金銭などに対して抵当権・根抵当権を行使することができます。つまり、姿かたちこそ違え、不動産の価値イコール金銭なので、その金銭に対しても、被担保債権額の限度で権利を及ぼすことが認められているのです。

担保権を実行し、不動産をそのまま競売にかけても、高値で買い受ける者は現れないことが考えられます。

しかし、不動産に賃借人が入っていて、賃料が確実に入ってくる場合には、その賃料を物上代位によって差し押さえて、そこから債権の回収を図るという方法が使えます。

このように、抵当権・根抵当権が設定されている不動産が賃貸物件であれば、賃借人が支払うべき賃料については、あらかじめ支払前に差し押さえることによって、債権に充当することができるわけです。

たとえ競売にかけてもそれほど高値での売却が期待できないときには、競売を申し立てるよりも、物上代位権を行使する方がよいでしょう。

賃料の物上代位

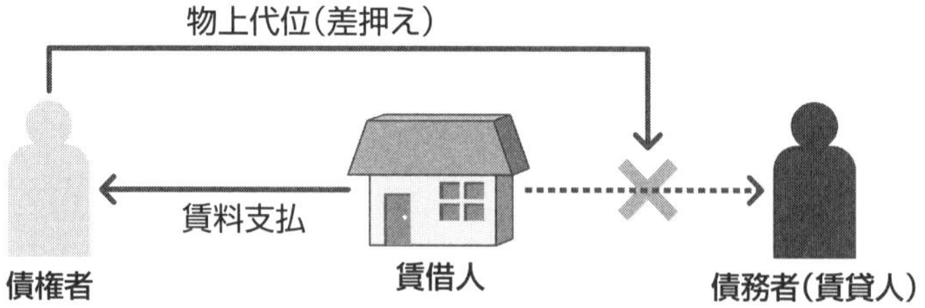

第8章

おさえておきたい！
不動産の税金の基本

1 住宅ローンの税額控除

マイホーム取得者を優遇する制度である

住宅ローン控除とは

住宅ローン控除とは、住宅ローンの残額に応じて、所得税、住民税を控除する制度で、住宅取得を促進するための制度です。具体的には、令和４年度税制改正により、令和４年１月から令和７年12月までに入居した場合に、新築住宅（買取再販を含む）は13年間、中古住宅は10年間、住宅ローンの年末の残額の0.7％が所得税額から控除されます。なお、控除できる住宅ローンの年末の残高には限度額があり、住宅の内容により次の通りとなっています（次ページ図）。

（新築住宅）

・長期優良住宅・低炭素住宅：4,500万円または5,000万円

・ZEH水準省エネ住宅：3,500万円または4,500万円（ZEHとは、ネット・ゼロ・エネルギー・ハウスの略で省エネ基準のひとつ）

・省エネ基準適合住宅：3,000万円または4,000万円

・その他の住宅：2,000万円または3,000万円

（中古住宅）

・長期優良住宅・低炭素住宅、ZEH水準省エネ住宅、省エネ基準適合住宅：3,000万円

・その他の住宅：2,000万円

たとえば、令和５年に新築の長期優良住宅に入居した人のケースでは、最大で13年にわたって毎年35万円の住宅ローン控除を利用することができます。つまり、仮に適用期間である13年間にわたり、年末のローン残高が5,000万円以上あったとすると、合計で455万円（35万円×13年）の税額控除を受けることができます。

さらに、この制度は住宅のリフォームなどにも利用することができます。控除を受けるには、住宅、年収、ローンについてさまざまな条件を満たす必要があります。

住宅については、①床面積が50㎡以上であること、②中古住宅は築後20年以内（マンションなどの場合は25年以内）であること、または一定の要件を満たした耐震住宅であること、③増改築した場合には工事費用が100万円を超えており、その半分以上が居住用部分の工事であること、④店舗併用住宅の場合には床面積の半分以上が居住用になっていること、⑤住宅の取得のために、10年以上にわたり分割して返済する借入金があること、⑥住宅ローン控除を受ける年の合計所得金額が3,000万円以下であることなどが条件

となっています。

もし、所得税から控除しきれない金額がある場合は、翌年分の個人住民税額から税額控除できます。

なお、贈与された住宅や、生計を一にする親族から取得した住宅等については、住宅ローン控除を適用することができません。

住宅ローン控除を受けるにあたり、控除を適用する最初の年と2年目以降では手続きが変わります。住宅ローン控除を受ける最初の年は、確定申告書に（特定増改築等）住宅借入金等特別控除額の計算明細書、売買契約書の写し、住民票の写し、家屋の登記事項証明書、借入金の年末残高等証明書などの多くの書類を添付する必要があります。

適用2年目以降は、確定申告書に（特定増改築等）住宅借入金等特別控除額の計算明細書と借入金の年末残高等証明書を添付するのみとなります（e-Taxで確定申告をする場合には、借入金の年末残高等証明書の添付は省略）。

なお、適用2年目以降の給与所得者は、年末調整のための（特定増改築等）住宅借入金等特別控除証明書、給与所得者の（特定増改築等）住宅借入金等特別控除申告書、借入金の年末残高等証明書を勤務先に提出すれば、年末調整によって住宅ローン控除を受けることができます。

住宅ローン減税制度の概要

新築／中古	区分	令和4年	令和5年	令和6年	令和7年
新築【控除期間13年】※2	長期優良住宅・低炭素住宅	5,000万円		4,500万円	
	ZEH水準省エネ住宅	4,500万円		3,500万円	
	省エネ基準適合住宅	4,000万円		3,000万円	
	その他の住宅	3,000万円		2,000万円※3	
中古【控除期間10年】	長期優良住宅・低炭素住宅 ZEH水準省エネ住宅 省エネ基準適合住宅	3,000万円			
	その他の住宅	2,000万円			

※1 金額は借入限度額で、控除率は一律0.7%
※2 その他の住宅は令和6年以降の入居の場合、控除期間10年
※3 令和5年までに建築確認が必要

2 不動産所得にかかる税金

不動産から生じる家賃、権利金、更新料などの所得である

不動産所得とは

不動産所得とは、土地や建物などの不動産、不動産の上に存する権利、船舶や航空機を貸し付けることで得た地代、家賃、権利金、賃貸料などの所得です。不動産所得の収入金額は、賃貸料であれば契約上の支払日、権利金であれば資産の引渡日や効力発生日を基準に計上するのが原則です。不動産の貸付を事業として行っている場合であっても、その所得は事業所得ではなく不動産所得となります。収益用の物件だけでなく、自宅などの余った部屋に人を下宿させて家賃を受け取っている場合も不動産所得になります。また、船舶や航空機の貸付による所得も不動産所得に該当します。

なお、不動産の仲介などによる所得は事業所得または雑所得になります。不動産所得の金額は、他の所得と合算されて総所得金額を構成し、超過累進税率により総合課税されます。

収入と必要経費

不動産所得は、収入金額から必要経費、青色申告特別控除額（該当する場合）を差し引いた金額になります。

収入にあたるものとしては、前述した地代、家賃、賃貸料、権利金の他、礼金、更新料、名義書換料などが挙げられます。また、借地人（土地を借りている人）が家を建て替えようとした場合、地主が受け取る承諾料も収入に含まれます。

敷金や保証金などで退去時に返還されることになっているものは、原則として収入にはあたらず、預り金として扱われます。ただし、敷金や保証金のうち一部ないし全部を返還しない契約となっている場合、その返還されない部分については収入とされます。

共同住宅では、街灯など共用部分の維持やごみ処理のための費用負担として共益費を徴収する場合があります。共益費も貸主の収入に含まれます。一方で、貸主が実際に支払った共益費相当の費用については、貸主の必要経費として処理することになります。

次に、必要経費にあたるものとしては、土地や建物にかかる不動産取得税、登録免許税、固定資産税、修繕費、損害保険料、減価償却費、業務開始後の借入金利息、管理人の給料などが挙げられます。これに対して、業務開始前の借入金利息、建築確認費用、地鎮祭や上棟式の費用は、必要経費ではなく建物などの取得価額に含まれます。

なお、建物や建物付属設備の取得価

額に算入された金額については、所定の耐用年数にわたり、定額法や定率法（取得日が、平成10年４月以降の建物、平成28年４月以降の建物付属設備は定額法のみ）といった方法で減価償却費として必要経費に計上されます。不動産収入から必要経費を差し引いて赤字になった場合は、他の所得と損益通算することができます。ただし、土地の取得に要した借入金の利息については損益通算の対象とはならないので注意が必要です。

事業的規模の不動産貸付

不動産の貸付を事業的規模で行うことにより、いくつかのメリットを享受することができます。たとえば、家族などがその不動産貸付事業に従事して給与を支払っている場合には、青色事業専従者給与として必要経費に計上したり、白色申告の場合でも事業専従者控除を利用することができます。

また、事業的規模でない場合は最高10万円となる青色申告特別控除が、事業的規模の場合は一定の要件を満たすことで最高65万円となります。それ以外にも、建物の取壊し損失や除却損失の全額（事業的規模でない場合は不動産所得の金額が限度）、貸倒損失、不動産所得に対応する部分の利子税などを必要経費とすることができます。その一方で、事業税の課税対象となってしまうというデメリットもあります。

事業的規模の判断基準は？

不動産貸付が事業的規模に該当するかどうかは、社会通念上事業といえる規模で行われているか実質的に判断する他、一定の形式基準があります。たとえば、建物の場合、アパートであれば10室以上、独立家屋であれば５棟以上が基準とされます。この基準は一般に「５棟10室基準」と呼ばれています。

不動産所得の計算方法

不動産所得 ＝ 不動産を利用して得た収入金額※1 − 必要経費※2

※1）収入金額　家賃・貸間代・権利金・更新料・名義書換料などの収入

※2）必要経費　修繕費・固定資産税・都市計画税・火災保険料・管理人の給料・借入金利子・減価償却費など

減価償却費の計算

定額法 → 取得価額 × 耐用年数に応じた償却率 × $\frac{\text{その年中の業務に供した月数}}{12}$

定率法 → （取得価額 − 減価償却累計額）× 耐用年数に応じた償却率 × $\frac{\text{その年中の業務に供した月数}}{12}$

3 土地や建物を売却したときの税金①

所有期間が５年以下かどうかで税率が異なる

土地や建物を売ったときの譲渡所得

所得税の対象となる所得は10種類に分類されます。そのうち、総合課税となる所得については、各所得を合計して、その全体に税率を掛けます。これに対して、土地や建物を売った場合の譲渡所得には申告分離課税という方式が適用され、他の所得とは合計せずに単独で税金を計算するしくみになっています。なお、源泉徴収だけで完結する源泉分離課税とは異なり、申告分離課税の場合には確定申告が必要になります。

土地や建物を売ったときの譲渡所得は、譲渡価額（収入金額）から取得費と譲渡費用を引いた額になります。取得費とは、簡単に言うと、その土地や建物を購入した価額、また、譲渡費用とはその土地や建物を売るのに要した仲介手数料その他の費用のことです。

税率はどうなるのか

土地や建物の譲渡所得の税率は、所有期間の長短によって異なってきます。売却した年の１月１日時点の所有期間が５年以下の場合を「短期譲渡所得」、５年を超える場合を「長期譲渡所得」といいます。短期譲渡所得の場合は、所得税30%、住民税９%の合計39%、長期譲渡所得の場合は、所得税15%、住民税５%の合計20%となります。なお、平成25年からの所得には、所得税に2.1%を掛けた復興特別所得税がかかります。

土地・建物を譲渡した場合の税金

土地・建物の譲渡所得 ＝ 譲渡による収入金額 －（取得費＋譲渡費用）

長期譲渡所得 ➡ 譲渡した年の1月1日において所有期間が5年を超えるもの

「所有期間」とは、土地や建物の取得の日から引き続き所有していた期間をいう。この場合、相続や贈与により取得したものは、原則として、被相続人や贈与者の取得した日から計算する。

短期譲渡所得 ➡ 譲渡した年の1月1日において所有期間が5年以下のもの

取得日や譲渡日を確かめる

短期譲渡所得と長期譲渡所得で税率が異なるのと共に、所有期間によって適用できる特例も異なりますので、土地や建物の取得日、譲渡日がいつになるのかは大変重要です。

基本的には、土地や建物の取得日、譲渡日は、引渡日と契約の効力発生日のいずれかを選択することができます。ただし、新築物件を購入する際には引渡日が取得日になります。

取得費の計算方法について

取得費は、資産の取得に要した金額に設備費や改良費を加えたものから償却費相当額を差し引くことによって算定されます。

償却費相当額は、資産の取得価額をもとに、業務に使用されていた期間と業務に使用されていなかった期間の区分に応じ、譲渡時までの償却費累計額を算定することになります。

非償却資産である土地と償却資産である建物を一括で取得している場合は、契約書上の記載あるいは消費税額から建物の価額を割り出します。契約書で不明の場合には標準的な建築価額をもとに建物の価額を計算します。

さらに、取得費が不明の場合には、収入金額の５％を概算取得費として採用することも認められています。

マイホーム売却時の3,000万円特別控除

一定の条件を満たすマイホームを売却した場合、譲渡所得から3,000万円が控除される特例があります。つまり、不動産売却益が3,000万円以内であれば所得税が課税されないことになります。なお、この特別控除の特例は、短期譲渡の場合でも長期譲渡の場合でも適用されます（適用要件については次ページを参照）。

譲渡費用にあたるもの

① 売却時の仲介手数料
② 売却のために測量した場合の土地の測量費
③ 売買契約書等の印紙代
④ 売却のために借家人に支払った立退料
⑤ 土地を売るためにそこに建てられていた建物を取り壊した場合の、その建物の取壊し費用と取得費（減価償却後）
⑥ すでに行っていた土地・建物の売却契約を解除して、よりよい条件で売却することにしたときに発生した違約金
⑦ 借地権を売るときに土地の貸主の許可をもらうために支払った費用

4 土地や建物を売却したときの税金②

3,000万円控除や軽減税率の適用などがある

10年超所有のマイホーム売却の軽減税率

10年以上住んでいたマイホームを売った場合、その土地・建物の譲渡所得には、通常の長期譲渡の税率よりも低い税率が適用されることがあります。通常の長期譲渡の税率は、所得税が15%、住民税が５%で、合計で20%です。これに対して、マイホームを売ったときの軽減税率の特例では、譲渡所得が6,000万円までは所得税が10%、住民税が４%の合計14%であり、6,000万円を超えた部分については通常の長期譲渡と同じく、所得税が15%、住民税が５%の合計20%になります。

なお、平成25年以降は、所得税に2.1%を掛けた復興特別所得税がかかります。10年超の軽減税率の適用を受けるには、売却した年の１月１日時点の所有期間が、土地・建物共に10年間を超えていることが必要です。

マイホーム売却時の3,000万円特別控除

マイホーム売却時の3,000万円の特別控除を受けるためには、図（次ページ）の①から④までのすべての要件を満たす必要があります。①②の補足をすると、以下のようになります。

①では、今は住んでおらず、以前に住んでいた土地や建物の場合は、住まなくなった日から３年目の12月31日までに売却しなければなりません。また、災害によって消滅した建物の場合も、その建物の土地に住まなくなった日から３年目の12月31日までに売却しなければなりません。

②では、自宅建物を売却した年の前年か前々年にもこの特例の適用を受けている場合、再度特例の適用を受けることは認められません。また、マイホームの買換えやマイホームの交換の特例など他の特例の適用を受けていないことが要件です。ただし、3,000万円の特別控除の特例と10年超の軽減税率の特例は、同時に適用を受けることができます。

土地建物の買換えや交換の特例

不動産の譲渡所得の算定については、3,000万円控除や軽減税率の適用以外にもさまざまな特例が認められています。

・特定の居住用財産の買換えの特例

所有期間10年超のマイホームを売却して、それよりも高額な住居に買換えた場合、売却益に対する課税を買換え資産の売却時まで繰り延べできます。

たとえば3,000万円で購入した自宅を4,000万円で売却し、新たに5,000万円の自宅を購入したとします。4,000

万円－3,000万円＝1,000万円の売却益が生じたことになり、本来は課税の対象になります。

この売却益について、3,000万円までであれば、売却のタイミングでは課税せずに繰り延べることになります。この事例の場合、売却益は1,000万円ですから、全額について特例が適用されます。繰り延べられた税金は、買換えで新たに購入した5,000万円の自宅を将来売却するときに改めて課税されることになります。

・特定事業用資産の買換え特例

居住用財産の買換えの特例と同様、所有期間10年超の事業用資産の譲渡益の70～80％に対する課税を将来に繰り延べできます。適用期限は令和５年度税制改正により、令和８年３月31日までとなっています。

・固定資産の交換の特例

１年以上所有している土地や建物などと交換で時価の差が20％以内の同種資産を取得した場合で、一定の要件を満たしたものについては課税をしないという制度です。

◎空家の譲渡所得の特別控除

被相続人（故人）が居住していた家屋を相続した人が、相続から３年を経過する日の属する年の12月31日までに家屋またはその敷地を譲渡した場合に、譲渡益から3,000万円を控除することできる制度です。この制度は、相続をきっかけに新たな空家が生じることを防止するための施策の一環として創設されました。適用時期は令和５年度税制改正により令和９年12月31日までとなっており、譲渡価額や耐震性など複数の要件があります。

3,000万円控除を受けるための要件

① 自分が住んでいる建物を売るか、その自宅建物と一緒に建物が立っている土地（借地権の場合も有効）を売ること

② 自宅建物を売った年の前年と前々年に、このマイホームを譲渡した場合の3,000万円の特別控除の特例や、マイホームの買換えやマイホームの交換の特例やマイホームの譲渡損失についての損益通算および繰越控除の特例の適用を受けていないこと

③ 売却した土地・建物について、公共事業などのために土地を売った場合の特別控除など他の特例の適用を受けていないこと

④ 売った側と買った側の関係が、親子や夫婦、内縁関係にある人、生計を一にしている親族、特殊な関係のある法人などの特別な間柄ではないこと

5 固定資産税・都市計画税

土地、家屋、償却資産に対して課税される

固定資産税とは

毎年1月1日現在、土地、家屋などの不動産、事業用の償却資産を所有している人が、その固定資産の価格をもとに算定される税額を、その固定資産の所在する市町村に納める税金です。

固定資産税は、固定資産の価格である固定資産税評価額に一定の税率1.4％（標準税率）を掛けて求めます。

固定資産税は土地や家屋に対して課税される他、事業用の償却資産に対しても課税されます。固定資産税の課税対象となる償却資産とは、土地・家屋以外の事業に利用することができる資産をいいます。なお、自動車は別途自動車税が課税されるため、対象となりません。市町村内に事業用資産を所有している者は、毎年1月1日現在の所有状況を1月末日までに申告する必要があります。土地は土地登記簿、家屋は建物登記簿によって課税対象の把握ができますが、償却資産についてはこれに相当するものがないため所有者の申告が義務付けられています。

固定資産税は不動産を所有していることによって課せられる税金ですので、納税義務者は不動産の所有者です。毎年1月1日にその不動産の所有者に対して納税通知書が送付されます。1月1日の翌日である1月2日に不動産を手放したとしても、1月1日に不動産を所有している限りその年1年間の固定資産税の全額を支払う義務があります。土地や建物を複数人で所有している場合、所有者全員が共同で固定資産税を納付する義務があります。したがって所有者の中に固定資産税を支払わない人がいた場合には、他の所有者に支払われていない分の固定資産税を納税する義務が生じます。

分譲マンションなど、区分所有建物の敷地は、建物の区分所有者が専有面積に応じて共有する形がとられています。このような場合でも区分所有者全員で連帯して納税する義務を負っているのが原則です。

しかし、以下の2つの要件を満たす場合には連帯して納税する義務は負わず、それぞれが自分の持ち分に応じた税金を支払えばよいことになっています。

・区分所有者全員が敷地を共有していること
・敷地と建物の専用部分の持分割合が一致していること

固定資産税は市町村に対して納付し、税額は以下のように計算されます。

土地の場合：課税標準額×1.4％
建物の場合：建物課税台帳に登録され

ている金額×1.4%

ただし、固定資産税にはいくつかの特例が設けられています（下図参照）。

都市計画税とは

都市の整備に充てるための財源として徴収する地方税です。

都市計画法という法律に基づく市街化区域内の土地や家屋に課税されます。都市計画税の税額は、固定資産税評価額に一定税率を掛けて算出し、固定資産税と同時に市区町村に対して納税します。都市計画区域内でなければ、課税されないのですが、都市計画区域は、ほとんどすべての自治体で導入されています。税率と都市計画税についての特例措置は下図のようになります。

固定資産税の計算式と主な特例

〈 固定資産税額の計算式 〉

固定資産税額=固定資産税課税標準額×1.4%

- **一般住宅用地（200㎡を超える部分）に関する特例**
  固定資産税評価額× $\frac{1}{3}$
- **小規模住宅用地（200㎡以下の部分）に関する特例**
  固定資産税評価額× $\frac{1}{6}$
- **新築住宅の税額軽減**
  新築住宅で50㎡以上280㎡以下のものは、3年間（3階建て以上の耐火建築住宅は5年間）一定面積（120㎡）に対応する税額を2分の1に減額
- **耐震改修の税額軽減**
  昭和57年1月1日以前から所在する住宅について一定の耐震改修工事をした場合、2分の1減額
  減額期間
  ㋑ 当該住宅が通行障害既存耐震不適格建築物であった場合→2年間
  ㋺ 上記イ以外の場合→1年間
- **省エネ改修をした場合の税額軽減**
  平成26年4月1日以前から所在する住宅について一定の省エネ改修工事をした場合、翌年分の税額を3分の1減額（3分の2に減額）

都市計画税の税率と特例

税率	土地	課税標準額×0.3%
	建物	建物課税台帳に登録されている金額×0.3%
特例措置		住宅用地については、課税標準額を以下のように軽減 ・住宅1戸あたり200㎡までの住宅用地については価格の3分の1を課税標準額とする ・200㎡を超える部分についても価格の3分の2を課税標準額とする

※上図の税率「0.3%」は東京23区を基準とした税率。市区町村によって軽減されているケースはある（たとえば、新潟県三条市では都市計画税の税率は0.2%とされている）

6 不動産取得税

取得時期や不動産の種類によって、受けられる優遇措置が異なる

不動産取得税

不動産取得税は、土地や建物を買ったり建物を建築した場合に、その取得した者に対して課税される都道府県税です。納税義務者は、不動産を売買・建築などで取得した者で、不動産取得税の額は、取得した不動産の価格（課税標準額）に税率（本則の標準税率4%）を掛けて求めます。課税標準となる不動産の価格は、固定資産課税台帳に登録されている固定資産税評価額に基づいて計算します。

令和６年３月31日までに宅地を取得した場合は、取得した不動産の価格×２分の１を課税標準額とします。令和６年３月31日までに住宅及び土地を取得した場合、税率は３％です。さらに、一定要件を満たす住宅用土地を取得した場合には、床面積の２倍相当額が減額される特例があります。なお、取得した不動産の課税標準額が、土地の場合は10万円未満、新築や増築した家屋の場合は23万円未満、売買等により取得した家屋の場合は12万円未満のときは課税されません。また、一定の床面積要件を満たす住宅については、取得した不動産の価格から控除額を差し引いて計算します。控除額は、新築住宅の場合1,200万円（令和６年３月31日までに取得した新築の認定長期優良住宅については1,300万円）、中古住宅の場合、建築年次により100万円～1,200万円となっています。

高さ60m超のタワーマンションの固定資産税と不動産取得税は、階層により差が出るように按分されます。高層階の税額を多くし、時価による不公平感を緩和します。

不動産取得税の内容と税額の算出方法

内　容	不動産を購入した場合や建物を建てた場合に、その土地や建物を取得した人に課される税金。毎年納税するのではなく、取得時の１回だけ納税する。
算出方法	固定資産税評価額 × 税率（ただし、軽減措置あり）
税　率	平成20年４月１日から令和６年３月31日までに取得した場合の税率は以下の通り 土地、住宅用家屋 ➡ ３％　　住宅以外の家屋 ➡ ４％

Column

「空家等対策の推進に関する特別措置法」の改正

250ページでも解説しましたが、不動産の所有者には固定資産税が課せられます。特に建物については、居住している所有者だけでなく、空き家のように居住していなくても所有者である限り固定資産税が課せられます。ただ、固定資産税には「住宅用地特例」（住宅用地の特例措置）という優遇措置があり、住宅用地の固定資産税額が、200㎡以下の部分（小規模住宅用地）は6分の1に、200㎡を超える部分（一般住宅用地）は3分の1に、それぞれ軽減されます。

もっとも、増え続ける空き家問題を解消するために、平成27年（2015年）に成立した「空家等対策の推進に関する特別措置法」では、倒壊の恐れがある空き家等に対しては、前述の住宅用地の特例措置（優遇措置）を適用せず、固定資産税が最大6倍になる措置がとられます。このような住宅用地特例が適用されない住宅を「特定空家等」といいます。

従来、住宅用地特例が適用されない対象は「特定空家等」だけでしたが、令和5年（2023年）6月に「空家等対策の推進に関する特別措置法」の改正法が国会で成立しました。改正法では、新たに「管理不全空家等」についての規定を設け、「管理不全空家等」とされた場合も住宅用地特例が受けられないことにしています。「管理不全空家等」とは、放置すれば「特定空家等」になる可能性がある空き家のことです。つまり、倒壊などによってすぐに差し迫った危険を及ぼす可能性がなく、「特定空家等」より前の段階の状態であっても、「管理不全空家等」として勧告を受けた場合には、固定資産税が大幅に上がる可能性があるということです。

今までは住宅用地特例の適用を受け、固定資産税を安く抑えていた空き家であっても、住宅用地特例が適用されなくなれば、固定資産税が大幅に上がる可能性があります。改正法の成立により空き家を放置するリスクが今まで以上に高まるので、空き家は放置せず解体や売却などを検討する必要がでてくるでしょう。

索　引

【監修者紹介】

松岡　慶子（まつおか　けいこ）

認定司法書士。大阪府出身。神戸大学発達科学部卒業。専攻は臨床心理学。音楽ライターとして産経新聞やミュージック・マガジン、クロスビート、CDジャーナルなどの音楽専門誌等に執筆経験がある。2013年4月司法書士登録。大阪司法書士会会員、簡裁訴訟代理関係業務認定。大阪市内の司法書士法人で、債務整理、訴訟業務、相続業務に従事した後、2016年に「はる司法書士事務所」を開設。日々依頼者の方にとって最も利益となる方法を模索し、問題解決向けて全力でサポートしている。
監修書に『図解で早わかり　不動産登記のしくみと手続き』『入門図解 任意売却と債務整理のしくみと手続き』『最新　不動産業界の法務対策』『抵当・保証の法律と担保をめぐるトラブル解決法』『図解　土地・建物の法律と手続き』『最新　内容証明郵便実践文例集200』『最新　会社役員【取締役・監査役】のための法律常識と手続き　疑問解決マニュアル』『図解で早わかり　商業登記の基本と実務』（いずれも小社刊）などがある。

はる司法書士事務所

大阪府大阪市中央区平野町3-1-7　日宝平野町セントラルビル605号
電話：06-6226-7906　mail　harulegal@gmail.com
http://harusouzoku.com

図解で早わかり
最新　土地・建物の法律
基本と手続きがわかる事典

2023年 7 月30日　第 1 刷発行

監修者　松《まつ》岡《おか》慶《けい》子《こ》
発行者　前田俊秀
発行所　株式会社三修社
〒150-0001　東京都渋谷区神宮前2-2-22
TEL　03-3405-4511　FAX　03-3405-4522
振替　00190-9-72758
https://www.sanshusha.co.jp
編集担当　北村英治
印刷所　萩原印刷株式会社
製本所　牧製本印刷株式会社

ISBN978-4-384-04920-6 C2032